U0084299

古典文獻研究輯刊

三九編

潘美月・杜潔祥 主編

第 60 冊

四分律「比丘戒法」白話譯注（上）

屈 大 成 著

國家圖書館出版品預行編目資料

四分律「比丘戒法」白話譯注（上）／屈大成 著 -- 初版 --
新北市：花木蘭文化事業有限公司，2024〔民 113〕
目 8+204 面；19×26 公分
（古典文獻研究輯刊 三九編；第 60 冊）
ISBN 978-626-344-980-0（精裝）
1.CST：四分律 2.CST：律宗 3.CST：律藏 4.CST：注釋
011.08   113009898

ISBN-978-626-344-980-0

9 786263 449800

古典文獻研究輯刊
三九編 第六十冊   ISBN：978-626-344-980-0

四分律「比丘戒法」白話譯注（上）

作　　者　屈大成
主　　編　潘美月、杜潔祥
總 編 輯　杜潔祥
副總編輯　楊嘉樂
編輯主任　許郁翎
編　　輯　潘玟靜、蔡正宣　美術編輯　陳逸婷
出　　版　花木蘭文化事業有限公司
發 行 人　高小娟
聯絡地址　235 新北市中和區中安街七二號十三樓
　　　　　電話：02-2923-1455／傳真：02-2923-1452
網　　址　http://www.huamulan.tw 信箱 service@huamulans.com
印　　刷　普羅文化出版廣告事業
初　　版　2024 年 9 月
定　　價　三九編 65 冊（精裝）新台幣 175,000 元
版權所有 · 請勿翻印

四分律「比丘戒法」白話譯注（上）

屈大成　著

作者簡介

屈大成，香港大學中文系哲學博士，現職香港城市大學中文及歷史學系。研究範圍為漢語佛典和戒律學。專著有《大乘大般涅槃經研究》、《中國佛教思想中的頓漸觀念》、《原始佛教僧團生活導論》、《比丘尼戒之研究》、《四分戒本道宣律師疏鈔譯注》、《法句經今注今譯》、《中國佛教律制要義》、《初期佛典之真確性初探》等多種，以及論文數十篇。

提　　要

　　律藏乃僧尼個人行止和僧團運作規範的總合。漢譯律藏現存多部，其中《四分律》被中土律宗奉為正宗，重要疏釋現存法礪《四分律疏》、懷素《四分律開宗記》、道宣《四分律行事鈔》、讀體《毘尼止持會集》等。可是，在佛學研究中，律藏或少涉義理，向較不受注意；尤其是漢譯律藏的一些術語或觀念，未得充份考察，不時更流於望文生義。本書為《四分律》比丘戒部份的白話譯注，前附引論，介紹律藏的形成和特點，以及《四分律》的結構和內容大略。正文分章分節，加上提要、小標題，有需要時用點列，以清眉目；白話譯寫和注釋，除參考上述各種疏釋外，並對照《巴利律》，提供相對應的巴利語字詞，旨在揭示戒律術語的深層涵義。期望能為對佛教戒律有興趣者提供一易懂又不失學術性的讀本，對佛學研究者而言，也是一方便翻查的參考書。

本書是劉家良導演慈善基金有限公司資助之
「《四分律》之研究及讀本編寫」計劃成果
（項目編號：CityU[DON]9220085），謹此致謝。

略語表

大、大正藏	大正新修大藏經
根有部律	根本說一切有部毘奈耶
金	趙城金藏
徑	徑山方冊本大藏經
麗	高麗海印寺本大藏經
磧	磧砂大藏經
僧祇律	摩訶僧祇律
聖	正倉院聖語藏本（天平寫經）
宋	東京增上寺藏宋版大藏經
元	元刻普寧寺大藏經
明	明刻嘉興藏
北	北京藏敦煌文獻
北敦	中國國家圖書館（北京）藏敦煌文獻
上圖	上海圖書館藏敦煌吐魯番文獻
津	天津市藝術博物館藏敦煌文獻
巴利律	巴利語律藏
斯	英國國家圖書館藏斯坦因敦煌文獻
羽	羽田亨藏敦煌文獻
宮	宮內省圖書寮本

引　論

　　佛教法門可分「教、理、行、果」四方面，戒律是「行」的重要內容；而作為佛法在俗世上的體現者——僧眾——的一言一行，也為戒律所規範，如忽視戒律，即不能把握佛教整體教學。

　　戒律見載於律典。狹義來說，律典僅指律藏；廣義來說，律典還包括所謂「大乘戒經」，〔註 1〕以及各地佛教徒為適應當地的佛教發展或特殊情況而編寫的「僧制」，例如在中土流行的「清規」。〔註 2〕

　　律藏大抵包含僧尼戒條和僧團運作兩部份內容。本書是中土最秉持的《四分律》「比丘戒法」（即「比丘戒分別」）的白話譯寫和注釋，旨在提供一精準、流暢的僧戒讀本；雖算普及之作，但亦解決了律文中一些難點，對戒律研究，不無裨益。

　　本章先介紹有關戒律、律藏以及《四分律》的基本資料，作為研讀律文的背景知識。

一、律藏的成立和流傳

　　佛四十多年傳教生涯，無指定繼承人，也無中央領導機構統率整個僧團；

〔註 1〕按大乘佛教初興，追隨者大抵秉持律藏；隨著所謂「大乘、小乘」對立的激化，大乘佛教徒稱傳統戒律為「小乘戒、聲聞戒」，另提出自身的戒規，稱「大乘戒、菩薩戒」。而陸續集出的大乘經，有些以戒律為主題；它們傳入中土後，經錄統稱為「大乘律」，包括《菩薩地持經》、《菩薩善戒經》、《優婆塞五戒威儀經》、《優婆塞戒經》、《菩薩瓔珞本業經》、《梵網經》等。

〔註 2〕又如在斯里蘭卡，僧眾多不直接看律藏，而參考 12 世紀以僧伽羅語（Sinhalese）寫成的《行持守則》（*Katikāvata*）。

佛入滅後遺世者，是「戒律」和「正法」，相傳由兩大弟子優波離和阿難分別誦出，之後陸續傳承和編集，成為「律藏」和「經藏」。「經藏」的內容，不止面向出家僧眾，還廣被在家信眾。「律藏」，為僧尼個人行止和僧團全體運作的規制的總合，只適用於出家僧眾，可說是佛教律制的最高權威。

佛教流傳百多年後，先分裂成上座部（Sthaviravādin）和大眾部（Mahāsāṃghika），之後再發展出十八或二十個部派，各傳承佛典，因此律藏也有多套。現存上座部（Theravādin）、大眾部、法藏部（Dharmaguptaka）、他地部（Mahīśāsaka）、說一切有部（Sarvāstivādin）、根本說一切有部（Mūlasarvāstivādin）等六派較完整的律藏（依次有《巴利律》，以及漢譯《僧祇律》、《四分律》、《五分律》、《十誦律》、「根本說一切有部律」〔註3〕），還有雪山部（Haimavata）、飲光部（Kāśyapīya）、大眾部——說出世部（Mahāsāṃghika-Lokottaravādin）、正量部（Saṃmitīya）、犢子部（Vātsīputrīya）以及一些部派未明的律典片段存世。

兩漢之際，佛教初傳，完整的律藏未東傳，中土佛教徒唯憑西來僧人的行止和安排，以及零星律典和其他譯經涉及戒律的片段，揣摩戒律的要求和律制，是為前廣律階段。隨後西去求法的僧人多尋求律藏，《十誦律》、《四分律》、《僧祇律》、《五分律》在五世紀初皆譯出，廣律研習成風，是為研律階段，當中以《十誦律》、《僧祇律》最流行。

至隋唐兩代，歷數百年的研習和消化，律師開宗立教，《四分律》的主導地位亦得確立，是為律宗創立階段。日僧凝然（1240～1321）曾對研習《四分律》者分類，舉出十家；而屬唐代者有三家：1.相部宗，指以相州（今河北省安陽市）日光寺為根據地、以法礪（569～635）為祖師的一派，其主要著作有《四分律疏》、《羯磨疏》、《捨懺儀輕重敘》等。2.東塔宗，指住於長安崇福寺東塔、以懷素（634～707）為祖師的一派。懷素認為法礪的律疏「未能盡善」，編著《四分律開宗記》。3.南山宗，即以陝西終南山豐德寺為根據地、以道宣（596～667）為祖師的一派，其律作有《四分律刪繁補闕行事鈔》、《四分律刪補隨機羯磨疏》、《四分律拾毗尼義鈔》、《四分律含注戒本疏》、《四分比丘尼

〔註3〕「根本說一切有部律」為一組律藏的概稱，漢譯不完整，現存《根本有部律》、《根本有部尼律》、《根本有部律出家事》、《根本有部律安居事》、《根本有部律隨意事》、《根本有部律皮革事》、《根本有部律藥事》、《根本有部律羯恥那衣事》、《根本有部律破僧事》、《根本有部律雜事》、《根本有部尼陀那目得迦》、《根本薩婆多部律攝》等。

鈔》，合稱「南山五大部」。另義淨（635～713）譯出「根有部律」，但不受重視。

律宗三家，發展到五代至宋，歸於南山一派。南山律宗的名僧輩出，著者有鑒真（688～763），他東渡日本，成為當地律宗之祖；允堪（約1005～1061）發揮道宣的律學思想，作《會正記》、《發揮記》、《正源記》等，世稱「十本記主」。元照（1048～1116）著《四分律鈔資持記》、《四分律戒疏行宗記》、《四分律羯磨疏濟緣記》，詳釋道宣著作，成為權威釋本。南宋以後，禪宗獨盛；加上律宗傾向尋章擇句、錙銖必較，跟不立文字、融通和會的禪門風尚格格不入，律宗步向衰落。至明代讀體（1601～1679），著《毗尼止持會集》、《毗尼作持續釋》、《沙彌尼律儀要略》、《一夢漫言》等，被譽為道宣律師之再世；是為中興階段。

弘一（1880～1942）是清末民初的律宗大師，他克己苦行，矢志弘律，標點精校道宣和元照之作，並著《四分律比丘戒相表記》、《四分律含注戒本講義》、《戒本羯磨隨講別錄》、《四分律在家備覽略編》等，重燃道俗對律學的興趣。近世研律的學僧還有濟濤（1904～1962）、印順（1906～2005）、佛瑩（1908～1970）、妙因（1914～1995）、續明（1918～1966）、廣化（1924～1996）、智諭（1924～2000）、聖嚴（1930～2009）等。

二、律藏的結構和內容

律藏，又稱「廣律」，即內容完整的律典，各部派的律藏有兩共通部份：

1. 經分別：「經」，即以經文體裁記錄戒條或戒文。漢傳佛教所謂「戒」，相對應梵語有 śikṣāpada、prātimokṣa 等，前者又譯「學處」，字面意思是學習的事項，後者音譯「波羅提木叉」，意為受持各別的學處，可解脫各別的煩惱和苦果，故意譯作「別解脫、隨順解脫」。學處或戒，依其罪行性質，分八類，稱「八部」：

（1）波羅夷：音譯詞。梵巴利語皆 pārājika，其他譯語還有「簸賴夷、波羅移、婆羅移、波羅市迦、重禁、棄法」等。這詞本意為他勝、戰敗，譬喻比丘為煩惱所征服，罪重難以彌補。一般來說，初犯者悔過，仍可留在僧團，亦能參與說戒等僧眾活動，但居末座，不算僧數，再犯才真正逐出僧團。

（2）僧殘：全稱「僧伽伐尸沙」，音譯詞。梵語 saṅghāvaśeṣa/saṃghātiśeṣa、巴利語 saṅghādisesa。犯者按僧伽懲處和出罪，是為「僧伽」；又罪仍可救治，

好像命有餘「殘」一樣，是為「伐尸沙」。而據《巴利律》的解釋，則為自最初（adi）別住的懲處，至最終（sesa）回復清淨，皆由僧團（saṅgha）執行的意思。犯者如隱瞞，至乞求懺罪時，要依隱瞞罪行的日數，給與「別住」的懲罰（意謂暫時失去比丘的地位），並要侍候持戒比丘，以及遇事要告知僧眾；懲罰完畢，懺罪者再行六夜「摩那埵」（音譯詞。梵巴利語 mānatta；意譯悅眾意，即犯者懺罪，犯者及僧眾都歡喜；處理跟別住一樣，只是懺罪者每日都要向僧眾報告已行和未行的日數），經出罪羯磨後，便正式脫罪。如在別住或行摩那埵時，再犯僧殘而無隱瞞，日數從新起算，稱「本日治」（巴利語 mūlāya patikassanaṃ，意為從該日開始懲治）。

（3）不定：梵巴利語 aniyata。賴信樂的在家眾舉報，再調查內情，決定所犯的是波羅夷、僧殘，或波逸提，故為不定。

（4）尼薩耆波逸提：音譯詞。梵語 naiḥsargika-pāyantikā、巴利語 nissaggiya-pācittiya，意為捨棄—贖罪。犯者須向僧團，或個別比丘，把取得的財物「捨」還，並自白懺悔，否則「墮」落惡道，故此詞意譯「捨墮」。

（5）波逸提：梵語 pāyantikā/pātayantikā/pācattika、巴利語 pācittiya。這類戒的性質跟上尼薩耆波逸提法同，但不涉及財物，對犯者無「捨」的要求，故此詞意譯「單墮」。

（6）波羅提提舍尼：音譯詞。梵語 pratideśanīya/pratideśanika、巴利語 pāṭidesanīya，意謂犯者須向（prati）一清淨比丘懺悔（deśanīya）捨罪，故意譯「悔過法、向彼悔、對首懺」等。

（7）眾學：梵語 śaikṣā、巴利語 sekhiya，意為比丘應學習之事。犯者得突吉羅（音譯詞。梵語 duṣkṛta、巴利語 dukkaṭa，意為惡作、惡說、小過、輕垢）。犯者分故意和非故意兩類，前者犯「應懺突吉羅」和「非威儀突吉羅」，後者僅犯「突吉羅」。犯者自心悔過，憶念「應當學」，罪即消除。

（8）滅諍：梵語 adhikaraṇaśamatha、巴利語 adhikaraṇasamatha，意為止滅僧眾間爭論的方法，起初並非戒條的一部份。可是，僧眾舉行說戒集會前，先要處理諍事，令大眾和諧清淨，才進行說戒，故附於篇末。傳誦久了，慢慢融入成為戒條的一類。故律藏的戒條部份多只列滅諍的名目，解說則在「滅諍犍度」。

比丘和比丘尼各有自身一套戒條（尼戒缺「不定」一類），而戒條數目，各部派律藏所記有出入。有關比丘戒數，比對如下表：

八 部	僧祇律	巴利律	根有部律	四分律	五分律	十誦律
波羅夷	4	4	4	4	4	4
僧伽婆尸沙	13	13	13	13	13	13
不定	2	2	2	2	2	2
尼薩耆波逸提	30	30	30	30	30	30
波逸提	92	92	90	90	91	90
波羅提提舍尼	4	4	4	4	4	4
眾學	66	75	99	100	100	107
滅諍	7	7	7	7	7	7
總計	218	227	249	250	251	257

「經分別」，或稱「律分別」、「波羅提木叉分別」，即對戒條的分別和抉擇，可分六節：

（1）因緣：引發制戒的事緣。

（2）結戒：戒條的制定和確立。

（3）隨結：條文的增廣和變更。

（4）釋義：條文的解說。

（5）持犯：裁決犯戒事例的匯集，即判例。

（6）開許：不犯的例外事緣。

2.「犍度」，音譯詞。梵語 skandha、巴利語 khandha，意為篇章；本部份敘述僧團運作的程序和規定。比起戒條，各部派律藏「犍度」的數目及其內容，差異較大。以《四分律》為例，有二十二犍度：

（1）受戒：敘述由佛出生、出家、成道至舍利弗、目犍連的出家因緣，以及師徒之間的相互責任，授受戒的各種規定等。

（2）說戒：半月半月誦戒，以及維護僧團的和合清淨；說明「與欲」、「與清淨」、如法和合的布薩。

（3）安居：每年雨季三月安居的制度；說明「前安居」、「後安居」，以及安居期間出外的各種規定。

（4）自恣：安居完畢，僧眾自我檢討，發露懺悔的儀式。

（5）皮革：有關皮革物品使用的緣起和規定。

（6）衣：居士施衣的緣起，以及糞掃衣、染衣、製作等規範。

（7）藥：僧眾的日常飲食、病時之藥及饑荒時期的特殊規定。

（8）迦絺那衣：安居完畢一個月內會舉行受迦絺那衣的儀式，受者可在五個月內得到衣食方面的優待。

（9）拘睒彌：敘述拘睒彌比丘的諍論及其和合的過程。

（10）瞻波：各種羯磨的規定。

（11）呵責：說明苦切、依止、驅出、下意、不見罪舉、不懺罪舉、不捨惡見舉七種羯磨。

（12）人：犯僧殘者須受「別住」的懲處。

（13）覆藏：犯僧殘者在處分過程中，或隱瞞，或憶念，或再犯，或犯其他罪的處理。

（14）遮：說明比丘有犯遮說戒，如法與不如法之別，並應審慎舉罪，勿引起僧眾的紛爭。

（15）破僧：提婆達多破僧的經過，說明僧諍和破僧之別。

（16）滅諍：僧眾間爭執時應遵守的各種調解程序。

（17）比丘尼：女眾出家的緣起及尼眾的各種規範。

（18）法：有關比丘日常生活的儀法。

（19）房舍：有關僧團房舍、臥具的問題。

（20）雜：與塔有關的譬喻與規定等。

還有兩篇雖無犍度之名，但在相對應的《巴利律》歸入犍度：

（21）集法毘尼五百人：佛滅後大迦葉發起第一次結集之事。

（22）七百集法毘尼：佛滅後百年第二次結集之事。

此外，律藏或有第三部份，例如《巴利律》有「附隨」（parivāra）、藏譯《根有部律》有「律上分」、《四分律》有「調部、毘尼增一」等，通常被視為對前二部份的補充和解說，成立年代較後。

還值得指出的，是在佛教形成初期，僧團擁有房地、牛、奴隸等，信徒出家時，也不用放棄財產或立誓過貧困生活；因此律制除禁止殺、盜、淫、妄語等惡行外，財產處理也極受關注。隨著佛教發展和壯大，僧團由四處遊行逐漸演變為寺院定居，新的要求、規定、威儀陸續增加。而律藏的內容乃建基於「隨犯隨制」的案例法，非一開始便作系統性的編纂；其在寫定前，經歷數百年由持誦者口傳的階段，期間為適應新環境，於中增刪或調整，在所難免。又對比古印度教律典（例如《摩奴法論》）的純粹規範性質，佛教律藏包含敘事、解釋、決疑等內容，一定程度上反映出印度僧團的歷史實況。

三、《四分律》簡介

　　《四分律》，又名《四分律藏》、《曇無德部四分律》，為法藏部傳本。法藏部流行於犍陀羅，原初用犍陀羅語（Gāndhārī），逐漸轉用佛教梵語和梵語；五世紀時，犍陀羅語仍在使用，東傳者或也是此語本。據僧祐（約 445～約 518）《出三藏記集・新集律來漢地四部序錄》引僧肇（384～414）〈長阿含序〉所記，姚秦佛陀耶舍（Buddhayaśas）在罽賓（Kaśmīra，今阿富汗東北、喀什米爾一帶）受持口誦本，弘始十二年至十四年間（410～412）於長安（今西安市）誦出，竺佛念轉譯，道含筆受。〔註4〕佚名〈四分律序〉則記東晉沙門支法領在于闐（今新疆和田）遇上佛陀耶舍，得到律本，弘始十年（408）於長安譯出，弟子慧辯校定。〔註5〕不過學者指後者不可信。

　　本律漢譯本有六十卷，因分四部份得名，分部不依篇幅或內容：

　　（1）序引偈、比丘戒法（卷 1～21）。

　　（2）尼戒法（卷 22～31）。

　　（3）「自恣犍度」第 1 至「法犍度」第 18（卷 37～49）。

　　（4）「房舍犍度、集犍度、集法、調部、毘尼增一」（卷 50～60）。

〔註4〕參看《出三藏記集》卷 3，《大正藏》卷 55，頁 20 中～下。
〔註5〕參看《大正藏》卷 22，頁 567 上～中。

譯注凡例

1. 本書為《四分律》「比丘戒法」的白話譯注，相當於今本卷 1～21。為省篇幅，不出原文；惟戒條屬佛制，僧眾每半月須齊集讀誦、銘記遵行，在律制上具重大意義，故保留原文不譯寫，並用楷體展示。

2. 譯寫的原經文，以《大正藏》卷 22，頁 568 下～713 下為底本，再參照《金藏》（1173）、《高麗藏》再雕本（1251）、《磧砂藏》（1322）。又《大正藏》和《中華大藏經》所出校勘，其用校本筆者未能親睹，亦有參考價值。《大正藏》（1922～1934）以《高麗藏》為底本，校本有「宋、元、明、聖、宮」等：「宋本」為日本東京三緣山增上寺藏《資福藏》（1239）、「元本」為元刻《普寧藏》（1290）、「明本」為明刻《嘉興藏》（1601）、「聖本」為正倉院聖語藏本（約 759～1093）、「宮本」為宮內省圖書寮本（1104～1148）。《中華大藏經》（1982～1994）以《金藏》為底本、以《高麗藏》補遺，校本有《資福藏》、《普寧藏》、《永樂南藏》（約 1420）、《徑山藏》等。《大正藏》所用的「宋、元、明」跟《中華大藏經》所用的「資、普、徑」，雖屬同系藏經，但未必是同一傳本或印本。中華電子佛典協會所載《大正藏》的網上版本，也有其編輯部的校勘。這些藏經，本書注釋簡稱作〔大〕〔麗〕〔金〕〔磧〕〔宋元明〕〔聖〕〔宮〕。

3. 《四分律》首 21 卷一些段落存敦煌寫本，也可參照，表列如下：

卷　次	敦煌寫本
1	上圖 054 號、津藝 182 號、傅斯年圖書館藏 29 號 A
2	北敦 10394V 號

3	北敦 11271 號
4	北敦 07413 號（北 6793）、北敦 14668 號
5	北敦 14668 號
6	北敦 03667 號（北 6794）、北敦 14668 號
10	北敦 07604 號（北 9795）、斯 984 號
11	北敦 06024 號（北 6796）、斯 1895 號、斯 1937 號
12	北敦 05335 號（北 6797）
13	羽 237 號〔註 1〕
15～16	北敦 14505 號
17	北敦 01605 號號（北 6798）、北敦 06101 號（北 8605）、北敦 08103 號（北 8606）、斯 2795 號、斯 6749 號
18～19	北敦 01605 號（北 6798）

4. 律文夾雜的細字，應是傳譯者的注文，本書放入括號內。

5. 底本中今已廢用的異體字及避諱字，均改為通用字，不出校。

6. 戒名為道宣擬訂，原律文無，參看《新刪定四分僧戒本》，收入《卍續藏經》卷 61。

7. 譯文儘量貼近原文，有需要時會略作添加、刪削，或改易字句次序。

8. 注釋針對專有名詞、術語，律文意思不顯豁者，亦會補充說明。又以《巴利律》作對照（對照範圍限於兩律的「比丘戒法」），注出漢譯字詞相對應的巴利語；音譯詞於《巴利律》無對應者也會注出巴利語或梵語，以加深對譯文的理解。

9. 《巴利律》原文及其釋述，參考 Göttingen Register of Electronic Texts in Indian Languages 及 SuttaCentral 兩網站，以及 I. B. Horner, trans. *The Book of the Discipline*. 6 Vols. London: Oxford University Press, 1938-1966。

10. 每條戒的內容，有一定鋪述模式；為便利閱讀及把握要點，會將每條戒（除一些簡短眾學法外）的內容分四部份：（1）制戒因緣。交代制戒緣起，下依進程再分多節。（2）制戒內容。下分戒條、修訂、釋義、違犯的不同情況、違犯輕重、適用範圍、境想等多節。（3）兼制。比丘以外比丘尼、戒叉摩那、沙彌、沙彌尼四種出家人違犯該戒的罪名。（4）開緣。列舉一些權宜開許、不視作違犯的情況。

〔註 1〕這是李盛鐸（1858～1937）藏卷，現存日本，尚未發表。參看榮新江：〈李盛鐸藏卷的真與偽〉，《敦煌學輯刊》1997 年 2 期，頁 1～18。

引 子

提要：佛為斷除弟子的煩惱，以及令正法久住於世，遂制戒。

一、佛名遠播

那時〔註1〕，佛〔註2〕遊化蘇羅婆〔註3〕國，跟大〔註4〕比丘〔註5〕眾〔註6〕五百〔註7〕人在一起，逐漸遊行〔註8〕到毘蘭若〔註9〕，便住宿在那裏的那隣羅〔註10〕濱洲曼陀羅〔註11〕樹下。〔註12〕

〔註1〕 那時：〔大〕原作「爾時」。按佛教經律在每一段落或每一敘事轉折的開首，多有「爾時、時」等一類字詞作引介，非標示實際時間。本書按行文，譯寫作那時、這時、當時。

〔註2〕 佛：音譯詞。《巴利律》作 Buddha，已經覺悟者、有才智的，意譯「覺者」。在初期經律，「佛」專指稱釋迦牟尼。

〔註3〕 蘇羅婆：音譯詞。巴利語 Sūrasena，意譯「勇軍」；古印度大國，位於今印度北方邦（Uttar Pradesh）馬圖拉（Mathura）亞穆納河（Yamuna River）流域。

〔註4〕 大：《巴利律》作 mahā，龐大；意謂人數多或尊敬。

〔註5〕 比丘：音譯詞。《巴利律》作 bhikkhu，乞丐、乞食者。比丘為古印度一般乞食修行者的通稱，佛教徒出家須乞食，亦取此名。

〔註6〕 大眾：《巴利律》作 maha……saṅgha，龐大的僧眾。

〔註7〕 五百：在古印度，「五」是常用數目，佛經常見「五百、一千二百五十、五千」等「五」的倍數，應非實數，意謂大量。

〔註8〕 遊行：遊歷。除夏安居三個月外，一年其他季節僧眾皆要四出遊行，以乞食和傳教。

〔註9〕 毘蘭若：音譯詞。《巴利律》作 Verañjā，拘薩羅國城鎮。

〔註10〕 那隣羅：音譯詞。《巴利律》作 Naḷeru，夜叉名，依樹而住。

〔註11〕 濱洲曼陀羅：音譯詞。《巴利律》作 pucimanda，印度楝樹。

〔註12〕 律制要求僧眾依四種方式生活，名「四依法」或「四聖種」，其一是「樹下坐」，即在野外的樹下住宿。

　　毘蘭若的婆羅門〔註13〕聽聞：「瞿曇〔註14〕沙門〔註15〕是釋家子〔註16〕，離開釋種〔註17〕，出家修道；從蘇羅婆國帶領大比丘眾五百人在一起，逐漸遊行，來到毘蘭若，在那隣羅濱洲曼陀羅樹下住宿。」

　　「這沙門瞿曇，〔註18〕有這樣偉大的稱號〔註19〕：如來〔註20〕、無所著〔註21〕、等正覺〔註22〕、明行足〔註23〕，成為善逝〔註24〕、世間解〔註25〕、無上士〔註26〕、調御丈夫〔註27〕、天人師〔註28〕、佛、世尊〔註29〕。他在眾多天〔註30〕、魔〔註31〕、梵〔註32〕、沙門、婆羅門之中，展現神通〔註33〕，作為證明；恒常說正法〔註34〕——開首是善、中段是善、終結是善〔註35〕——

〔註13〕婆羅門：音譯詞。《巴利律》作 brāhmaṇa，婆羅門教祭師，位居社會上層。

〔註14〕瞿曇：音譯詞。《巴利律》作 Gotama，釋迦族的姓，在佛典多指稱釋迦牟尼。

〔註15〕沙門：音譯詞。《巴利律》作 samaṇa，修行者，意譯「勤勞、淨志、息心、修道」等。

〔註16〕釋家子：《巴利律》作 Sakyaputta，釋迦族人之子。按佛弟子依佛教出家，皆歸宗釋迦牟尼，故以「釋」為姓，可稱「釋家子」，或簡稱「釋子」。

〔註17〕釋種：《巴利律》作 Sakyakula，釋迦種族。

〔註18〕《巴利律》在瞿曇之前，冠上 bhavanta（尊貴）這敬稱。

〔註19〕偉大的稱號：〔大〕原作「大名稱」。《巴利律》作 kalyāṇa kittisadda abbhuggata，善好高揚的名聲。

〔註20〕如來：《巴利律》作 tathāgata，如同真理而來者。

〔註21〕無所著：無所執著，以凸顯佛的殊勝智慧。《巴利律》作 arahant，應得到供養者，音譯「阿羅漢」。

〔註22〕等正覺：《巴利律》作 sammāsambuddha，正等正覺、完全覺悟。

〔註23〕明行足：《巴利律》作 vijjācaraṇasampanna，「明」（智慧）與「行」（修為）皆具足者。

〔註24〕善逝：《巴利律》作 sugata，已善去者。

〔註25〕世間解：《巴利律》作 lokavidū，了解世間者。

〔註26〕無上士：《巴利律》作 anuttara，世人中最優勝、無有過之者。

〔註27〕調御丈夫：《巴利律》作 purisadammasārathi，世人的駕御者或嚮導。

〔註28〕天人師：《巴利律》作 satthā devamanussāna，天界與人間的老師。

〔註29〕世尊：《巴利律》作 bhagavā，世間所尊敬者。律文由「如來」開始，列舉了十一個稱號，《巴利律》不列「如來」，通稱「如來十號」、「諸佛十號」等。

〔註30〕天：《巴利律》作 deva，天界的神祇。

〔註31〕魔：音譯詞。《巴利律》作 māra，殺者、奪命；意指破壞求道、障害善事的鬼神。

〔註32〕梵：音譯詞。《巴利律》作 brahma，色界初禪天的天神。

〔註33〕神通：《巴利律》作 abhiññā，特別的知識、非凡的力量。

〔註34〕正法：純正的佛法。《巴利律》作 dhamma，法。「法」是古印度文化含義極豐的觀念，意謂教法、真理、法則、事物等。本書會因應不同語境，有不同譯語。

〔註35〕開首、中段、終結：〔大〕原作「上、中、下」。

義理〔註36〕的味道〔註37〕清淨，自然具足，修習梵行〔註38〕。」

婆羅門說：「好啊〔註39〕！我們得見這樣的無著人〔註40〕，我現今不如前往，向沙門瞿曇問訊〔註41〕。」

二、請佛安居

那時，毘蘭若的婆羅門便前往世尊之所〔註42〕，到達後互相問訊，坐在一旁。

這時，世尊用無數方法〔註43〕為他們說法，教導〔註44〕他們，令他們得到歡喜。

婆羅門聽聞佛的說法，得到歡喜後，稟告〔註45〕佛說：「世尊，唯願憐愍，接受我的邀請，跟比丘僧眾〔註46〕在這裏夏安居〔註47〕三個月。〔註48〕」

當時，世尊及比丘僧眾默然接受邀請〔註49〕。

毘蘭若的婆羅門見世尊默然接受邀請，便從座位起來，繞〔註50〕佛後離去。

世尊和五百比丘眾接受他的邀請，在那裏夏安居三個月。

〔註36〕義理：〔大〕原作「義」。《巴利律》作 attha，道理、意義。

〔註37〕味道：〔大〕原作「味」。《巴利律》作 byañjana，字句、辭句。

〔註38〕梵行：《巴利律》作 brahmacariya，斷絕一切欲望的修行。

〔註39〕好啊：〔大〕原作「善哉」。《巴利律》作 sādhu，善的、好的。

〔註40〕無著人：《巴利律》作 arahant，阿羅漢。

〔註41〕問訊：《巴利律》作 sammodi，相互喜悅、互相問候。

〔註42〕前往世尊之所：〔大〕原作「往世尊所」，《巴利律》作 yena bhagavā tenupasaṅkami，去見世尊，其中無漢譯「所」之相對應字詞，下同。

〔註43〕方法：〔大〕原作「方便」，善巧的方法或教導。《巴利律》作 pariyāya，法門、教說。

〔註44〕教導：〔大〕原作「開化」。

〔註45〕稟告：〔大〕原作「白」。

〔註46〕僧眾：〔大〕原作「僧」。《巴利律》作 saṅgha，眾、團體。

〔註47〕夏安居：《巴利律》作 vassāvāsa，雨季安居。

〔註48〕據印度曆法，每年十二個月，分熱（十二月十六日至四月十五日）、雨（四月十六日至八月十五日）、寒（八月十六日至十二月十五日）三季；雨季草木茂盛，容易受人踐踏，故僧眾在每年雨期聚居一起三個月，不出遊，專心修行。安居分前後兩期，前安居由四月至七月，後安居由五月至八月；僧眾如趕不及前安居，可參加後安居。

〔註49〕接受邀請：〔大〕原作「受請」。《巴利律》作 adhivāsesi，同意、忍受。

〔註50〕繞：《巴利律》作 padakkhiṇa，右轉的。按繞佛右轉圈（即順時針方向），表示恭敬仰慕。

三、馬商供養

那時，有波離〔註51〕國的馬商，驅趕五百匹馬，夏季九十日在毘蘭若居住。

這時，世間穀物昂貴、人民飢餓、白骨凌亂、乞食困難。

這時，毘蘭若的婆羅門雖請如來和比丘僧眾，但三個月都不供養，沒供給所需。為什麼？這都是魔波旬〔註52〕的作為。

這時，比丘們〔註53〕在毘蘭若乞食不果，隨後到那馬商之所乞食。

這時，馬商自己想念：「如今這裏，世間穀物昂貴、人民飢餓、乞食困難、白骨凌亂。那些比丘從那裏乞食不果，所以才來到這處罷了！我不如從今起，每日施捨比丘馬麥〔註54〕五升〔註55〕、世尊一斗〔註56〕吧！」

他便按所想念，每日給比丘們馬麥五升、世尊一斗。

當時，佛把所得的馬麥分給阿難〔註57〕，阿難叫人磨成乾飯〔註58〕供奉佛；佛食乾飯，比丘們各各煮麥食，佛跟比丘所食不同。

四、禁用神通

那時，尊者〔註59〕大目連〔註60〕前往世尊之所，頭面作禮〔註61〕，退後坐在一旁，稟告世尊說：「大德〔註62〕，現今這裏，穀物昂貴、人民飢餓、乞食困難；比丘們的飲食粗糙惡劣，全都瘦弱。如世尊聽許具神足〔註63〕的比丘

〔註51〕波離：音譯詞。巴利語或 Parikhā，縛喝國之城，位於今阿富汗北部。《巴利律》作 Uttarāpathaka，意謂北印度。

〔註52〕波旬：音譯詞。巴利語 pāpimant，惡魔、魔王，喜阻人修道。

〔註53〕比丘們：〔大〕原作「諸比丘」。在古印度社會，男性地位比女性為高，「諸比丘」屬概括語，應包含比丘尼。

〔註54〕馬麥：餵馬的麥、馬糧。《巴利律》作 pulaka，乾麥零食。

〔註55〕升：中土容量單位，秦漢一升約今二百毫升。《巴利律》作 pattha，古印度容量單位，約今二百五十毫升。

〔註56〕一斗：十升。

〔註57〕阿難：音譯詞。《巴利律》作 Ānanda，意譯「慶喜」；佛的堂弟，佛十大弟子之一，號稱「多聞第一」。

〔註58〕乾飯：用粟、粳米、麥、豆，或樹木子，曬乾製成。

〔註59〕尊者：《巴利律》作 āyasmā，具壽、長者；對智德具足者、羅漢的尊稱。

〔註60〕大目連：《巴利律》作 Mahāmoggallāna，意譯「大採菽氏」；佛十大弟子之一，號稱「神通第一」。「大」，表示尊敬。

〔註61〕頭面作禮：以自己的頭面頂禮尊者的腳，是佛教最高的敬禮。

〔註62〕大德：《巴利律》作 bhante，資深者、德高望重者。

〔註63〕神足：往來自在的能力，神通一種。

們，到訪鬱單越〔註64〕，摘取野生〔註65〕的粳米〔註66〕，想食者應前往。」

佛告訴目連說：「具神足的比丘們可到那裏摘取粳米而食，那麼無神足者應當如何呢？」

目連稟告佛：「具神足的比丘們可以隨意自己前往，無神足者，我便用神足之力接送他們到那裏。」

佛告訴目連：「停止啊！停止啊！不要這樣說。為什麼？你們是修行勇猛的丈夫〔註67〕，才有神足可以這樣做，未來世的比丘應當如何呢？」

五、舍利弗問

那時，尊者舍利弗〔註68〕在閑靜處〔註69〕，這樣想念道：「哪些等正覺修習梵行，佛法才能長存呢？哪些等正覺修習梵行，佛法則不能長存呢？」

這時，舍利弗從靜處起來，整理衣服，到世尊之所，頭面禮足，坐在一旁，須臾〔註70〕退後坐下，〔註71〕稟告世尊說：「剛才我在靜處坐下，這樣想念：『哪些等正覺修習梵行，佛法才能長存呢？哪些等正覺修習梵行，佛法則不能長存呢？』唯願為我開示。」

佛告訴舍利弗：「毘婆尸〔註72〕佛、式〔註73〕佛、拘留孫〔註74〕佛、迦葉〔註75〕佛，這些佛修習梵行，佛法得以長存；隨葉〔註76〕佛、拘那含牟

〔註64〕鬱單越：音譯詞。《巴利律》作 Uttarakuru，北俱盧洲。相傳是資源豐厚的樂土。

〔註65〕野生：〔大〕原作「自然」。

〔註66〕粳米：《巴利律》作 sālimaṃsodana，粳米飯。這是古印度最佳的米種，粘性較弱。

〔註67〕丈夫：對修行勇猛者的美稱。

〔註68〕舍利弗：音譯詞。《巴利律》作 Sāriputta，意譯「秋露子」；佛十大弟子之一，號稱「智慧第一」。

〔註69〕閑靜處：村外寂靜之處，適合沈思禪修。本詞亦見於「波羅夷・盜戒第2」，相對應《巴利律》作 arañña，林野、遠離村落處。

〔註70〕須臾：本詞亦見於「單墮・疑惱比丘戒第63」，相對應《巴利律》作 muhutta，片刻。按佛教分日夜共三十須臾；用今天時間觀念計算，一須臾約四十八分鐘。

〔註71〕按僧眾退後時，仍要面向佛，不可轉身背對著佛。

〔註72〕毘婆尸：音譯詞。《巴利律》作 Vipassī，意譯「勝觀」；過去七佛的第一佛。

〔註73〕式：音譯詞。《巴利律》作 Sikhī，意譯「火」；過去七佛的第二佛。

〔註74〕拘留孫：音譯詞。《巴利律》作 Kakusandha，意譯「領持」；過去七佛的第四佛。

〔註75〕迦葉：音譯詞。《巴利律》作 Kassapa，意譯「飲光」；過去七佛的第六佛。

〔註76〕隨葉：音譯詞。《巴利律》作 Vessabhū，意譯「勝尊」；過去七佛的第三佛。

尼〔註77〕佛時，佛法不能長存。」

六、無戒無法

舍利弗稟告佛說：「是什麼緣故，毘婆尸佛、式佛、拘留孫佛、迦葉佛修習梵行，佛法得以久住〔註78〕呢？又是什麼緣故，隨葉佛、拘那含牟尼佛修習梵行，佛法則不能久住呢？」

佛告訴舍利弗：「拘那含牟尼佛、隨葉佛，沒有詳細〔註79〕為弟子們說法——契經〔註80〕、祇夜〔註81〕經、授記〔註82〕經、偈〔註83〕經、句〔註84〕經、因緣〔註85〕經、本生〔註86〕經、善道〔註87〕經、方等〔註88〕經、未曾有〔註89〕經、譬喻〔註90〕經、優〔註91〕波提舍〔註92〕經；也不為人詳細說契經……乃至優波提舍經；沒有結戒〔註93〕，也不說戒〔註94〕，因此弟子們都厭倦，所以佛法不能久住。

「這時，那些世尊知道弟子們心感厭倦的原因，只是這樣教導：『這些事

〔註77〕拘那含牟尼：音譯詞。《巴利律》作 Konāgamana，意譯「金儒」；過去七佛的第五佛。從「毘婆尸佛」以下六佛，連同釋迦牟尼佛，合稱「七佛」。

〔註78〕久住：《巴利律》作 ciraṭṭhitika，長久地停留。

〔註79〕詳細：〔大〕原作「廣」，《巴利律》作 vitthāra，廣博、詳細。

〔註80〕契經：《巴利律》作 sutta，以散文形式記錄佛說的經篇。

〔註81〕祇夜：音譯詞。《巴利律》作 geya，以偈頌覆述散文經義者。

〔註82〕授記：《巴利律》作 veyyākaraṇa，對深邃教法的解說。

〔註83〕偈：音譯詞。《巴利律》作 gāthā，以偈頌吟詠佛法者。

〔註84〕句：《巴利律》作 udāna，佛無問自說。

〔註85〕因緣：說法或制戒的事緣。

〔註86〕本生：《巴利律》作 jātaka，佛前生的故事。

〔註87〕善道：《巴利律》作 itivuttaka，佛弟子過去世的因緣。

〔註88〕方等：《巴利律》作 vedalla，文廣義深的契經。

〔註89〕未曾有：《巴利律》作 abbhutadhamma，佛及諸弟子希有之事。

〔註90〕譬喻：敘述聖賢光輝的事跡。

〔註91〕優：上圖 054 號作「憂」。下文有同樣情況，不贅注出。

〔註92〕優波提舍：音譯詞。巴利語 upadeśa，法理的論議。由「契經」至「優波提舍經」共十二種經，一般合稱「十二部經、十二分教」，為早期教法的分類。《巴利律》只列九項。

〔註93〕結戒：《巴利律》作 paññatta sikkhāpada，制定學處。學處（sikkhāpada），即所應學之處；意謂戒條。

〔註94〕說戒：《巴利律》作 uddiṭṭha pātimokkha，誦說波羅提木叉。波羅提木叉（pātimokkha），意譯「別解脫、隨順解脫」；意謂受持各別的學處，可解脫各別的煩惱和苦果。

應想念〔註95〕，那些事則不應想念；這些事應思惟〔註96〕，那些事則不應思惟；這些事應斷除，那些事則應具備和維持〔註97〕』。」

「舍利弗，從前隨葉佛住在恐畏林〔註98〕中，跟一千名比丘在一起。舍利弗，如有人未能離開欲〔註99〕，進入那樹林中，就會毛髮豎起，所以叫恐畏林。還有，舍利弗，拘那含牟尼佛、隨葉佛、如來、至真〔註100〕、等正覺，看到一千名比丘都心中厭倦，為他們說法：『這些事應想念，那些事則不應想念；這些事應思惟，那些事則不應思惟；這些事應斷除，那些事則應具備和維持』。」

「舍利弗，應當知道，那時那些佛和聲聞〔註101〕們在世上，佛法廣泛傳佈。如那些佛和聲聞們都滅度〔註102〕後，世間人有各種名字、各種姓氏、來自各種家族者都出家，因此佛法很快消失，不能久住。為什麼？沒有用經法〔註103〕收攝的緣故。舍利弗，譬如各種各樣的花散落在桌上，風一起就被吹散。為什麼？因為沒用線把花串在一起，所以這樣。舍利弗，那些佛和聲聞們在世上時，佛法傳佈；如那些佛和聲聞們都入滅後，世間人有各種名字、各種姓氏、來自各種家族都出家，令佛法迅速消失，不能久住。為什麼？沒用經法收攝的緣故。」

七、令法久住

這時，世尊告訴舍利弗：「毘婆尸佛、式佛、拘留孫佛、迦葉佛，都為弟子們詳細說經法，從契經……乃至優波提舍經，既結戒，也說戒，弟子們都心感厭倦。這時，佛知道他們心生厭倦，這樣教導：『這些事應想念，那些事則不應想念；這些事應思惟，那些事則不應思惟；這些事應斷除，那些事則應具備和維持』。」

〔註95〕想念：〔大〕原作「念」。《巴利律》作 vitakketha，深思、考慮。

〔註96〕思惟：《巴利律》作 manasikarotha，思念、注意。

〔註97〕具備和維持：〔大〕原作「具足住」。《巴利律》作 upasampajja viharatha，進入及住在。

〔註98〕恐畏林：棄屍之林。比丘在這裏修行，體味世間之苦和無常，去除貪欲。

〔註99〕欲：《巴利律》作 rāga，貪、染。

〔註100〕至真：阿羅漢的另一譯語，意謂真實不虛。

〔註101〕聲聞：《巴利律》作 sāvaka，聞佛說法者。在初期佛典，「聲聞」泛指親炙佛的弟子，其後成為所謂「小乘佛教徒」的通稱。

〔註102〕滅度：《巴利律》作 antaradhāna，消失、滅沒。

〔註103〕經法：經典中的真理。

「就是這樣，舍利弗，那些佛和聲聞們在世上時，佛法傳佈。如那些佛和聲聞們入滅後，世間人有各種名字、各種姓氏、來自各種家族的都出家，卻不會令佛法迅速消失。為什麼？能夠用經法好好收攝的緣故。舍利弗，譬如各種各樣的花放在桌上，用線串起來，雖然風起也不會吹散。為什麼？用線好好串連起來的緣故。就是這樣，舍利弗，那些佛和聲聞們在世上時，佛法……詳說如上。舍利弗，因為這個緣故，毘婆尸佛……乃至迦葉佛的佛法可以久住；亦因為這個緣故，拘那含牟尼佛、隨葉佛的佛法，不能久住。」

八、因時制戒

這時，舍利弗從座位起來，偏露右臂〔註104〕、右膝著地〔註105〕、合掌〔註106〕，稟告佛說：「世尊，現今是適當時間〔註107〕了！唯願大聖〔註108〕為比丘們結戒、說戒，讓他們修習梵行，佛法得以久住。」

佛告訴舍利弗：「暫且停止，佛自知時間！舍利弗，如來仍未為比丘們結戒，為什麼？比丘中未有人觸犯有漏法〔註109〕。如有觸犯有漏法，然後世尊為比丘們結戒，因為要斷絕他們的有漏法。舍利弗，比丘仍未有利養〔註110〕，所以未有出現有漏法；如得到利養，便會生起有漏法。如有漏法生起，世尊便會為比丘們結戒，為了使他們斷絕有漏法。舍利弗，比丘之所以未有生起有漏法，是因為未有稱號為人認識，沒有名氣，也沒有財物的緣故。如比丘得到稱號……乃至多有財物，便會生起有漏法。如有漏法生起，然後世尊當為比丘結戒，為了使他們斷絕有漏法。」

「舍利弗，你暫且停止，如來自知時間！」

〔註104〕偏露右臂：《巴利律》作 ekaṃsaṃ uttarāsaṅgaṃ karitvā，整理上衣到一邊肩膀。按僧眾外出遊行或入俗舍時，袈裟覆蓋雙肩；見佛及上座時，袈裟披掛左肩，裸露右肩，以示尊重。

〔註105〕右膝著地：右膝拄地，右足脛離地，右趾拄地；左膝斜叉於右膝上，左趾拄地，翹懸左膝及兩足足脛，曲身前就，令心有專志，又稱「胡跪、互跪」。這詞亦見於「僧殘・無主僧不處分過量房戒第6」，相對應《巴利律》作 ukkuṭika，曲膝蹲下。

〔註106〕合掌：雙掌及十指合攏在胸前，以示誠意。《巴利律》作 tenañjaliṃ paṇāmetvā，向某某合掌。

〔註107〕適當時間：〔大〕原作「時」。《巴利律》作 kāla，適時、正時。

〔註108〕大聖：佛的尊稱。《巴利律》作 bhagavant，世尊。

〔註109〕有漏法：《巴利律》作 āsavaṭṭhānīyā dhammā，令漏存在的事物。Āsava（漏），流失、漏泄，煩惱的異名。

〔註110〕利養：《巴利律》作 lābha，利得、得到；意謂衣食供養。

第一篇　波羅夷

一、婬戒

提要：須提那子為保老家財產，跟前妻行婬產子；又有比丘跟猴子以至死物行婬。

（一）制戒因緣

1. 回鄉乞食

那時，世尊在毘舍離〔註1〕。〔註2〕

這時，迦蘭陀〔註3〕村的須提那子〔註4〕在村中，富有多財；但信念堅定，出家修道。

這時，世間穀物昂貴、乞食困難。

這時，須提那子這樣思惟：「現今世間穀物昂貴，比丘們都乞食困難。我現今不如帶比丘們來迦蘭陀村乞食，比丘們因為我而得到豐足利養，得以修習梵行，亦可使我的族人盡快布施，做眾多福德。」

他這樣想念後，便帶比丘們到迦蘭陀村。

須提那的母親聽聞兒子帶同比丘們回到本村，便前往迎接，到了他兒子

〔註1〕毘舍離：音譯詞。《巴利律》作 Vesālī，意譯「廣嚴」；跋耆國的都城，位於今印度比哈爾邦（Bihar Pradesh）首府巴特那（Patna）北 Muzaffarpur 區 Basārh 市。

〔註2〕《巴利律》所記佛遊化的地點，跟本律不盡相同，不一一注明。

〔註3〕迦蘭陀：音譯詞。《巴利律》作 Kalandaka，位於王舍城北。

〔註4〕須提那子：「須提那」，音譯詞。《巴利律》作 Sudinna，意譯「善財」，迦蘭陀長者之子，故漢譯多附「子」字。

之所，對兒子說：「是時候捨棄修道，做回白衣〔註5〕。為什麼？你父親已過世，我現今獨居，恐怕家中財物會被官府沒收。單論你父親，財產已經很多，何況自祖父以來，更是家財無數，應該好好珍惜，所以你現今應捨棄修道和還俗。」〔註6〕

須提那便答母親說：「我不能捨棄修道，違背佛法；現今我很喜好梵行，修習無上道〔註7〕。」

母親這樣再三游說，兒子同樣答道：「不能捨棄修道和還俗。」

他的母親便離他而去，到他前妻之所說：「你經期來時，便來告訴我。」

2. 母勸生子

前妻自知經期到了，去找家姑〔註8〕說：「你想知道的，我經期到了。」

母親對其前妻說：「你取出初嫁入門時打扮〔註9〕自己的衣服，全部穿上過來。」

前妻便按她的指示打扮自己，與母親一同到她兒子之所。

母親說：「現今是適當時間，可以捨棄修道和還俗了。為什麼？你如不捨棄修道，我的財產都會被官府沒收。」

兒子答母親說：「我不能捨棄修道。」

母親對兒子再三這樣說：「你前妻今天已流出經血〔註10〕，你可使她懷胎，令你的家族不會絕後。」

兒子對母親說：「這事很易做，我可以做到。」

3. 與前妻行婬

那時，迦蘭陀子〔註11〕因佛未制戒，不知婬欲的污穢，便捉住婦人手臂，帶她到園中的屏蔽處行不淨〔註12〕三次。

這時，園中有鬼命終，便來投胎，九個月後，婦人誕下男嬰，相貌端正，

〔註5〕白衣：白色之衣，借稱穿白衣者，即俗人。
〔註6〕沒收家產是古印度的做法，例如婆羅門教法典《摩奴法論》說：「其他種姓的無繼承人的財產國王應該沒收」（9.189）。
〔註7〕無上道：佛所說之道，無出其上者，故名。《巴利律》作 brahmacariya，梵行。
〔註8〕家姑：〔大〕原作「大家」。
〔註9〕打扮：〔大〕原作「嚴、莊嚴」。《巴利律》作 alaṅkāra，裝飾。
〔註10〕經血：〔大〕原作「華水」。《巴利律》作 utunī，月經。
〔註11〕迦蘭陀子：須提那子的異名。「迦蘭陀」，音譯詞。巴利語 Kalandaka，意譯「松鼠」。
〔註12〕不淨：下文又作「不淨行」，義同。

舉世無雙，名叫「種子」〔註13〕」；軀體〔註14〕圓備，漸漸長大，剃髮、穿上袈裟〔註15〕、信念堅定、出家學道、專心勤奮、努力不懈，成為阿羅漢，能神足變化，威德無窮，號稱「尊者種子」。

4. 比丘悔咎

須提那修習沙門的威儀〔註16〕，無所不知，處事得心應手，又能轉教他人。

這時，須提那自行婬以來，常常心懷憂愁，同學〔註17〕們看見後問：「你憂愁什麼呢？你長期修習梵行，威儀禮節，無所不知；憂愁什麼，不喜歡梵行嗎？」

須提那說：「我很喜好梵行，只是近來在屏蔽處犯惡行，和前妻〔註18〕行不淨，故憂愁罷了！」

比丘們說：「須提那，你為什麼竟做這樣的惡事呢？在如來清淨法中，於欲中沒有欲，於垢中沒有垢；能夠斷除渴愛、破壞巢窟〔註19〕，解除各種結縛，愛滅盡〔註20〕而涅槃〔註21〕。你現今為什麼在這清淨法中，跟前妻一起行不淨呢？」

當時，比丘們前往到世尊之所，頭面禮足，坐在一旁，把這因緣〔註22〕全部〔註23〕稟告世尊。

5. 確認違犯

那時，世尊藉這因緣召集比丘們。

〔註13〕種子：家族的子嗣。《巴利律》作 bījaka，種續、後嗣。

〔註14〕軀體：〔大〕原作「諸根」，能生起感覺的眼、耳、鼻、舌、身等各種器官；合起來可意指整個身體。

〔註15〕袈裟：音譯詞。巴利語 kasāya，意譯「壞色、染色」。相傳印度產袈裟草，取草汁染衣，故名。

〔註16〕威儀：威嚴的態度和舉止。

〔註17〕同學：《巴利律》作 sahāya，同伴、朋友。弟子們同一和尚、同一阿闍梨，及經常在一起，是為「同學」。

〔註18〕前妻：〔大〕原作「故二」。《巴利律》作 purāṇa-dutiyā，舊一二；意謂比丘的前妻。

〔註19〕巢窟：蟲鳥獸類棲身之處，比喻輪迴五道。《巴利律》作 vaṭṭa，輪轉、輪迴。

〔註20〕愛滅盡：《巴利律》作 taṇhākkhaya，渴愛的滅盡。

〔註21〕涅槃：音譯詞。《巴利律》作 nibbāna，冷卻、熄滅，意譯「滅、滅度」；意謂欲望全消，為修道的最終歸宿。

〔註22〕因緣：《巴利律》作 nidāna，因由；意謂引發佛說法或制戒的事緣。

〔註23〕全部：〔大〕原作「具」。

世尊或明知而故問、明知而不問，或合時間而問、合時間而不問，或合義理便問、不合義理便不問。

這時，世尊知道時間和義理都適合，問須提那：「你確實跟前妻行不淨行嗎？」

須提那答道：「是這樣〔註24〕。世尊，我犯了不淨行。」

6. 佛斥犯者

這時，世尊用無數方法怒聲斥責〔註25〕他說：「你做錯了！不合威儀〔註26〕、不合沙門法〔註27〕、不是清淨的行為、不是隨順〔註28〕佛法的行為，都不應做〔註29〕。須提那，你為何在這清淨法中修行……乃至愛滅盡而涅槃，卻和前妻行不淨呢？」

世尊告訴比丘們：「寧可把男根〔註30〕放入毒蛇口中，也不可放入女根〔註31〕中。為什麼？不可因此墮落惡道〔註32〕中。如侵犯女人，身壞而死，墮落三惡道〔註33〕。為什麼？我用無數方法說斷欲的方法，斷除欲想〔註34〕、滅絕欲念〔註35〕、散除欲熱〔註36〕、超脫愛的結縛。我用無數方法說欲如火，就如手持火把，亦如樹上果實，〔註37〕又如肉身假借而成，〔註38〕猶如枯骨，亦如肉塊〔註39〕，如夢中所見，如腳踏刀鋒，如日光下用新瓦器盛水，〔註40〕

〔註24〕是這樣：〔大〕原作「如是」。《巴利律》作 saccaṃ，真實的。
〔註25〕怒聲斥責：〔大〕原作「呵責」。《巴利律》作 vigarahati，斥責、非難、辱罵。
〔註26〕不合威儀：〔大〕原作「非威儀」。《巴利律》作 appaṭirūpa，不適當的。
〔註27〕沙門法：《巴利律》作 sāmaṇaka，沙門應有的、沙門行的。
〔註28〕隨順：《巴利律》作 anuloma，順序的、適當的。
〔註29〕你做錯了……都不應做：〔大〕原作「汝所為非！非威儀、非沙門法、非淨行、非隨順行，所不應為」，為本律套語，幾乎見於全部戒條。
〔註30〕男根：《巴利律》作 aṅgajāta，生支；即男生殖器。
〔註31〕女根：《巴利律》作 mātugāmassa aṅgajāta，婦女的生支；即女生殖器。
〔註32〕惡道：《巴利律》作 apāya（惡處）、duggati（惡趣）、vinipāta（下界）、niraya（地獄）。
〔註33〕三惡道：地獄道、餓鬼道、畜生道。
〔註34〕欲想：《巴利律》作 kāmapipāsā，欲之渴。
〔註35〕欲念：《巴利律》作 kāmavitakka，欲之尋。
〔註36〕欲熱：行淫時散發的欲望。《巴利律》作 kāmapariḷāha，欲之熱惱。
〔註37〕這意謂果實熟透會落下腐爛。
〔註38〕這意謂人身假借地、水、火、風四大和合而暫成。
〔註39〕肉塊：〔大〕原作「段肉」。
〔註40〕這意謂新瓦器多漏水，日光下水會蒸發。

如毒蛇之頭，如輪轉刀〔註41〕，如尖槍之上，如鋒利戟〔註42〕刺，極為穢惡，為佛所怒聲斥責。」

「須提那，在我清淨法中……乃至愛滅盡而涅槃，卻和前妻行不淨行啊！」

（二）制戒內容

1. 佛初制戒

那時，世尊用無數方法怒聲斥責他後，告訴比丘們：「須提那，愚癡人〔註43〕啊！會引生多種有漏，〔註44〕最初犯本戒。從今以後，跟比丘們結戒，為了這十句〔註45〕義〔註46〕：

一、攝取於僧。〔註47〕

二、令僧歡喜。

三、令僧安樂。

四、令未信者信。

五、令已信者信心增強。

六、令難調伏〔註48〕者調順。

七、令慚愧者〔註49〕感到安樂。

八、斷絕現在的有漏。

九、斷絕未來的有漏。

十、使正法得以久住。

想說戒者，應這樣說〔註50〕：

〔註41〕輪轉刀：輪圈周圍都安置刀鋒，武器的一種。

〔註42〕戟：戈、矛合一的長柄兵器。

〔註43〕愚癡人：〔大〕原作「癡人」。《巴利律》作 moghapurisa，愚蠢者、沒用的人。

〔註44〕這句意謂行淫會引生各種煩惱以至惡報。

〔註45〕句：量詞。

〔註46〕義：《巴利律》作 attha，利益。

〔註47〕這意謂攝取善男子善女子入僧眾。《巴利律》作 saṅghasuṭṭhutāya，為了僧眾的卓越。

〔註48〕調伏：《巴利律》作 niggaṇhāti，抑止。

〔註49〕慚愧者：《巴利律》作 pesala bhikkhu，善好比丘。

〔註50〕會引生多種有漏……應這樣說：〔大〕原作「多種有漏處，最初犯戒；自今已去，與諸比丘結戒，集十句義：一攝取於僧、二令僧歡喜、三令僧安樂、四令未信者信、五已信者令增長、六難調者令調順、七慚愧者得安樂、八斷現在有漏、九斷未來有漏、十正法得久住。欲說戒者，當如是說」為本律套語，幾乎見於全部戒條，但在之後的戒條，以省略形式呈現。

「若〔註51〕比丘，犯不淨行、行〔註52〕婬欲〔註53〕法〔註54〕；是〔註55〕比丘，波羅夷〔註56〕、不共住〔註57〕。」

這樣世尊跟比丘們結戒。

2. 再度行婬

那時，跋闍子〔註58〕比丘心懷憂愁，不喜好淨行，便回家跟前妻行婬。

他這樣想念：「世尊跟比丘們結戒：『若比丘，犯不淨行、行婬欲法；是比丘，波羅夷、不共住』；但我心懷憂愁，不喜好淨行，回家跟前妻一同行不淨行，那麼我不是犯了波羅夷嗎？我應當怎樣做呢？」

他便跟同學們說：「長老〔註59〕，世尊為比丘們結戒：『若比丘，犯不淨行、行婬欲法；是比丘，犯波羅夷、不共住』；但我心懷憂愁，不喜歡淨行，回家跟前妻一同行婬，那麼我不是犯了波羅夷嗎？我現今應怎樣做呢？好啊！長老，請為我把這事稟告佛，聽隨佛的教導，我定當奉行。」

這時，比丘們前往到世尊之所，頭面禮足，坐在一旁，把這因緣全部稟告世尊。

3. 修訂前制

那時，世尊藉這因緣召集比丘僧眾，用無數方法怒聲斥責跋闍子：「你做錯了！不合威儀、不合沙門法、不是清淨的行為、不是隨順佛法的行為，都不應做。為什麼，愚癡人！不喜歡淨行，回家跟前妻行不淨行呢？男根一入便犯波羅夷，你這愚癡人，得波羅夷之罪，不可跟僧眾在一起。因此比丘，如有餘人〔註60〕不喜歡淨行，聽許他捨戒回家。如想再出家，在佛法中修習淨行，就

〔註51〕 若：假如。《巴利律》作 yo pana，任何；意謂一切比丘。又《巴利律》釋述這詞時，舉出一切比丘的意思包括：jacca（生）、nāma（名）、gotta（姓）、sīla（戒）、vihāra（住處）、gocara（行處）、thera（上臘）、nava（下臘）、majjhima（中臘）。

〔註52〕 行：《巴利律》作 paṭiseveyya，受用、實行。

〔註53〕 不淨：《巴利律》作 methuna，淫欲。

〔註54〕 法：《巴利律》作 dhamma，事情、性質。

〔註55〕 是：這。

〔註56〕 波羅夷：音譯詞。《巴利律》作 pārājika，意譯「重禁、棄法」等；意謂犯者為煩惱所征服，罪重難以彌補，不再是比丘。

〔註57〕 不共住：《巴利律》作 asaṃvāsa，意謂不跟其他比丘一起居住。

〔註58〕 跋闍子：《巴利律》作 Vajjiputta，意譯「金剛子」；毘舍離跋闍（跋耆族）人。

〔註59〕 長老：《巴利律》作 bhante，德高望重的、可尊敬的。

〔註60〕 餘人：比丘、比丘尼以外的出家人，即式叉摩那、沙彌、沙彌尼。

應度化出家，接受大戒〔註61〕。從今以後，應這樣說戒：

若比丘，共比丘同戒〔註62〕，若〔註63〕不捨戒〔註64〕、若戒羸〔註65〕，不自悔〔註66〕，犯不淨行，行婬欲法；是比丘，波羅夷、不共住。」

這樣世尊跟比丘結戒。

4. 與猴行婬

那時，有一乞食比丘在林〔註67〕中居住，有一獼猴〔註68〕女之前已住在這林中。

這時，乞食比丘到村中乞食回來，在林中進食，食完把剩食給這獼猴女，就這樣牠逐漸馴服，追隨比丘身後行走，甚至被他用手捉住也不離開。這比丘便捉著獼猴女一同行不淨行。

這時，有眾多比丘巡行各人的住處〔註69〕，依次到那林中。〔註70〕

這時，那獼猴女在比丘〔註71〕面前，轉身背〔註72〕向他們，露出婬相。〔註73〕

這時，比丘們這樣想念：「這獼猴女在我們面前轉身露出婬相，莫非〔註74〕曾跟其他比丘行不淨行呢？」

他們互相告知，藏在屏蔽處窺看。

那比丘，乞食回到林中，食完把剩食給那獼猴女，獼猴女食完便和他一同行不淨行。

〔註61〕大戒：《巴利律》作 upasampadā，具足戒。
〔註62〕同戒：意謂這比丘跟其他比丘所得的戒相相同。
〔註63〕若：假如、或者。
〔註64〕捨戒：《巴利律》作 sikkha paccakkhāya，捨棄學處。
〔註65〕戒羸：《巴利律》作 dubbalya，虛弱；意謂持戒不堅定。
〔註66〕不自悔：《巴利律》作 anāvikatvā，不告示。
〔註67〕林：《巴利律》作 mahāvana，大森林。
〔註68〕獼猴：又名恒河猴，亞洲和北非地區最常見的一類猴，母猴約長 47 厘米。《巴利律》作 makkaṭī，猿、猴。
〔註69〕住處：《巴利律》作 senāsana，臥坐所、房舍。
〔註70〕佛或上座比丘不時會巡察僧眾的住處，察看臥具是否收拾妥當，或有否其他違犯等。
〔註71〕比丘：《巴利律》作 bhikkhū，比丘眾。漢譯「比丘」可以是單數或眾數。
〔註72〕背：《巴利律》作 kaṭi，臀部、腰部。
〔註73〕婬相：《巴利律》記獼猴搖動尾巴，露出臀部。
〔註74〕莫非：〔大〕原作「將無」，有以為這詞仿造自梵語否定副詞 mā，也有以為是地道的漢語詞。

比丘們看見後，便上前說：「如來不是制訂說：『比丘不可行不淨行』嗎？」

那比丘報說：「如來所禁制的，是男人侵犯婦女，沒有禁制畜生〔註75〕。」

比丘們聽聞這番話後，前往佛之所，頭面作禮，把這因緣全部稟告世尊。

5. 再修訂前制

那時，世尊藉這因緣召集比丘僧眾，用無數方法怒聲斥責那乞食比丘說：「為什麼比丘跟獼猴女一同行不淨行呢？男根一入，波羅夷。想說戒者，應這樣說：

若比丘，共比丘同戒，若不還戒〔註76〕、戒羸，不自悔咎，犯不淨行……乃至共畜生；是比丘，波羅夷、不共住。」

6. 釋義

（1）比丘：名字比丘〔註77〕、相似比丘〔註78〕、自稱比丘〔註79〕、善來比丘〔註80〕、乞求比丘〔註81〕、著割截衣〔註82〕比丘、破結使〔註83〕比丘、受大戒白四羯磨〔註84〕如法成就〔註85〕得處所〔註86〕比丘。這裏所說的「比丘」，即受大戒白四羯磨如法成就得處所、合比丘法〔註87〕者。

〔註75〕畜生：《巴利律》作 tiracchāna，畜生、傍行（側身而行）；意謂鳥獸蟲魚等一切動物。

〔註76〕還戒：捨戒還俗。

〔註77〕名字比丘：有的人不是比丘，但取名叫「比丘」，故僅是名字上是比丘；又沙彌未受具足戒，不是比丘，但施主來請時，也算入比丘數，故僅是名義上的比丘。《巴利律》作 samaññāya bhikkhu，沙彌比丘。

〔註78〕相似比丘：比丘已犯重戒，但外表保持威儀，似是守戒的比丘。

〔註79〕自稱比丘：自行剃頭而自稱比丘者，不應授戒，已受者應驅逐出僧眾。

〔註80〕善來比丘：如有俗人拜訪佛，請求出家，佛觀察他的天賦和因緣合適，即叫他做「善來比丘」，俗人鬚髮自落，成為比丘。

〔註81〕乞求比丘：比丘的字義是乞求，俗人或婆羅門等乞求過活，亦可稱比丘。

〔註82〕割截衣：僧眾製衣時會把布料割截出長、短不同的條狀，縱橫交疊成田相，故名；亦由於衣已割破，價值變低，不為盜賊覬覦。

〔註83〕結使：纏繞和惱亂，煩惱的異名。

〔註84〕白四羯磨：「羯磨」，音譯詞。《巴利律》作 kamma，事業、儀式；類同今天的會議。「白四羯磨」，即在僧眾集會中，先告白一次（提出待決議題），再三度宣讀（三次羯磨），以求僧眾的認可；故又稱「一白三羯磨」。

〔註85〕如法成就：意謂羯磨合規範完成。

〔註86〕得處所：得以跟眾僧同住，一起誦戒及修行。

〔註87〕比丘法：年歲已足、身無遮難等妨礙，方有成為比丘的資格，是為「比丘法」。

（2）共比丘：即其他比丘，受大戒白四羯磨如法成就得處所、合比丘法者。

（3）同戒：我為弟子們結戒後，寧死不犯，當中跟其他比丘一戒〔註88〕、同戒、等戒〔註89〕。

（4）不捨戒：癲狂〔註90〕時捨戒、在癲狂人前捨戒、心亂〔註91〕時捨戒、在心亂人前捨戒、痛惱〔註92〕時捨戒、在痛惱人前捨戒、啞巴捨戒、聾子捨戒、又聾又啞而捨戒、在啞巴前捨戒、在聾子前捨戒、在又聾又啞人前捨戒、中國人在邊地〔註93〕人前捨戒、邊地人在中國人前捨戒、不靜但有靜的想法〔註94〕而捨戒、靜但有不靜的想法而捨戒、開玩笑下捨戒；或天，或龍〔註95〕，或夜叉〔註96〕，或餓鬼〔註97〕，或睡眠人，或死人，或沒有知覺的人，如自己不說話，或說話而面前的人不懂，這些都不叫捨戒。

（5）捨戒：如比丘不喜好修習梵行，想要回家，厭棄比丘，常常心感慚愧，貪樂在家〔註98〕、貪樂優婆塞〔註99〕，或思念沙彌〔註100〕，或喜好外道〔註101〕、喜好外道弟子、喜好非沙門非釋子〔註102〕，便這樣說：「我捨棄佛、

〔註88〕一戒：這比丘跟其他比丘所得的戒律一致無別。

〔註89〕等戒：這新受戒的比丘跟其他資深比丘所守的戒律相同。

〔註90〕癲狂：《巴利律》作 ummattaka，發瘋的。

〔註91〕心亂：《巴利律》作 khittacitta，心混亂的。

〔註92〕痛惱：《巴利律》作 vedanāṭṭa，痛苦。

〔註93〕佛遊化的地區，稱「中國」，以外的稱「邊地」。「中國」，《巴利律》作 ariyaka，聖的、高貴的；或意謂摩竭陀語。「邊地」，《巴利律》作 milakkha，邊地人、蠻族；或意謂印度原住民。

〔註94〕想法：〔大〕原作「想」。這詞亦見於下一條「盜戒」，相對應《巴利律》作 saññā，想念、概念。

〔註95〕龍：《巴利律》作 nāga，龍、象、龍象；水中生物力氣最大者，有神力，能變化雲雨，守護佛法的天龍八部之一，也是吉祥和威嚴的象徵。

〔註96〕夜叉：音譯詞。《巴利律》作 yakkha，捷疾。二說：守護佛法的天龍八部之一、會傷害人畜的惡鬼。

〔註97〕餓鬼：雜居墳地、曠野，人眼不可見，又頑疾纏身，無法吞嚥食物或飲水，飢渴難耐。

〔註98〕在家：《巴利律》作 gihibhāva，在家生活、在家的狀態。

〔註99〕優婆塞：音譯詞。《巴利律》作 upāsaka，在家男弟子，意譯「近事男、信士、清信士」。

〔註100〕沙彌：音譯詞。《巴利律》作 sāmaṇera，已受十戒但未受具足戒的出家男弟子，意譯「勤策男」。

〔註101〕外道：《巴利律》作 titthiya，其他教派的信奉者。

〔註102〕釋子：《巴利律》作 sakyaputta，釋迦族人之子。

捨棄佛法、捨棄比丘僧眾、捨棄和上〔註103〕、捨棄同和上〔註104〕、捨棄阿闍梨〔註105〕、捨棄同阿闍梨〔註106〕、捨棄各種梵行、捨棄戒、捨棄律、捨棄學事〔註107〕，接受居家，我做淨人〔註108〕、我做優婆塞、我做沙彌、我做外道、我做外道弟子，我不做沙門、不做釋種子〔註109〕」。如再這樣說：「我夠了！不需要佛，佛對我有什麼益處呢？」就這樣離開佛之所，這樣……乃至學事也是這樣。如再說其他話，詆毀佛、法、僧……乃至學事，而讚美家產……乃至非沙門、非釋子。這樣的話說得清楚〔註110〕，叫做「捨戒」。

（6）戒羸：

1）戒羸不捨戒：如比丘愁憂，不喜好梵行，想要回家，厭棄比丘法，常常心感慚愧，喜好在家……乃至喜好非沙門非釋子，便這樣說：「我想念父母、兄弟、姊妹、妻兒、村落、城邑〔註111〕、田園、浴池，我想捨棄佛、法、僧……乃至學事」，便想承受家產……乃至不做沙門、不做釋種子，叫做「戒羸不捨戒」。

2）戒羸而捨戒：如這樣思惟：「我想捨戒」，便捨戒，這叫做「戒羸而捨戒」。

（7）不淨行：婬欲之事。

（8）下至共畜生：行婬的對象。

（9）波羅夷：譬如斷人頭，不可復生；比丘也是這樣，犯這戒法者，便不再是比丘，故叫「波羅夷」。

（10）不共住：有兩種「共住」：一同參與羯磨、一同說戒〔註112〕；不可

〔註103〕和上：音譯詞。《巴利律》作 upajjhāya，親教師；負責授戒予弟子，又稱「親教師、戒和尚、戒師」。

〔註104〕同和上：《巴利律》作 samānupajjhāyaka，等同和尚者；跟自己的和尚同一輩份，或戒臘相同，或向同一和上受戒的其他資深比丘。

〔註105〕阿闍梨：音譯詞。《巴利律》作 ācariya，老師、軌範師；專門糾正弟子的不檢行為。

〔註106〕同阿闍梨：《巴利律》作 samānācariyaka，等同阿闍梨者。跟自己的阿闍梨同一輩份，或戒臘相同，或向同一和上受戒的其他資深比丘。

〔註107〕學事：《巴利律》作 pātimokkha，意謂戒條。

〔註108〕淨人：《巴利律》作 ārāmika，僧園侍從、寺男；即寺院中的在家工作人員。

〔註109〕釋種子：即釋子。

〔註110〕清楚：〔大〕原作「了了」。

〔註111〕城邑：這詞亦見於「僧殘・污家擯謗違僧諫戒第12」，《巴利律》作 nigama，市鎮。

〔註112〕說戒：《巴利律》作 sikkhata，學戒。

參與這兩事，故叫「不共住」。

7. 違犯的不同情況

（1）自行違犯

1）行婬對象

三種行不淨行，波羅夷：與人、非人〔註113〕、畜生。

又有五種行不淨行，波羅夷：與婦人、女童、陰陽人〔註114〕、黃門〔註115〕、男人，跟這五種對象行不淨行，波羅夷。

跟三種婦女行不淨行，波羅夷。哪三種？婦人、非人婦、畜生婦，跟這三種對象行不淨行，犯波羅夷。

三種〔註116〕童女、三種陰陽人、三種不能男〔註117〕、三種男人，跟這些對象行不淨行，波羅夷，也是這樣。

2）行婬處

侵犯婦女三處，波羅夷：大便道、小便道〔註118〕，及口；對非人婦、畜生婦、女童、非人童女、畜生童女、陰陽人、陰陽非人、陰陽畜生，侵犯該三處，也是這樣。

對黃門兩處行不淨行，波羅夷：大便道，及口；對黃門非人、黃門畜生，也是這樣；對男人、非人男、畜生男該兩處行不淨行，也是這樣。

比丘，有婬念，向婦女的大便道、小便道，及口，如一插入，波羅夷；如不插入，不犯。不論自己有隔礙〔註119〕而對方也有隔礙、自己有隔礙而對方無隔礙、自己無隔礙而對方有隔礙、自己無隔礙而對方也無隔礙，波羅夷。

如〔註120〕比丘，有婬念，向非人女、畜生女、女童、非人女童、畜生女

〔註113〕非人：人和畜生以外，天、修羅、餓鬼、地獄四種生命形態。

〔註114〕陰陽人：〔大〕原作「二形」。《巴利律》作 ubhatobyañjanaka，兼具男女生殖器官的人。

〔註115〕黃門：閹人。《巴利律》作 paṇḍaka，生殖器官受損的男人。按古人以五色配五個方向，以黃屬中；而天子居天下之中，禁中之門，稱黃門。又自漢始，設閹人打理內廷，即主黃家之門，故閹人又稱「黃門」。有學者認為在佛世，古印度無宦官，推測所謂「黃門」，是指缺乏男子氣慨或同性戀者。

〔註116〕三種：婦人、非人女、畜生女。

〔註117〕不能男：性無能男。

〔註118〕小便道：《巴利律》作 passāvamagga，尿道；借指陰道。

〔註119〕隔礙：《巴利律》作 santhata，已包裹；意謂用樹葉、衣、熟皮、蠟、鉛、錫等物包裹男根或陰戶。

〔註120〕如：〔大〕原作「若」。按本律在段落開頭，間有這詞，但不似有一定規律。

童、陰陽人、陰陽非人、陰陽畜生，侵犯她們該三處，也是這樣；對黃門、黃門非人、黃門畜生、男人、非人男、畜生男，侵犯他們該兩處，也是這樣。

如比丘，有婬念，向睡著的婦女，或死屍未腐壞、大半未腐壞，於大便道、小便道，及口，如一插入，波羅夷；不插入，不犯。有隔礙、無隔礙……也是這樣詳說……乃至跟男人，也是這樣。

（2）仇家脅迫

如比丘，被仇家帶到婦女之所，強行把他的男根插入該三處，剛插入覺得快樂〔註121〕，插入了快樂，拔出時快樂，波羅夷；剛插入快樂，插入了快樂，拔出時不快樂，波羅夷；剛插入快樂，插入了不快樂，拔出時快樂，波羅夷；剛插入快樂，插入了不快樂，拔出時不快樂，波羅夷；剛插入不快樂，插入了快樂，拔出時快樂，波羅夷；剛插入不快樂，插入了不快樂，拔出時快樂，波羅夷。

有隔礙、無隔礙，也是這樣；從非人女……乃至男人，也是這樣。

如比丘，被仇家帶到去睡著的婦女，或死屍未腐壞或大半腐壞，覺得快樂，也是這樣。

有隔礙、無隔礙，也是這樣；從非人女……乃至男人，也是這樣。

如仇家強行捉比丘在大便道行婬，如插入時覺得快樂，波羅夷；插入了覺得快樂，拔出時也覺得快樂……也如上文……乃至有隔礙、無隔礙……也如上文。

8. 違犯輕重

（1）自行違犯

從婬道〔註122〕入婬道〔註123〕、從婬道入非婬道〔註124〕、從非婬道入婬道，或有限入，或完全入，或告訴或不告訴他人，如有婬念……乃至入僅如毛頭〔註125〕，波羅夷；設法〔註126〕入而不入，偷蘭遮〔註127〕。

〔註121〕快樂：〔大〕原作「樂」。《巴利律》作 sādiyati，接受、享受。
〔註122〕婬道：〔大〕原作「道」，即陰道、大便道或口。
〔註123〕婬道入婬道：〔大〕原作「從道入道」，意謂大便道跟陰道貫穿，可互入。
〔註124〕非婬道：〔大〕原作「非道」，非正常非自然的孔道，例如瘡穴。
〔註125〕毛頭：《巴利律》作 tilaphala，芝麻子；意表非常微細。
〔註126〕設法：〔大〕原作「方便」。
〔註127〕偷蘭遮：音譯詞。《巴利律》作 thullaccaya，大罪、重罪。道宣（596～667）分兩類：1.獨頭偷蘭遮。不依附其他罪行，獨立違犯者，有上中下三等之別：上等如欲毀破佛之僧團不成、盜四錢、盜僧食等；中等如破毀一般僧團，盜三錢以下等；下等如惡心罵僧、盜一錢、用人髮、食生肉血、裸身著外道衣

如此比丘，設法想行不淨行，成事，波羅夷；不成事，偷蘭遮。

（2）教唆違犯

如此比丘，教比丘行不淨行，那比丘如照做，教唆者偷蘭遮；如不做，教唆者突吉羅〔註128〕。

比丘尼〔註129〕教比丘行不淨行，如比丘照做，比丘尼偷蘭遮；不做，比丘尼突吉羅。

除比丘和比丘尼外，餘眾〔註130〕互相教唆行不淨行，做或不做，皆犯突吉羅。

（3）其他婬行

或死屍半腐壞，行不淨，插入男根，偷蘭遮；或大半腐壞，或全腐壞，偷蘭遮；或在骨頭之間，行不淨，偷蘭遮。

或穿地作洞，捏泥團造洞，或君持〔註131〕口中〔註132〕，犯偷蘭遮；如有婬道的想法，或懷疑，這樣全偷蘭遮。

（4）境想

如婬道，有婬道的想法，波羅夷；如有婬道的懷疑〔註133〕，波羅夷；如婬道，有非婬道的想法，波羅夷。

非婬道，有婬道的想法，偷蘭遮；非婬道，有婬道的懷疑，偷蘭遮。

（三）兼制

比丘尼，波羅夷；式叉摩那〔註134〕、沙彌、沙彌尼〔註135〕，突吉羅，但

等。2.從生偷蘭遮。觸犯將構成波羅夷、僧殘而未遂之罪，當中再有重輕之分：例如婬戒，把陽具插入女性行婬部位未失精；或已入少許拔出，不問是否失精，犯重；但如前往女子處，未接觸到女子而歸還，或接觸到失精，乃至擁抱在一起，皆犯輕。懺罪亦依輕重不同，或在一切僧眾中懺，或出寺外向四比丘懺，或向一比丘懺。

〔註128〕突吉羅：音譯詞。《巴利律》作 dukkaṭa，惡作、輕罪。

〔註129〕比丘尼：音譯詞。《巴利律》作 bhikkhunī，女乞者、女修行者。

〔註130〕餘眾：即上文所說的「餘人」。

〔註131〕君持：音譯詞。巴利語 kuṇḍika，水瓶。

〔註132〕地洞等三類，是非肉身的行婬方法；《巴利律》還舉出畫像和木像。

〔註133〕這意謂對該婬道是否婬道有懷疑，下同。

〔註134〕式叉摩那：音譯詞。《巴利律》作 sikkhamānā，從沙彌尼至比丘尼二年間的修學者，意譯「學法女」。

〔註135〕沙彌尼：音譯詞。《巴利律》作 sāmaṇerī，已受十戒但未受具足戒的出家女弟子，意譯「勤策女」。

滅擯〔註136〕。這叫做犯。

（四）開緣

不犯：如睡眠無所覺知〔註137〕、不享受快樂、全無婬意，不犯。

不犯：最初未制戒〔註138〕、癡狂〔註139〕、心亂、痛惱所纏繞，無犯。
〔註140〕

二、盜戒

提要：檀尼迦擅取國王的木材建屋，險被處死。

（一）制戒因緣

1. 比丘建屋

那時，世尊在羅閱〔註141〕城耆闍崛〔註142〕山中遊化。

這時，羅閱城中有比丘名叫檀尼迦〔註143〕，是陶器師的兒子，在閑靜處〔註144〕住在一間草屋中。

這比丘入村乞食後，有樵夫拆毀他的草屋取去。

比丘乞食回來，這樣想念：「我如今獨自在閑靜處，親自取來草木建屋；入村乞食後，卻有樵夫拆毀我的草屋取去。我如今自己有技藝，不如混合泥土，建純瓦屋〔註145〕。」

當時，那比丘便混合泥土，建純瓦屋，再取柴薪〔註146〕和牛糞〔註147〕熏

〔註136〕滅擯：《巴利律》作 nāsana，破壞、除去。

〔註137〕睡眠無所覺知：《巴利律》作 ajānanta，不意識到。

〔註138〕最初未制戒：《巴利律》作 ādikammikassāti，初犯者。

〔註139〕癡狂：《巴利律》作 ummattaka，發瘋的、發狂的。

〔註140〕按本句所列四項開緣，見於每條戒，文義皆同；為省篇幅，下文全略去。

〔註141〕羅閱：音譯詞。《巴利律》作 Rājagaha，意譯「王舍」；摩竭陀國都城，分新舊兩城。舊城有五山圍繞，遺址位於今印度比哈爾邦 Rājgir 市；舊城焚毀後另建新城，位於舊城五山之北。

〔註142〕耆闍崛：音譯詞。《巴利律》作 Gijjhakūṭa，意譯「靈鷲山」，位於王舍城東北側。

〔註143〕檀尼迦：音譯詞。《巴利律》作 Dhaniya，意譯「有物」。

〔註144〕閑靜處：《巴利律》作 isigilipassa，仙人山邊。

〔註145〕純瓦製之屋：〔大〕原作「全成瓦屋」。《巴利律》作 sabbamattikāmaya kuṭika，純粘土製的房屋。

〔註146〕柴薪：《巴利律》作 tiṇa（草）、kaṭṭha（薪）。

〔註147〕牛糞：《巴利律》作 gomaya，牛糞、獸糞、香泥。按牛在印度食香草，牛糞為人所尊貴；乾牛糞耐燒，燃煙少，且有香草味，相傳可去除一切污穢。

燒，瓦屋建成，赤色如火〔註148〕。

2. 禁赤瓦屋

那時，世尊從耆闍崛山下，遠遠看見這房舍赤色如火，看見後明知故問：「比丘們，這赤色的是什麼呢？」

比丘們稟告佛說：「世尊，有一比丘名叫檀尼迦，是陶器師的兒子，獨自在閑靜處住在一間草屋中；乞食後，樵夫們拆毀他的草屋取去。他回來看見房舍被拆毀，便這樣想念：『我自有技術，如今不如建純瓦屋，住在其中』，隨即便建屋。這就是他的屋，這樣赤色的。」

這時，世尊用無數方法怒聲斥責那比丘，說：「你做錯了！不合威儀、不合沙門法、不是清淨的行為、不是隨順佛法的行為，都不應做。為什麼，檀尼迦比丘、陶器師的兒子，親自建這屋，積聚大量柴薪和牛糞加以熏燒呢？我常用無數方法，說要憐愍眾生。〔註149〕為什麼，愚癡人啊！親自建泥屋，積聚柴薪和牛糞而熏燒呢？從今以後，不得建赤色的純瓦屋；建者，突吉羅。」

3. 佛命破屋

這時，世尊教令比丘們：「你們集合起來，盡快到檀尼迦屋之所，把它打破。」

這時，比丘們便遵照佛的指示，前往打破。

當時，檀尼迦看見比丘們打破屋後，便這樣說：「我有什麼過錯，而要打破我的屋呢？」

比丘們答道：「你沒有過錯，我們也不憎恨你。只因我們之前受世尊指示，所以來打破你的屋罷了！」

檀尼迦說：「如是世尊〔註150〕的教令，就是適宜的。」

4. 擅拿木材

那時，摩竭陀〔註151〕國的瓶沙〔註152〕王有木材守衛〔註153〕，跟檀尼迦

〔註148〕赤色如火：《巴利律》作 indagopaka，赤色甲蟲（胭脂蟲）。赤色，即今紅色。
〔註149〕建瓦屋要掘泥火燒，難免殺生，故佛禁止；又赤色鮮艷，僧眾應避用。
〔註150〕世尊：《巴利律》作 dhammassāmī，法主、法的所有者。
〔註151〕摩竭陀：音譯詞。《巴利律》作 Magadha，意譯「無惱害」；古印度大國，版圖大體相當於今印度比哈爾邦南部。
〔註152〕瓶沙：音譯詞。《巴利律》作 Bimbisāra，意譯「端正」；摩竭陀國國王。
〔註153〕木材守衛：〔大〕原作「守材人」。《巴利律》作 dārugahe gaṇaka，木材場主管。

自小是親厚友好〔註154〕。

這時，檀尼迦前往木材守衛之所，對他說：「你知道嗎？瓶沙王給我木材，我現今需要木材，便可給我。」

那人說：「如是王所給的，不論好壞多少，隨意自取。」

瓶沙王所預留的重要木材，〔註155〕比丘便砍伐斬下運走。

5. 大臣追究

那時，一大臣管治城中事務，到木場看見王所預留的重要木材，被斫伐凌亂，看見後便問木材守衛說：「這是王所預留的重要木材，是誰斬伐運走呢？」

木材守衛說：「是檀尼迦比丘，他來到我之所這樣說：『王給我木材，現今需用木材，可以給我』，我隨即報說：『王既給你木材，隨意取去』。這時，比丘便進入木場，伐木運走。」

這時，大臣聽聞這番話後，便嫌惡說：「為什麼把這些重要木材給比丘呢？原本還有其他木材可以給他，卻讓這比丘斬伐重要木材運走。」

當時，大臣前往王宮，稟告說：「大王，先前預留的重要木材，為什麼給比丘，讓他斬伐運走呢？原本還有其他木材可以給他，為什麼要毀壞這些良好的木材呢？」

王報說：「我都記不起曾把木材給人，如有人記起就告訴我吧。」

6. 與王爭辯

那時，大臣便捉拿木材守衛拜訪王宮。

這時，木材守衛遠遠看見檀尼迦，說：「大德，因為你取去木材的緣故，現今要捉拿我了，你要來為我決斷，慈愍的緣故。」

比丘報說：「你只管去吧！我馬上〔註156〕前往。」

這時，檀尼迦隨後前往王宮，在王面前默然站立。

王便問：「大德，我確實給你木材嗎？」

比丘答道：「確實給我木材。」

王說：「我記不起曾給你木材，你可否幫助我記起呢？」

〔註154〕親厚友好：〔大〕原作「親厚知識」。《巴利律》作 sandiṭṭha，朋友、親友。

〔註155〕這意謂可用作救災、國防的木材。

〔註156〕馬上：〔大〕原作「正爾」。

比丘報說：「王自己記不起嗎？你當初登位時，曾親口說：『如我治下，在我國境之內，沙門和婆羅門知慚愧〔註157〕、喜好學戒者，給與的可取、不給與的不可取，給與的可用、不給與的不可用。從今日起，沙門和婆羅門，草木及水准隨意用，不可不給而用。從今以後，准沙門和婆羅門隨意用草木及水』。」

王說：「大德，我當初登位時確實這樣說過。」

王又說：「大德，我說的是無主物〔註158〕，不是說有主物。大德應該處死！」

7. 釋放盜者

王自己心想念道：「我是剎利〔註159〕王、水澆頭種〔註160〕，為什麼因少許木材，而斷除出家人的性命呢？這是不應該的。」

這時，王用無數方法怒聲斥責比丘後，勅令大臣們釋放這比丘，即依從王的教令放走他。

其後，大臣們憤憤不平、高聲議論：「大王，是什麼意思呢？這是死罪，僅僅怒聲斥責便釋放嗎？」

這時，羅閱城中有居士〔註161〕們，不信樂〔註162〕佛法，都譏議嫌惡〔註163〕說：「沙門釋子，不知慚愧、心無畏懼，人家不給而取，對外卻自稱說：『我知道正法』，這樣何來有正法呢？〔註164〕比丘尚且取王的木材，何況餘人呢？〔註165〕我們從今以後，不再親近沙門釋子，不再禮拜、問訊、供養、禮敬他們，也不准他們入村，不再安頓〔註166〕他們。」

〔註157〕慚愧：《巴利律》作 lajjin，有恥的。

〔註158〕無主物：《巴利律》作 araññā apariggahita，林野中的無主物；意謂林野中的草、木、水。

〔註159〕剎利：音譯詞。《巴利律》作 khattiya，王族、貴族、士族階級。

〔註160〕水澆頭種：《巴利律》作 abhisitta，灌頂。新王即位時，須以五河之水澆灌其頭。

〔註161〕居士：平民。

〔註162〕信樂：信奉和喜歡佛法。

〔註163〕譏議嫌惡：〔大〕原作「譏嫌」。《巴利律》作 vipāceti，毀謗、責難。

〔註164〕「不知慚愧……這樣何來有正法呢」，〔大〕原作「無有慚愧，無所畏懼，不與而取；外自稱言：『我知正法』，如是何有正法」，為本律套語，見於多條戒。

〔註165〕這意謂比丘已受大戒，尚且拿取，何況是沙彌等資歷較低的出家人。

〔註166〕安頓：〔大〕原作「安止」，意謂提供住宿。

這時，比丘們聽聞，一些少欲知足、行頭陀〔註167〕、知慚愧、喜好學戒者〔註168〕，嫌惡斥責〔註169〕檀尼迦：「為什麼偷去瓶沙王的木材呢？」

當時，比丘們前往佛之所，頭面禮足，坐在一旁，把這因緣全部稟告世尊。

8. 佛斥犯者

那時，世尊藉這因緣召集比丘僧眾，明知故問：「檀尼迦比丘，王沒有賜你木材，你確實取去嗎？」

檀尼迦答道：「確實，世尊。」

這時，世尊用無數方法怒聲斥責檀尼迦比丘，說：「你做錯了！不合威儀、不合沙門法、不是清淨的行為、不是隨順佛法的行為，都不應做。檀尼迦，為什麼王不給木材你卻擅取呢？我用無數方法稱讚人家給的應當拿取、拿取的應當使用。你現今為什麼王不給木材而取呢？」

9. 五錢處死

那時，又有一比丘名叫迦樓〔註170〕，原是王的大臣〔註171〕，熟悉世間事務〔註172〕，離世尊不遠，坐在僧眾中。

這時，世尊明知故問迦樓比丘說：「王法規定，不給而取多少財物應處死呢？」

比丘稟告佛說：「如擅取五錢〔註173〕，或值五錢之物，應處死。」

世尊問道：「檀尼迦比丘，為什麼王不給木材而取呢？」

（二）制戒內容

1. 佛制戒

那時，世尊用無數方法怒聲斥責檀尼迦比丘後，告訴比丘們：「檀尼迦比

〔註167〕頭陀：音譯詞。這詞亦見於「僧殘·破僧違諫戒第 10」，相對應《巴利律》作 dhuta，抖擻、搖動、洗蕩；意謂去除煩惱，苦行的一種。

〔註168〕「比丘們聽到……嫌惡斥責」：〔大〕原作「諸比丘聞，諸少欲知足、行頭陀、知慚愧、樂學戒者，嫌責」，為本律套語，見於多條戒。

〔註169〕嫌惡斥責：〔大〕原作「嫌責」。《巴利律》作 vipāceti，毀謗、責難。

〔註170〕迦樓：音譯詞。巴利語 Kāḷa，意譯「黑色」。

〔註171〕大臣：《巴利律》作 vohārikamahāmatta，司法大臣、裁判官。

〔註172〕世間事務：〔大〕原作「世間法」。

〔註173〕錢：《巴利律》作 māsaka，古印度貨幣的最小單位，音譯「摩娑迦、磨灑」。據古摩竭陀國法，偷五摩娑迦或以上，會被判死刑或流放，佛比照制定偷盜同樣價值者，犯最重罪。

丘，愚癡人啊！會引生多種有漏，最初犯本戒。從今以後，跟比丘們結戒，為了這十句義⋯⋯乃至使正法得以久住。想說戒者，應這樣說：

若比丘，若在村落〔註174〕、若閑靜處，不與〔註175〕，盜心〔註176〕取；隨不與取法〔註177〕，若為王、王大臣所捉，若殺、若縛、若驅出國，『汝是賊、汝癡、汝無所知』；是比丘，波羅夷、不共住。」

2. 釋義

（1）比丘：意義如上文。〔註178〕

（2）村：有四種：

1）有垣牆圍繞。

2）有柵欄或籬笆圍繞。

3）籬笆或垣牆不周遍。

4）四周都有房屋。

（3）閑靜處：村落外空曠寂靜之地。

（4）不與：他人沒有捨棄之物。

（5）盜：以盜心取。

（6）隨不與取：或五錢，或值五錢之物。

（7）王：自由自在，不從屬他人者。

（8）大臣：各種輔佐王的大臣。

（9）波羅夷不共住：如上文所說。

3. 不與取的不同情況

（1）三種

有三種不與取，波羅夷：或〔註179〕親手取，或叫面前的人取，或派人取。

又有三種取，波羅夷：有非己之物的想法而取、非暫時借用而取、不得物主同意而取。

〔註174〕村落：《巴利律》作 gāma，村、村莊。

〔註175〕不與：《巴利律》作 adinna，未被給與的。

〔註176〕盜心：《巴利律》作 theyyasaṅkhāta，被稱為偷盜的、已造作偷盜的。

〔註177〕法：規範。

〔註178〕按釋義一節，見於大部份戒條，重出的名相都會用「如上文」一類的字句示意，本書不一一注出原出處。

〔註179〕或〔大〕原作「若」，《巴利律》作 vā，或者。按本律在列舉多個項目時，或全冠上這詞，或間冠上這詞，不似有一定規律。

又有三種取：他人之物、有他人之物的想法而取，或把物搬離〔註180〕本處〔註181〕。

又有三種取：有物主、有有物主的想法而取，或把物搬離本處。

又有三種取：物有他人守護、有他人守護的想法而取，或把物搬離本處。

（2）四種

又有四種不與取，波羅夷：親手取，或叫面前的人取，或派人取，搬離本處。

又有四種取，波羅夷：有非己之物的想法而取、非暫時借用而取、不得物主同意而取，或搬離本處。

又有四種取：他人之物、有他人之物的想法而取、重物〔註182〕，或搬離本處。

又有四種：有物主、有有物主的想法、重物，或搬離本處。

又有四種：物有他人守護、有他人守護的想法，或重物，或搬離本處。

（3）五種

又有五種不與取，波羅夷：或親手取，或叫面前的人取，或派人取，或重物，或搬離本處。

又有五種：有非己之物的想法而取、非暫時借用而取、不得物主同意而取，或重物，或搬離本處。

又有五種：他人之物、有他人之物的想法，或重物、有盜心、搬離本處。

又有五種：有物主、有有物主的想法，或重物、有盜心、搬離本處。

又有五種：物有他人守護、有他人守護的想法，或重物、有盜心、搬離本處。

（4）六種

又有六種不與取，波羅夷：親手取、叫面前的人取、派人取，或重物、有盜心、搬離本處。

非己之物、有非己之物的想法……六種情況也是這樣，是為六種取，波羅夷。

〔註180〕搬離：〔大〕原作「舉、舉離」。《巴利律》作 cāveti，移動、轉移。

〔註181〕本處：《巴利律》作 ṭhāna，處、場所。

〔註182〕重物：《巴利律》作 garuka……parikkhāra，貴重之物；意謂值五錢或以上之物。

4. 物的種類

（1）地處〔註183〕：埋藏地下未發掘的七寶：金、銀〔註184〕、真珠〔註185〕、琉璃〔註186〕、貝玉〔註187〕、硨磲〔註188〕、瑪瑙〔註189〕；生像〔註190〕、金寶〔註191〕、衣、被〔註192〕，或地下有其他所需之物而有主者。如有盜心，取五錢或過五錢，或牽拉，或取去，或埋藏，或搬離本處：一搬離本處，波羅夷；如設法想搬離而不搬離，偷蘭遮。

（2）地上處〔註193〕：金、銀等七寶……乃至衣、被，沒有埋藏者，或地上有其他所需之物而有主者。如有盜心，取五錢或過五錢，或牽拉，或取去，或埋藏，或搬離本處：一搬離本處，波羅夷；如設法想搬離而不搬離，偷蘭遮。

（3）乘處：車有四種：象車、馬車、車乘、人力車〔註194〕，或有其他種類的車，全都叫「乘」。車上如有金、銀等七寶……乃至衣、被，或有其他所需之物而有主者。如有盜心，取五錢或過五錢，或牽拉，或取去，或埋藏，或從原處搬離：一從原處搬離，波羅夷；設法想搬離而不搬離，偷蘭遮。如取車乘，從道路移到道路、從道路移到支路〔註195〕、從支路移到道路、從坑中移到岸上、從岸上移到坑中，這樣拿取和搬離本處：一搬離本處，波羅夷；如設

〔註183〕 地處：《巴利律》作 bhūmaṭṭha，地中者。

〔註184〕 金、銀：二詞亦見於「捨墮·畜錢寶戒第18」，相對應《巴利律》作 jātarūparajata，黃金和銀。

〔註185〕 真珠：這詞亦見於「捨墮·勸增衣價戒第8」，相對應《巴利律》作 muttā，珍珠。

〔註186〕 琉璃：音譯詞。這詞亦見於「單墮·捉寶戒第82」，相對應《巴利律》作 veḷuriya，寶石一種。

〔註187〕 貝玉：這詞亦見於「單墮·捉寶戒第82」，相對應《巴利律》作 saṅkha，海螺。

〔註188〕 硨磲：大海貝，其外殼表面有一道道呈放射狀的溝槽，如古代車轍，故名。

〔註189〕 瑪瑙：綠寶石。

〔註190〕 生像：「生」即生色，天然黃金；「像」即似色，跟生色相似，或其色可變，指銀而言。按前已出「金、銀」，「生像」或指金銀製品。

〔註191〕 金寶：泛指貴重財物。

〔註192〕 被：本詞亦見於「單墮·從非親俗人乞衣戒第6」，相對應《巴利律》作 uttarattharaṇa，上面的覆蓋。

〔註193〕 地上處：《巴利律》作 thalaṭṭha，陸上物者。

〔註194〕 人力車：〔大〕原作「步乘」。

〔註195〕 支路：〔大〕原作「非道」。本詞亦見於「眾學法·人在道說法戒第92」，相對應《巴利律》作 uppatha，傍道。

法想取而不取，偷蘭遮。

（4）擔處〔註196〕：用頭擔起、用肩膊擔起、用背部擔起，或抱著，或有其他擔起者；這些擔起上有金、銀等七寶……乃至衣、被，或有其他所需之物而有主者。有盜心，取五錢或過五錢，或牽拉，或取去，或埋藏，或從原處搬離：一從原處搬離，波羅夷；如設法想搬離而不搬離，偷蘭遮。如拿取他人擔起之物，從道路帶到道路、從道路帶到支路、從支路帶到道路、從坑中帶到岸上、從岸上帶到坑中，這樣有盜心，從原處搬離：一搬離，波羅夷；如設法想取而不取，偷蘭遮。

（5）空處〔註197〕：或風吹起毳毛〔註198〕，或劫貝〔註199〕、拘遮羅〔註200〕，或差羅波尼〔註201〕，或芻摩〔註202〕，或麻，或綿，或鉢耽嵐婆〔註203〕，或頭頭羅〔註204〕，或雁，或鶴，或孔雀〔註205〕、鸚鵡、鸜鵒〔註206〕，或有其他所需之物而有主者。有盜心，取五錢或過五錢，從原處搬離：一搬離，波羅夷；設法想取而不取，偷蘭遮。

（6）上處〔註207〕：如搬起物放在樹上、牆上、籬笆上、杙〔註208〕上、龍牙杙〔註209〕上、衣架〔註210〕上、繩床〔註211〕上、木床〔註212〕上。如在大

〔註196〕 擔處：《巴利律》作 bhāra，負荷物（貨物行李）。

〔註197〕 空處：《巴利律》作 ākāsaṭṭha，住立於天空者。

〔註198〕 毳毛：〔大〕原作「毳」，鳥獸細毛。

〔註199〕 劫貝：音譯詞。巴利語 kappāsa，木棉。

〔註200〕 拘遮羅：音譯詞。巴利語 kokila 或 kuṇāla，杜鵑鳥或布穀鳥，其羽毛可造布料。

〔註201〕 差羅波尼：音譯詞。梵語 śaraparnī，植物名，其纖維可造布料。

〔註202〕 芻摩：音譯詞。巴利語 khoma，亞麻、麻。

〔註203〕 鉢耽嵐婆：音譯詞。巴利語 pattuṇṇapaṭṭapaṭa，絹。

〔註204〕 頭頭羅：音譯詞。巴利語 dukūla，黃麻、黃麻布。

〔註205〕 孔雀：《巴利律》作 mora，孔雀。按在印度生活的孔雀為藍孔雀，又名印度孔雀，是印度文化的重要象徵；佛教史上的大護法阿育王的王朝，便叫做「孔雀」。

〔註206〕 鸜鵒：俗稱八哥。

〔註207〕 上處：《巴利律》作 vehāsaṭṭha，上方之物。

〔註208〕 杙：插入牆的小木條，作鉤用。《巴利律》作 bhittikhīla，壁材、壁椿。

〔註209〕 龍牙杙：《巴利律》作 nāgadanta，象牙、壁鉤。

〔註210〕 衣架：《巴利律》作 cīvaravaṃsa，晾衣竹竿。

〔註211〕 繩床：用繩、草或藤所製的折疊床，便於攜帶。《巴利律》作 pīṭha，椅子、小床、坐床。

〔註212〕 木床：《巴利律》作 mañca，床、臥床、寢台。

小蓆〔註213〕上、机〔註214〕上、地敷〔註215〕上，有金、銀……乃至衣、被，以及其他所需之物。有盜心，取五錢或過五錢，或牽拉，或取去，或埋藏，或搬離本處：一搬離，波羅夷；設法想搬離而不搬離，偷蘭遮。

（7）村處：有四種，如上文。如村中有金、銀……乃至衣、被，以及其他所需之物而有主者。有盜心，取五錢或過五錢，或牽拉，或取去，或埋藏，或搬離本處：一搬離，波羅夷；設法想搬離而不搬離，偷蘭遮。如用器械攻擊和破壞村落，或灌水，或依靠親厚的武力，或用言辭游說、欺騙而取：一得到，波羅夷；設法想取而不取，偷蘭遮。

（8）阿蘭若〔註216〕處：村落外有主人的空地，該空地上有金、銀等七寶……衣、被，以及其他所需之物而有主者。有盜心，取五錢或過五錢，或搬離取去，或埋藏，或搬離本處：一搬離，波羅夷；設法想搬離而不搬離，偷蘭遮。如設法破壞他人的空地，或灌水，或依靠親厚的武力，或用言辭游說、欺騙而取：一得到，波羅夷；設法想取而不取，偷蘭遮。

（9）田處：稻田、麥田、甘蔗田，或有其他田地，該田地中有金、銀等七寶、衣、被，以及其他所需之物而有主者。有盜心，取五錢或過五錢，或搬離取去，或埋藏，或搬離本處：一搬離，波羅夷；設法想搬離而不搬離，偷蘭遮。如設法破壞他人的田地，或灌水，或依靠親厚的武力，或用言辭游說、欺騙而取：一得到，波羅夷；設法想取而不取，偷蘭遮。

（10）處所〔註217〕：或家居，或市場店鋪，或果園，或菜園，或水池，或庭園前，或屋舍後，或有其他之處；那裏有金、銀等七寶……衣、被，以及其他所需之物而有主者。有盜心，取五錢或過五錢，或搬離取去，或埋藏，或搬離本處：一搬離，波羅夷；設法想搬離而不搬離，偷蘭遮。或破壞他人的處所，或依靠親厚的武力，或用言辭游說、欺騙而取：一得到，波羅夷；設法而不得，偷蘭遮。

〔註213〕蓆：草蓆。

〔註214〕机：通「几」，有靠背的坐具或小桌。〔宋元明〕〔宮〕作「枕」，可參考。下文有同樣情況，不贅注出。

〔註215〕地敷：這詞亦見於「捨墮・從非親俗人乞衣戒第 6」，相對應《巴利律》作 bhūmattharaṇa，鋪在地上的東西。

〔註216〕阿蘭若：音譯詞。即本戒上文所說的「閒靜處」。

〔註217〕處所：《巴利律》作 vatthuṭṭha，宅地物。

（11）船處：小船、大船、臺船〔註218〕、獨木舟、舫船〔註219〕、搖櫓之船、龜形船、甕形船、皮造船、浮瓠船〔註220〕、果船〔註221〕、懸船〔註222〕、柂船〔註223〕，或在其他船隻上，有金、銀等七寶……衣、被，以及其他所需之物而有主者。有盜心，取五錢或過五錢，或埋藏，搬離本處：一搬離，波羅夷；設法想取而不得，偷蘭遮。如把船從此岸划到彼岸、從彼岸划到此岸，或逆流，或順流，或沉沒水中，或帶到岸上，或解纜移走，波羅夷；設法想取而不得，偷蘭遮。

（12）水處：如收藏金、銀等七寶，以及各種衣、被，沉沒水中，或水獺，或魚，或鼈〔註224〕，或失收摩羅〔註225〕，或優鉢羅〔註226〕華、鉢頭摩〔註227〕華、拘物頭〔註228〕華、分陀利〔註229〕華，以及其他水中之物而有主者。有盜心，取五錢或過五錢，或牽拉，或取去，或埋藏，或搬離本處：一搬離，波羅夷；設法想取而不得，偷蘭遮。如設法破壞他人水中財物，取去……乃至偷蘭遮，如上文。

（13）不輸稅〔註230〕：比丘不用納稅，如白衣所應繳稅的財物。比丘有盜心，為他人帶物過關〔註231〕，或投擲到關外，或五錢或過五錢，或埋藏，或搬走，或用言辭游說、欺騙他人，或用呪術過關……乃至設法……偷蘭遮，如上文。

（14）取他寄信物〔註232〕：攜帶他人寄存之物。有盜心，取五錢或過五錢，從頭上放到肩上、從肩上放到頭上、從右肩放到左肩上、從左肩放到右肩

〔註218〕臺船：有臺閣之船。
〔註219〕舫船：兩船並連，或是船隻的泛稱。
〔註220〕浮瓠船：瓦造或葫蘆造，易浮。
〔註221〕果船：以形為名者。
〔註222〕懸船：掛在神廟，以供奉神者。
〔註223〕柂船：竹筏。
〔註224〕鼈：甲魚。《巴利律》作 kacchapa，龜。
〔註225〕失收摩羅：音譯詞。梵語 śiśumāra，海豚、鱷魚。
〔註226〕優鉢羅：音譯詞。《巴利律》作 uppala，青蓮華。
〔註227〕鉢頭摩：音譯詞。《巴利律》作 paduma，紅蓮華。
〔註228〕拘物頭：音譯詞。巴利語 kumuda，黃蓮華。
〔註229〕分陀利：音譯詞。《巴利律》作 puṇḍarīka，白蓮華。
〔註230〕稅：這詞亦見於「單墮‧與賊期行戒第67」，相對應《巴利律》作 suṅka，稅金、費用。
〔註231〕關：關塞。《巴利律》作 suṅkaghāta，收稅處。
〔註232〕他寄信物：《巴利律》作 upanidhi，保管、抵當物。

上、從右手放到左手、從左手放到右手、抱在懷中、放置地上，或搬離本處：一搬離，波羅夷；設法……偷蘭遮。

（15）水：如大盆、小盆及其他各式各樣的盛水器皿，或各種香水，或藥水。有盜心，取五錢或過五錢，或牽拉，或取去，或丟棄，波羅夷；設法……偷蘭遮。

（16）楊枝〔註233〕：或一條，或兩條，或許多條，一把，一束，或一抱，或一擔，或熏過香，或塗了藥。有盜心，取五錢或過五錢，或牽拉，或取去，或搬離本處：一搬離，波羅夷；設法……偷蘭遮。

（17）園：各種一切草木、叢林、花果而有主者。有盜心，如取五錢或過五錢，或牽拉，或取去，或埋藏，或搬離本處：一搬離，波羅夷；設法……偷蘭遮。

（18）無足眾生：蛇、魚及其他無足生物而有主者。有盜心，取值五錢或過五錢，波羅夷；設法……偷蘭遮。

（19）二足眾生：人、非人、雀鳥及其他兩足生物而有主者。有盜心，取值五錢或過五錢，波羅夷；設法……偷蘭遮。

（20）四足眾生：象、馬、牛、駱駝、驢、鹿、羊及其他四足生物而有主者。有盜心，取值五錢或過五錢，波羅夷；設法……偷蘭遮。

（21）多足：蜂〔註234〕、欝周隆伽〔註235〕，或百足，以及其他多足生物而有主者。有盜心，取值五錢或過五錢，波羅夷；設法……偷蘭遮。

（22）同財業〔註236〕：一起做事獲得的財物，應共同擁有。如有盜心，取值五錢或過五錢，波羅夷；設法……偷蘭遮。

（23）共要〔註237〕：跟他人一同說要求或教唆的話：某時去、某時來，或鑿牆取物，或攔路截劫，或縱火，從那裏所得之物，一同分贓。如有盜心，取值五錢或過五錢，波羅夷；設法……偷蘭遮。

（24）伺候〔註238〕：我當前去窺探那村落，或城邑，或渡頭，或山谷，或民居，或市場店鋪，或作坊，在那裏所得之物，應一同分贓。如有盜心，取

〔註233〕楊枝：《巴利律》作 dantapoṇa，牙籤；多用楊樹木削製，故名。

〔註234〕蜂：《巴利律》作 vicchika，蠍子。

〔註235〕欝周隆伽：音譯詞。《巴利律》作 uccāliṅga，毛蟲、蟯蟲。

〔註236〕同財業：《巴利律》作 saṃvidhāvahāra，共謀盜取。

〔註237〕要：《巴利律》作 saṅketakamma，指示、指定的行為。

〔註238〕伺候：《巴利律》作 ocaraka，偵察的。

值五錢或過五錢，波羅夷；設法……偷蘭遮。

（25）守護：從外邊得來的財物，我應守護，或所得之物，應一切共享。如有盜心，取值五錢或過五錢，波羅夷；設法……偷蘭遮。

（26）看道：我應看守道路，或有國王的軍隊前來，或盜賊的人馬前來，或長者的軍隊前來，應互相告知。如有盜心，取值五錢或過五錢，波羅夷；設法……偷蘭遮。〔註239〕

5. 違犯輕重

（1）自行違犯

設法求五錢以上而得五錢以上，波羅夷；如設法求五錢以上而得五錢，波羅夷；設法求五錢而得不足五錢，偷蘭遮；設法求五錢以上而不得，偷蘭遮。

設法求五錢而得五錢以上，波羅夷；設法求五錢而得五錢，波羅夷；設法求五錢而得不足五錢，偷蘭遮；設法求五錢而不得，偷蘭遮。

設法求少於五錢而得五錢以上，波羅夷；設法求少於五錢而得五錢，波羅夷；設法求少於五錢而得不足五錢，偷蘭遮；設法求少於五錢而不得，突吉羅。

（2）教唆違犯

設法叫人求五錢以上而得五錢以上，二人皆波羅夷；設法叫人求五錢以上而得五錢，二人皆波羅夷；設法叫人求五錢以上而得不足五錢，二人皆偷蘭遮；設法叫人求五錢以上而不得，二人皆偷蘭遮。

設法叫人求五錢而得五錢以上，二人皆波羅夷；設法叫人求五錢而得五錢，二人皆波羅夷；設法叫人求五錢而得不足五錢，二人皆偷蘭遮；設法教人求五錢而不得，二人皆偷蘭遮。

設法叫人求少於五錢而得五錢以上，取者波羅夷，教唆者偷蘭遮；設法叫人求少於五錢而得五錢，取者波羅夷，教唆者偷蘭遮；設法叫人求少於五錢而得不足五錢，二人皆偷蘭遮；設法叫人求少於五錢而不得，二人皆突吉羅。

設法叫人求五錢或過五錢，受教唆者錯取他物，取者波羅夷，教唆者偷蘭遮；設法叫人求五錢或過五錢，受教唆者錯到他方取物，取者波羅夷，教唆者偷蘭遮。

如設法叫人求五錢或過五錢，受教唆者以為受指使取物，無盜心而取，取五錢或過五錢，教唆者波羅夷，受指使者無罪。

〔註239〕由第14至26項，律文都有省略，應如第12和13項一樣，在段落末有「如上」一語。

如叫人取物，受指使者以為受吩咐盜取，如取值五錢或過五錢，受指使者波羅夷，吩咐者無犯。

（3）境想

物有主，有物主的想法，人家不給而取五錢或過五錢，波羅夷；有物主的懷疑，如取五錢或過五錢，偷蘭遮。

物無主，有物主的想法，取五錢或過五錢，偷蘭遮；有物主的懷疑，取五錢或過五錢，偷蘭遮。

物有主，有物主的想法，取少於五錢，偷蘭遮；有物主的懷疑，取少於五錢，突吉羅。

物無主，有物主的想法，取少於五錢，突吉羅；有物主的懷疑，取少於五錢，突吉羅。

（三）兼制

比丘尼，波羅夷；式叉摩那、沙彌、沙彌尼，突吉羅，但滅擯。這叫做犯。

（四）開緣

不犯：有他人給的想法而取、有屬於自己〔註240〕的想法、有糞掃〔註241〕的想法、有暫時借用的想法、有親厚比丘有意給與的想法，全無犯。

三、殺人戒

提要：比丘習不淨觀後尋死。

（一）制戒因緣

1. 習不淨觀

那時，世尊遊化至毘舍離獼猴江邊講堂〔註242〕中，用無數方法跟比丘們說不淨行〔註243〕、讚歎不淨行、讚歎思惟不淨行。

比丘們這樣想念：「現今世尊為我們說不淨行、讚歎不淨行、讚歎思惟不淨行。」

〔註240〕自己：〔大〕〔麗〕原作「已」，疑是「己」之誤。下文有同樣情況，不贅注出。

〔註241〕糞掃：《巴利律》作 paṃsu，污物、垃圾。

〔註242〕獼猴江邊講堂：位於毘舍離城西北面。《巴利律》作 Mahāvana Kūṭāgārasālā，大林重閣講堂。

〔註243〕不淨行：即下文所說的「不淨觀」。

這時，比丘們便用無數方法修習不淨觀〔註244〕，從定〔註245〕中醒覺後，厭惡自己的身體和性命，憂愁不樂。譬如喜愛自身的男女，把死蛇、死狗、死人繫綁在頸上，極為厭惡和臭穢；比丘們也是這樣，用無數方法修習不淨觀，厭惡自己身體和性命，憂愁不樂，便找刀想自殺，讚歎死、讚許死、勸勵死。

比丘們在婆裘〔註246〕河邊的園中居住，這樣想念：「世尊用無數方法說不淨觀、讚歎不淨觀、讚歎思惟不淨觀。」

他們用無數方法修習不淨觀，厭惡自己的身體和性命，憂愁不樂，找刀想自殺；讚歎死、讚許死、勸勵死。

2. 殺比丘眾

那時，有比丘名叫勿力伽難提〔註247〕，屬沙門種（沙門種是姓）而出家，手執利刀，走入婆裘園，看見一比丘厭惡自己的身體和性命污穢不潔。

那比丘遙望勿力伽難提比丘過來，說：「大德，取我性命吧！我把衣、鉢〔註248〕都給你。」

他〔註249〕便接受以衣、鉢為酬後，斷其性命，在那河邊洗刀，心感悔恨說：「我現今沒有得到什麼利益或好處，那比丘沒有罪過，而我竟然受僱，斷除他的命根〔註250〕！」

3. 天魔勸殺

那時，有一天魔〔註251〕知道勿力伽難提比丘心中的想念，便用神足通前來，在他面前，站在水上而不下沉，勸勉和讚美他說：「好啊！好啊！善

〔註244〕 不淨觀：《巴利律》作 asubhabhāvanā，不淨之修習；意謂觀想自身內外的污穢相狀，不再貪戀，又叫「觀身不淨」。

〔註245〕 定：《巴利律》作 samāpatti，等至、達到、正受；意謂精神已到達平等寂靜的狀態。

〔註246〕 婆裘：音譯詞。《巴利律》作 Vaggumudā，勝慧河。相傳這河水可清洗人的罪惡。

〔註247〕 勿力伽難提：音譯詞。《巴利律》作 Migalaṇḍika，意譯「鹿喜」。「力」，〔大〕作「刀」，今從〔麗〕〔金〕。

〔註248〕 衣、鉢：僧衣和鉢頭，為僧人所擁有的基本維生財物。《巴利律》作 patta-cīvara，鉢、衣。

〔註249〕 他：〔麗〕〔金〕作「彼」、〔大〕作「波」，譯寫依前者。

〔註250〕 命根：生命機能。《巴利律》作 jīvita，生命、壽命。

〔註251〕 天魔：《巴利律》作 mārakāyikā devatā，屬於魔的地神；意謂一些具邪見、偏向魔的神。

男子〔註252〕，你現今獲得大功德，度化了未得度的人。」

這時，難提比丘聽聞天魔的讚許後，悔恨全消，便這樣想念：「我現今獲得大功德，度化未得度者。」便再持刀進入園中，問道：「誰人未得度，我現今想度化他呢！」

這時，有些未斷欲的比丘見到勿力伽難提比丘，極為恐懼，毛髮豎起。

勿力伽難提看到後，對比丘們說：「你們不用懼怕，軀體尚未成熟，未能接受度化；須等到成熟了，我將來度化他。」

其中欲愛盡除的比丘，看到勿力伽難提，心無恐懼，毛髮不豎起。

這時，勿力伽難提比丘或一日殺一比丘，或殺二、三、四、五……乃至六十人。

當時，那園中死屍散亂，惡臭污穢，有如墓塚。

4. 不再供養

那時，有居士們禮拜各寺〔註253〕，逐步來到那園中，見到後都大感驚訝，譏議嫌惡〔註254〕說：「這園中竟發生這種變故，沙門釋子沒有慈愍，互相殘殺，卻自稱說：『我修習正法』，這樣何來有正法，會互相殘殺呢？這些比丘尚且自相殘殺，何況餘人呢？〔註255〕我們從今以後，不再禮敬、事奉、供養沙門釋子。」

他們告訴各村邑，不再容許比丘停留和來往。

當時，居士們看見這園中這樣污穢惡臭，便不再往返。

5. 大德減少

那時，毘舍離的比丘因小因緣，聚集在一處。

這時，世尊觀察到比丘們的數目減少，有名望的大德比丘們，皆不再見到。

這時，世尊對阿難明知故問：「僧眾為什麼減少了呢？有名望的大德們現今在哪裏，都看不見呢！」

這時，阿難把先前的因緣全部稟告佛說：「世尊先前用無數方法，詳細為比丘們說不淨觀、讚美不淨觀、讚美思惟不淨觀。那時，比丘們聽聞後，厭惡

〔註252〕善男子：《巴利律》作 sappurisa，善人、正直者。

〔註253〕寺：《巴利律》作 vihāra，住處、僧房。按「寺」原為中國古代官署之名。

〔註254〕譏議嫌惡：〔大〕原作「譏嫌」。《巴利律》作 ujjhāyati，詆毀、嫌責、不滿。

〔註255〕這表示式叉摩那等資歷較淺者，比僧尼更會自相殘殺。

自己的身體和性命，求人斷除性命，因此僧眾減少了。唯願世尊跟比丘們再設法說法，令他們心得明解，永無疑惑。」

佛告訴阿難：「現今可召集比丘們到講堂〔註256〕集會。」

當時，阿難接受佛的教示，便召集比丘們到講堂集會；召集比丘僧眾後，來到世尊之所，頭面禮足，站在一旁，稟告世尊說：「現今僧眾已集合了，唯願聖者知道時間。」

6. 傳授三昧

那時，世尊便到講堂，坐在眾人之中，告訴比丘們：「有阿那般那三昧〔註257〕，使人寂然快樂，各種不善之事一出現，便能消滅，永遠不再出現。譬如秋天下雨之後，不再有塵垢，又如大雨能遏止猛風；阿那般那三昧也是這樣，使人寂靜快樂，各種不善之事一出現，便會消滅。」

這時，世尊用無數方法，為比丘們說阿那般那三昧、讚美阿那般那三昧、讚美修習阿那般那三昧。

那些比丘便這樣想念：「世尊今日用無數方法，為我們說阿那般那三昧、讚美阿那般那三昧、讚美修習阿那般那三昧，應當勤加修習。」

當時，比丘們便用種種方法思惟，進入阿那般那三昧；從阿那般那三昧醒覺後，自知得到增上〔註258〕、殊勝的佛法，達至果證〔註259〕。

7. 佛斥犯者

那時，世尊藉這因緣召集比丘僧眾，用無數方法怒聲斥責婆裘園中的比丘：「你們做錯了！不合威儀、不合沙門法、不是清淨的行為、不是隨順佛法的行為，都不應做。為什麼，婆裘園中的比丘是愚癡人，一起自行了斷呢！」

（二）制戒內容

1. 佛制戒

世尊用無數方法怒聲斥責後，告訴比丘們：「婆裘園中的比丘，愚癡人啊！會引生多種有漏，最初犯本戒。從今以後，跟比丘們結戒，為了這十句義……乃至使正法得以久住。想說戒者，應這樣說：

〔註256〕講堂：《巴利律》作 upaṭṭhānasālā，講堂、集會所。

〔註257〕阿那般那三昧：音譯詞。《巴利律》作 ānāpāna-samādhi，數息入定；意謂數著呼吸，使心安靜下來。

〔註258〕增上：加強、提升。

〔註259〕果證：果地的證悟。《巴利律》作 vūpasameti，緩解、平息。

若比丘，故〔註 260〕自手斷人命，持刀與人，歎譽死、快勸死：『咄〔註 261〕！男子用此惡活〔註 262〕為〔註 263〕？寧死不生』；作如是心〔註 264〕、思惟〔註 265〕，種種方便歎譽死、快勸死。是比丘，波羅夷、不共住。」

2. 釋義

（1）比丘：意義如上文。

（2）人：從初識〔註 266〕到後識〔註 267〕，而斷除其性命。

（3）殺：

1）自殺：或用手，或瓦、石、刀、杖〔註 268〕，及其他物件，而親自殺人：殺死了，波羅夷；設法而不殺，偷蘭遮。

2）教殺：殺人時，比丘親自監看，教唆面前的人拋入水火之中，或從山上推落谷底，或令大象踏死，或令猛獸食，或令蛇咬，以及用其他各種教唆殺人的方法：殺了，波羅夷；設法而不殺，偷蘭遮。

3）遣使殺：比丘派使者斷除某甲性命，使者依從他的話前往〔註 269〕：如斷除性命，波羅夷；設法而不斷除，偷蘭遮。

4）往來使：比丘派使者前往斷除某甲性命，使者依從他的話而前往想殺人，未殺便回來，然後依從之前的指示再去殺人：如殺死，波羅夷；設法而不殺，偷蘭遮。

5）重使：比丘派使者說：「你去斷除某甲的性命」，使者再派人……乃至派四、五人，最後那人便前往殺人：殺了，波羅夷；設法而不殺，偷蘭遮。

6）展轉使：比丘派使者說：「你去斷除某甲的性命」，使者輾轉派人，或百人，或千人，前往斷除其性命，波羅夷；設法而不殺，偷蘭遮。

7）求男子：「你們當中，有誰知道有這種人，能用刀、有方法、久經訓練、

〔註 260〕故：《巴利律》作 sañcicca，故意地、特意地。

〔註 261〕咄：《巴利律》作 ambho，感嘆詞。

〔註 262〕惡活：《巴利律》作 pāpaka dujjīvita，邪惡及不當的生計。

〔註 263〕為：用於句尾，表示反詰、疑問。

〔註 264〕心：《巴利律》作 cittamana，心意。

〔註 265〕思惟：《巴利律》作 cittasaṅkappa，心之意向。

〔註 266〕初識：男精女血一和合而出現的識心。

〔註 267〕後識：命終時的識心。

〔註 268〕杖：這詞亦見於「眾學法‧持杖人說法戒第 96」，相對應《巴利律》作 daṇḍa，棍、棒。

〔註 269〕前往：〔麗〕〔金〕作「往」、〔大〕作「住」，譯寫依前者。

不畏懼、不退縮，能斷除某甲的性命呢？」那人便前往斷除其性命，波羅夷；設法不殺，偷蘭遮。

8）教求男子：教唆他人找人：「你們當中，有誰知道有這種人，能用刀、有方法、久經訓練、不畏懼、不退縮，能斷除某甲的性命？」那人便前往斷除其性命，波羅夷；設法而不殺，偷蘭遮。

9）求持刀：親自找人：「有誰勇武壯健，能持刀斷除某甲的性命呢？」那人便前去殺人，波羅夷；不殺，偷蘭遮。

10）教求持刀：也是這樣。

11）身現相〔註270〕：身體做出形相，示意殺人：令墮落水火之中、從山上墮下谷底、令大象踏死、令猛獸食、毒蛇咬。他因為這身體形相的示現的緣故而自殺，波羅夷；設法而不殺，偷蘭遮。〔註271〕

12）口說：或這樣說：「你為非作歹，無慈悲之心，心腸歹毒，不做各種善行，你不救護他人；你一出生便受許多罪孽，不如死去」；或又這樣說：「你不做惡暴事，心地仁慈，不懷惡毒意，你已做過各種善行，做了功德，你曾救護他人；你一出生便承受各種痛苦，你如死去，應往生天界」。如他人因這種話而自殺，波羅夷；設法而不殺，偷蘭遮。

13）身口現相：也是這樣。

14）遣使：如派使者前去對他說：「你所做的善事……惡事……詳說如上」。他因這使者讚美死亡而自殺，波羅夷；設法而不死，偷蘭遮。

15）遣書殺：送信說：「你所做的善事……惡事……這樣詳說亦如上文」。

16）遣使書：也是這樣。〔註272〕

17）坑埳〔註273〕：清楚知道他所行的路，來往必經此處，便在路中掘出深坑、放火，或佈置刀，或毒蛇，或削尖的橛木〔註274〕，或塗上毒藥的木刺：如墮落坑中死亡，波羅夷；設法而不死，偷蘭遮。

18）倚發〔註275〕：知道那人必會倚靠於那處，或樹木，或牆壁，或柵欄，如在這些位置外放火，或佈置刀，或橛木，或毒蛇，或塗上毒藥的木刺，或機

〔註270〕現相：《巴利律》作 nimittakamma，展示形相的作為。
〔註271〕《巴利律》舉出的身體形相有：用手覆眼、舉眉、仰頭。
〔註272〕這意謂派使者送信。
〔註273〕埳：同陷。
〔註274〕橛木：〔大〕原作「橛」，短木頭。
〔註275〕倚發：倚靠發動。《巴利律》作 apassena，倚靠物。

關發動，令墮落其中而死，波羅夷；設法而不死，偷蘭遮。

19）藥：知道那人患病，或給假藥，或摻雜毒的藥，或過量給各種藥，令人死，波羅夷；給藥而不死，偷蘭遮。

20）安殺具〔註276〕：預先知道那人本來就厭惡身體和性命，覺得一身污穢下賤，便拿刀、毒藥，或繩，以及其他致命的用具，放在他面前；如他用這些物件自殺，波羅夷；設法而不殺，偷蘭遮。如有類似安排及擺放其他致命的用具，死去，波羅夷；設法而不死，偷蘭遮。

3. 違犯輕重

（1）自行違犯

如天子〔註277〕、龍子、阿須羅〔註278〕子、揵闥婆〔註279〕子、夜叉、餓鬼、有智慧能明白人話的畜生，或還有能變形的畜生，設法想殺，殺了，偷蘭遮；設法而不殺，突吉羅。不能變形的畜生，如殺了，波夜提〔註280〕；設法而不殺，突吉羅。

（2）境想

是人，有人的想法，殺了，波羅夷；有人的懷疑，偷蘭遮；人，有非人的想法，偷蘭遮；非人，有人的想法，偷蘭遮；有非人的懷疑，偷蘭遮。

（三）兼制

比丘尼，波羅夷；式叉摩那、沙彌、沙彌尼，突吉羅，但滅擯。這是犯。

（四）開緣

不犯：或投擲刀、杖、瓦、石，誤中他人身體而死，不犯。

或籌劃建房，意外跌下磚〔註281〕、石、材〔註282〕、木、椽〔註283〕、柱而殺人，不犯。

扶起重病人，或扶他躺臥、沐浴時、服藥時，從涼處扶到熱處、從熱處扶到涼處、入房、出房、如廁往返，全無加害之心而死，不犯。

〔註276〕安殺具：《巴利律》作 upanikkhipana，安置捕獵陷阱。
〔註277〕子：對男性的稱呼。
〔註278〕阿須羅：音譯詞。巴利語 asura，介乎於鬼、天之類的生命，生性猜疑、好戰。
〔註279〕揵闥婆：音譯詞。巴利語 gandhabba，香神，能演音樂，天龍八部之一。
〔註280〕波夜提：「波逸提」的異譯。
〔註281〕磚：〔宋元明〕〔宮〕作「墼」、〔大〕〔金〕作「墼」，譯寫依前者。
〔註282〕材：木料。〔聖〕作「杖」，可參考。
〔註283〕椽：安在樑上用以承接木條及屋頂的木材。

四、大妄語戒

提要：比丘稱歎自己得上人法，騙取供養。

（一）制戒因緣

1. 乞食難求

那時，世尊遊化到毘舍離獼猴江邊高閣講堂。

那時，世間穀物昂貴、人民飢餓、乞食困難。

這時，世尊告訴阿難：「在毘舍離的比丘們，叫他們全部齊集在講堂。」

阿難便聽從佛的教令，叫比丘們在講堂集合。

僧眾集合後，阿難向佛頭面禮足，退後站在一旁，稟告佛說：「毘舍離比丘已齊集講堂，唯願聖者知道時間。」

這時，世尊便到講堂，坐在眾人之中，告訴比丘們：「你們應當知道，現今世間穀物昂貴、人民飢餓、乞食困難。你們各有同和尚、同師〔註284〕、隨親友〔註285〕、朋友，各各在這毘舍離附近，各適其適而安居，我也將在這裏安居。為什麼？飲食難得，令眾人疲倦困苦。」

當時，比丘們聽聞世尊的教導後，便各自跟隨同和尚、同師、隨親友、朋友，在毘舍離附近安居；世尊則於毘舍離城內安居。

2. 詐騙供養

那時，眾多比丘在婆裘河邊僧伽藍〔註286〕中安居，這樣想念：「如今這國穀物昂貴、人民飢餓、乞食困難；我們用什麼方法〔註287〕，不必為飲食所苦惱呢？」隨即想念道：「我現今應到居士〔註288〕家們中，說：『我證得上人法了！我是阿羅漢，得到禪〔註289〕、得到神通、知道他人的心意〔註290〕』。並

〔註284〕師：阿闍梨。

〔註285〕隨親友：承事同一戒和尚、教授師，關係較密切的比丘眾。《巴利律》作 sambhatta bhikkhu，親友比丘。按「隨親友」，〔金〕〔宋元明〕〔宮〕作「隨親厚」，「友、厚」古音近；下文有同樣情況，不贅注出。

〔註286〕僧伽藍：音譯詞。這詞亦見於「捨墮‧離三衣宿戒第 2、過限忽切索衣價戒第 10」，相對應《巴利律》分別作 vihāra（住處）、ārāma（園林）。又就「僧伽藍」整詞來說，巴利語 saṅghārāma，僧眾居住的園林。

〔註287〕方法：〔大〕原作「方便」。《巴利律》作 upāya，方法、手段。

〔註288〕居士：《巴利律》作 gihin，有家的、在家者。

〔註289〕禪：音譯詞。《巴利律》作 jhāna，禪定、靜慮。

〔註290〕知道他人的心意：神通之一，稱「他心通」。

又讚美那某甲得阿羅漢，得到禪、得到神通、知道他人的心意。其中會信樂居士，自己不敢飲食，也不給妻兒，會拿來供養我們。那些居士亦會稱讚我們：『這些比丘真是福田〔註291〕，值得尊敬的』。我們於是可以得到美好的飲食，生活安樂〔註292〕，不再為乞食所苦惱。」

這時，婆裘河邊的比丘們這樣想念後，便前去居士們家中，親自說：「我證得上人法，是阿羅漢，得到禪、得到神通、知道他人的心意。」並又讚美那某甲比丘得阿羅漢、得到禪、得到神通、知道他人的心意。

這時，信樂居士們相信他的話，即把他們所有的飲食，連妻兒那份也不食，全部拿去供養比丘們，說：「這真是世間可堪尊敬的人啊！」

這些比丘接受居士們的供養，容光煥發、心情喜悅、氣力充足。

3. 有僧捱餓

其他比丘們在毘舍離安居，容顏憔悴、體形枯槁、衣服破爛。安居完畢，他們拿著衣、鉢，前往世尊之所，頭面禮足，坐在一旁。

那時，世尊慰問比丘們說：「你們一同住宿、和合〔註293〕安樂嗎？不必為飲食所苦惱嗎？」

比丘們稟告佛說：「我們一同住宿、和合安樂。那時，世間穀物昂貴、人民飢餓、乞食困難，因而困苦」。

4. 有僧溫飽

在婆裘河邊僧伽藍中安居的比丘們，容光煥發、心情喜悅、氣力充足。安居完畢，他們拿著衣鉢，前往世尊之所，到達後頭面禮足，坐在一旁。

這時，世尊慰問比丘們：「你們一同住宿、和合安樂嗎？不必為飲食所苦惱嗎？」

比丘們稟告佛說：「我們一同住宿、和合安樂，不必為飲食所苦惱。」

佛問：「現今世間穀物昂貴、人民飢餓、乞食困難。你們用什麼方法，不必為飲食所苦惱呢？」

比丘們便把以上因緣全部稟告世尊，因此不必為飲食所苦惱。

〔註291〕福田：以田為喻，指布施僧眾可生福德。
〔註292〕生活安樂：〔大〕原作「安樂住」。《巴利律》作 phāsukaṃ……vaseyyāma，住於安樂、保持安樂。
〔註293〕和合：《巴利律》作 samagga（一致的）、sammodamāna（友好的）、vivadamāna（無諍的）。

5. 兩種賊

世尊問比丘們：「你們有實證〔註294〕嗎？」

比丘們答道：「或有實證，或無實證。」

佛告訴比丘們：「你們是愚蠢的人，真有證悟尚且不應向人說，何況沒有而向人說呢！」

這時，世尊告訴比丘們：「世間有兩種賊：一、其實沒有清淨的修行卻自稱有清淨的修行。二、為了口腹的緣故，沒有真實的證悟；並非自己所有的，在眾人中卻故意妄語，自稱說：『我證得上人法』。當中為了口腹的緣故，沒有證悟；並非自己所有的，在眾人中卻故意妄語，自稱說：『我證得上人法』，是最大罪的賊。為什麼？盜取他人飲食的緣故。」

（二）制戒內容

1. 佛初制戒

那時，世尊用無數方法，怒聲斥責在婆裘河邊僧伽藍中安居的比丘們後，告訴比丘們：「這些愚蠢人〔註295〕啊！會引生多種有漏，最初犯本戒。從今以後，跟比丘們結戒〔註296〕，為了這十句義……乃至使正法得以久住。想說戒者，應這樣說：

若比丘，實無所知，自稱言：『我得上人法〔註297〕，我知〔註298〕是、我見〔註299〕是』；彼於異時〔註300〕，若問、若不問，欲自清淨，故作是說：『我實不知不見，言知言見，虛誑〔註301〕妄語』。是比丘，波羅夷、不共住。」

這樣世尊跟比丘們結戒。

2. 慢人疑惑

那時，有一增上慢〔註302〕比丘對人說：「我得道。」

〔註294〕實證：〔大〕原作「實」。《巴利律》作 bhūta，事實；意謂真實的證悟。

〔註295〕愚蠢人：〔大〕原作「愚人」。按本律這段套語，多用「癡人」；「愚人」僅四見。

〔註296〕戒：〔大〕作「成」，今依〔麗〕〔金〕。

〔註297〕上人法：《巴利律》作 uttarimanussadhamma，過人法；意謂超越凡夫的解脫或證悟。

〔註298〕知：〔大〕作「如」，今依〔麗〕〔金〕。《巴利律》作 jānāti，知道、理解。

〔註299〕見：《巴利律》作 passati，發現、明白。

〔註300〕異時：《巴利律》作 aparena，以後。

〔註301〕虛誑：欺騙。

〔註302〕增上慢：《巴利律》作 aññatra adhimānā，強烈的傲慢。

後來，他精進不懈、努力修行，證得最上、殊勝的境界。他這樣想念：「世尊與比丘們結戒：『若比丘，實無所知，自稱言：「我得上人法，我知是、我見是」；彼於異時，若問、若不問，欲自清淨故言：「我實不知不見，言知言見，虛誑妄語」。是比丘，波羅夷、不共住』；而我傲慢地自稱：『我得道』。之後努力修行、精進不懈，證得最上、殊勝的境界。我莫非犯了波羅夷嗎？現今應怎樣做呢？」

他隨即告訴同意比丘〔註303〕們：「世尊與比丘們結戒：『若比丘，實無所知，自稱言：「我得上人法，我知是、我見是」；彼於異時，若問、若不問，欲自清淨故言：「我實不知不見，言知言見，虛誑妄語」。波羅夷、不共住。』我因為增上慢而自稱：『我得道』。之後努力修行、精進不懈，證得最上、殊勝的境界。我莫非犯了波羅夷嗎？好啊！大德，請為我稟告佛，跟從佛的教令，我當奉行。」

這時，比丘們前往世尊之所，把這因緣全部稟告世尊。

3. 修訂前制

那時，世尊藉這因緣召集比丘僧眾，隨順比丘們說法，用無數方法，讚美頭陀、端正莊嚴、少欲知足、喜好出離世間者，告訴比丘們：「增上慢者，不犯。從今以後，應這樣說戒：

若比丘，實無所知，自稱言：『我得上人法，我已入聖智勝法〔註304〕，我知是、我見是』；彼於異時，若問、若不問，欲自清淨，故作是說：『我實不知不見，言知言見，虛誑妄語』。除增上慢，是比丘，波羅夷、不共住。」

4. 釋義

（1）比丘：意義如上文。

（2）不知不見：實在不知道、不明白。

（3）自稱：自稱有信心、守戒、布施、多聞、智慧、辯才。

（4）人法：人陰、人界、人入〔註305〕。

（5）上人法：能出離生死〔註306〕、成就覺悟的各種法門：

1）自言念在身〔註307〕：有念〔註308〕，能令人出離世間；熟習和親近這

〔註303〕同意比丘：認同他已證悟的比丘。

〔註304〕聖智勝法：《巴利律》作 alamariyañāṇadassana，最勝智見。

〔註305〕人陰、人界、人入：五陰、十八界、十二入。

〔註306〕出離生死：〔大〕原作「出要」。

〔註307〕念在身：又稱身念處，即不淨觀。

〔註308〕念：《巴利律》作 sati，憶念、深切注意。

法門，修習、增益，如能調教和降伏惡念，守護和觀察正法，善得平等〔註309〕，已得決定〔註310〕，不再感到艱難而自在。

2）自言正憶念：有念，能令人脫離迷妄；熟習和親近這法門，修習、增益，如能調教和降伏惡念，守護和觀察正法，善得平等，已得決定，不再感到艱難而自在。

3）自言得戒〔註311〕、

4）自言有欲〔註312〕、

5）自言不放逸〔註313〕、

6）自言精進：亦如上文所說。

7）自言得定：有覺有觀〔註314〕三昧〔註315〕、無覺有觀三昧、無覺無觀三昧、空・無相・無作三昧〔註316〕，熟習、親近、思惟這些定……其餘如上文所說。

8）自言得正受〔註317〕：想正受〔註318〕、無想正受〔註319〕、隨法正受〔註320〕、心想正受〔註321〕、除色想正受〔註322〕、不除色想正受〔註323〕、除入正受〔註324〕、一切入正受〔註325〕，熟習、親近、思惟這些正受……其餘如上文所說。

〔註309〕平等：觀照身體之成與毀，一體無二。

〔註310〕決定：確定已達至的境界，心不猶豫。

〔註311〕得戒：持戒。

〔註312〕有欲：兩解：1.欲求佛法，孜孜不倦。2.欲、念、進、慧四如意足。

〔註313〕放逸：放縱而不修行。

〔註314〕有覺有觀：「覺」，粗略的思考；「觀」，細微的考察。

〔註315〕三昧：音譯詞。《巴利律》作 samādhi，精神集中，意譯「等持、定」。

〔註316〕空・無相・無作三昧：《巴利律》依次作 suññato samādhi（觀諸法皆空虛）、animitto samādhi（於諸法皆無想念）、appaṇihito samādhi（對諸法無所作為）。

〔註317〕正受：《巴利律》作 samāpatti，入定時心領受平等安和的狀態。

〔註318〕想正受：兩解：1.一切有心定，除無想定和滅盡定以外之定。2.九想（胖脹、青瘀、壞、血塗漫、膿爛、蟲噉、散、骨、燒）或十想（無常、苦、無我、食不淨、一切世間不可樂、死、不淨、斷、離、盡）。

〔註319〕無想正受：無想定。

〔註320〕隨法正受：滅盡定或八聖道等。

〔註321〕心想正受：兩解：1.空無邊處、識無邊處、無所有處、非想非非想處四空定（八背捨第四至七項）。2.數息觀。

〔註322〕除色想正受：內有色想觀諸色解脫、內無色想觀外色解脫（八背捨首兩項）。

〔註323〕不除色想正受：淨觀（八背捨第三項）。

〔註324〕除入正受：八背捨。

〔註325〕一切入正受：十遍處，即觀「地、水、火、風、空、識、青、黃、赤、白」等十法周遍一切處。

9）自言有道：一支道〔註326〕……乃至十一支道〔註327〕，熟習、親近、思惟這些道……其餘如上文所說。

10）自言修〔註328〕：修戒、修定、修智、修解脫慧〔註329〕、修見解脫慧〔註330〕，熟習、親近……其餘如上文所說。

11）自言有智：法智〔註331〕、比智〔註332〕、等智〔註333〕、他心智〔註334〕，熟習、親近、思惟這些智……其餘如上文所說。

12）自言見〔註335〕：了見苦、集、盡〔註336〕、道，如又這樣說：「我天眼〔註337〕清淨，觀察眾生：生的、死的、善好色相、惡劣色相、善趣〔註338〕、惡趣〔註339〕；知道有好醜、貴賤之分，隨著眾生的業報，如實知道」，熟習、親近……其餘如上文所說。

13）自言得：得須陀洹、斯陀含、阿那含〔註340〕、阿羅漢，熟習、親近……其餘如上文所說。

14）自言果〔註341〕：須陀洹〔註342〕果、斯陀含〔註343〕果、阿那含〔註344〕

〔註326〕一支道：一種修行方法，即不淨觀。
〔註327〕十一支道：清淨持戒、得善知識、守護根門、飲食知量、初夜後夜損於睡眠、具足善覺、具善信解、具行者分、具解脫處、無障礙、不著淨持戒者。
〔註328〕修：《巴利律》作 maggabhāvanā，修道。
〔註329〕解脫慧：解脫的智慧。
〔註330〕見解脫慧：如實了知已證解脫的智慧，又稱「後得智」。由「戒」至「見解脫慧」五者，合稱「五分法身」。
〔註331〕法智：了解苦、集、滅、道四諦的智慧。
〔註332〕比智：推理、類推的智慧。
〔註333〕等智：明白世俗事情的智慧，又叫世俗智；凡夫聖人同有，故名。
〔註334〕他心智：知道他人想法的智慧。
〔註335〕見：《巴利律》作 ñāṇadassana，智見。
〔註336〕盡：滅。
〔註337〕天眼：《巴利律》作 cakkhubhūta，具眼者、眼已生者。
〔註338〕善趣：天、人、修羅三趣。
〔註339〕惡趣：地獄、餓鬼、畜生三趣。
〔註340〕含：〔大〕作「舍」，今依〔麗〕〔金〕。
〔註341〕果：《巴利律》作 phalasacchikiriyā，證果。
〔註342〕須陀洹：音譯詞。《巴利律》作 sotāpatti，意譯「預流」；意謂初入聖者之流，即所謂小乘四果的初果。
〔註343〕斯陀含：音譯詞。《巴利律》作 sakadāgāmi，意譯「一來」；意謂由天上至人間一度受生方涅槃，即所謂小乘四果的第二果。
〔註344〕阿那含：音譯詞。《巴利律》作 anāgāmi，意譯「不還」；意謂不會再回來欲界受生，即所謂小乘四果的第三果。

果、阿羅漢果，熟習、親近……其餘如上文所說。

5. 違犯輕重

（1）對象是人

如是虛構不實，不知道、不了見，向人說道：「我得上人法」，自己親口向人說，面前人知道，波羅夷；說了而對方不知道，偷蘭遮。

如送手印〔註345〕，或派使者，或寫信，或做出令人知悉的形相，如對方知道，波羅夷；如不知道，偷蘭遮。

自己在靜處，有不靜處的想法，親口說：「我得上人法」，偷蘭遮；在不靜處，有靜處的想法，親口說：「我得上人法」，偷蘭遮。〔註346〕

（2）對象非人

向眾多天、阿須羅、乾闥婆、夜叉、餓鬼、能變形和有智慧的畜生，說自己得上人法，對方知道，偷蘭遮；說了而對方不知道，突吉羅。

向他們送手印，或派使者，或寫信，或做出令人知悉的形相，令他們知道了，偷蘭遮；他們不知道，突吉羅；向不能變形的畜生，說自己得上人法，突吉羅。

（3）其他可能違犯

如人確實得道，向不同意大比丘說：「得上人法」，突吉羅。

如向人說根〔註347〕、力〔註348〕、覺意〔註349〕、解脫、三昧、正受，自稱我們〔註350〕已得到，波羅夷。

（4）境想

是人，作出人的想法，波羅夷；有人的懷疑，偷蘭遮；人，有非人的想法，偷蘭遮。非人，有人的想法，偷蘭遮；有非人的懷疑這想法，亦偷蘭遮。

（三）兼制

比丘尼，波羅夷；式叉摩那、沙彌、沙彌尼，突吉羅，但滅擯。這是犯。

〔註345〕手印：兩解：1.手沾墨在紙上印出橫豎掌紋，橫文凶、豎文吉。2.西域人穿上指環以為信物，指環上書得不得字。

〔註346〕在不靜處，即有他人在場，自言得上法，會令人誤信。

〔註347〕根：《巴利律》作 indriya，產生善法的內在能力。

〔註348〕力：《巴利律》作 bala，由「根」所產生的修行力量。

〔註349〕覺意：《巴利律》作 bojjhaṅga，達致覺悟的修行品類，又作「覺支」。

〔註350〕我們：〔大〕作「我等」，〔宋元明〕〔宮〕〔聖〕缺「等」字。按上下文，似應是單數。

（四）開緣

不犯：增上慢人自稱：「我得到的是業報因緣，並非從修行得到」；或向同意大比丘說得上人法；或向人說根、力、覺意、解脫、三昧、正受，沒有自稱說：「我得到」；或戲笑說，或急速地說〔註351〕、在屏蔽處獨自說、夢中說、想說這樣卻錯說那樣，不犯。

〔註351〕急速地說，旁人聽不清楚，不知是妄語。

第二篇　僧　殘

一、故失精戒

提要：迦留陀夷欲意熾盛，手婬失精，又有比丘為生天而失精等，放縱婬欲。

（一）制戒因緣

1. 手婬失精

那時，世尊遊化舍衛〔註1〕城。

這時，迦留陀夷〔註2〕欲念高漲，但容顏憔悴、身體瘦弱。

在另一時間〔註3〕，迦留陀夷獨處一室，敷置好繩床、木床、大小褥〔註4〕、被、枕〔註5〕，地上又鋪設美好敷具〔註6〕，戶外另安放了熱水和洗足

〔註1〕舍衛：音譯詞。《巴利律》作 Sāvatthī，拘薩羅國首都；遺址在今印度北方邦首府拉克瑙（Lucknow）東北約 100 公里巴拉姆普爾（Balrampur）的沙赫特（Sahet）、馬赫特（Mahet）二村。

〔註2〕迦留陀夷：音譯詞。巴利語 Kāludāyi，意譯「黑光」，在聲聞弟子中，被佛譽為最能教化有情令得聖果者。《巴利律》作 Seyyasaka，意譯「吉行」。

〔註3〕在另一時間：〔大〕原作「異時」。

〔註4〕褥：坐臥用的墊具。這詞亦見於「僧殘・無根重罪謗他戒第8」，相對應《巴利律》作 bhisi，墊布、褥。

〔註5〕枕：這詞亦見於「捨墮・白毛臥具戒第13」，相對應《巴利律》作 bimbohana，枕頭、長枕。

〔註6〕敷具：鋪設在地上，方便坐臥之物，又作「坐具、臥具」。

具〔註7〕；飲食豐足，欲念高漲，隨著欲念〔註8〕憶想〔註9〕，手婬〔註10〕失精〔註11〕，軀體愉悅、容光煥發。

2. 安樂和悅

親友比丘〔註12〕們見到後，問道：「你先前容顏憔悴、身形瘦弱；如今容顏和悅，有光采，因為住宿安樂，不為飲食所苦惱嗎？為何得以這樣呢？」

迦留陀夷答道：「住宿安樂，不為飲食所苦惱。」

他們又問道：「用什麼方法住宿安樂，不為飲食所苦惱呢？」

迦留陀夷答道：「大德，我先前欲念高漲，容顏憔悴、身體瘦弱。我那時留在房中，敷置好繩床、木床、大小褥、被、枕，地上又鋪設美好敷具，戶外另放了熱水和洗足具；飲食豐足，我欲念高漲，隨著欲念而憶想，手婬失精，我因此住宿安樂，容顏和悅，有光采。」

比丘們說：「你所做的甚為苦惱，怎可說是安樂呢？所做的是不安樂的，怎可說是安樂呢？在這正法中，說欲要戒除欲，說慢要戒除慢，滅除渴愛，斷絕各種結使，愛盡消而涅槃。你為什麼欲念高漲，隨著欲念而憶想，手婬失精呢？」

當時，比丘們前往到世尊之所，把這因緣全部稟告世尊。

3. 佛斥犯者

那時，世尊藉這因緣召集比丘僧眾，明知故問迦留陀夷：「你確實欲念高漲，隨著欲念憶想，手婬失精嗎？」

迦留陀夷答道：「確實這樣。」

世尊用無數方法怒聲斥責：「你做錯了！不合威儀、不合沙門法、不是清淨的行為、不是隨順佛法的行為，都不應做。你現今為什麼在我清淨的佛法中出家，卻做污穢之事，手婬失精呢？你現今是愚蠢人，伸手接受人施捨，又用這手手婬而失精！」

〔註7〕洗足具：例如水瓶、洗足石、拭足巾等。
〔註8〕欲念：〔大〕原作「念」。《巴利律》作 rāgo citta，欲念心。
〔註9〕憶念：《巴利律》作 anuddhaṃseti，令墮落、使煩惱。
〔註10〕手淫：〔大〕原作「弄」。《巴利律》作 hatthena，用手。
〔註11〕精：〔大〕原作「不淨」。《巴利律》作 asuci，不潔淨；意謂精液。
〔註12〕親友比丘：《巴利律》作 sahāyaka bhikkhu，同伴比丘；意謂在俗家時跟迦留陀夷是親戚或朋友者。

（二）制戒內容

1. 佛初制戒

那時，世尊用無數方法怒聲斥責他後，告訴比丘們：「這愚蠢人啊！會引生多種有漏，最初犯本戒。從今以後，跟比丘們結戒，集十句義……乃至使正法得以久住。想說戒者，應這樣說：

若比丘，故弄陰失精〔註13〕，僧伽婆尸沙。」

這樣世尊跟比丘結戒。

2. 夢中失精

那時，一比丘睡眠亂意〔註14〕，夢中失精，有憶念〔註15〕，醒後這樣想念：「世尊跟比丘們結戒：『弄陰失精，僧伽婆尸沙』；而我亂意而睡眠，在夢中失精，有憶念，那麼我有否犯僧伽婆尸沙呢？我現今應怎樣做呢？」

他便詳細向同意比丘說：「世尊跟比丘們結戒：『弄陰失精，僧伽婆尸沙』。我現今睡眠意亂，夢中失精，醒來後這樣想念：『那麼我有否犯僧伽婆尸沙呢？』我現今應怎樣做呢？大德，可以把這因緣為我稟告佛，如佛有所教令，我當修行。」

這時，比丘們前往到世尊之所，頭面禮足，坐在一旁，把這因緣全部稟告世尊。

3. 修訂前制

世尊藉這因緣召集比丘們，告訴他們說：「亂意睡眠有五種過失：一、發惡夢；二、各天神不守護；三、心不悟入佛法；四、不想到曙光〔註16〕將至；五、夢中失精；是為五種過失。善意睡眠則有五種功德：不發惡夢、各天神衛護、心悟入佛法、想到曙光將至、夢中不失精；是為五種功德。夢中失精，不犯。從今以後，應這樣說戒：

若比丘，故弄陰失精，除夢中，僧伽婆尸沙。」

4. 釋義

（1）比丘：意義如上文。

〔註13〕精：《巴利律》作 sukka，精液。

〔註14〕亂意：意念紛亂。

〔註15〕有憶念：《巴利律》作 cetanā labbhati，心得；意謂心受樂。

〔註16〕曙光：〔大〕原作「明相」。這詞亦見於「捨墮・長衣過限戒第1」，相對應《巴利律》作 aruṇa，破曉、黎明；意謂東方已赤，大約為日出前二刻，以能看到掌紋為限。

（2）弄：立心〔註17〕故意失精。

（3）精：有七種：

1）青〔註18〕色精：轉輪聖王〔註19〕之精。

2）黃色精：轉輪聖王太子之精。

3）赤色精：多侵犯女色者之精。

4）白色精：肩負重任者之精。

5）黑色精：轉輪聖王第一大臣之精。

6）酪〔註20〕色精：須陀洹之精。

7）酪漿〔註21〕精：斯陀含人之精。

5. 為生天失精

那時，有一婆羅門居於閑靜處，誦持咒術。他的經書說：「如故意失精，命終生天」；他希望生天界，經常手婬失精。

這時，另一婆羅門，出家修道，聽聞這說法，也為了生天，便手婬失精。他有懷疑，告知比丘們，比丘們稟告佛。佛說：「僧伽婆尸沙。」

6. 為快樂等失精

如為了快樂的緣故、為了藥效的緣故、為了測試〔註22〕的緣故而出精、為了福德的緣故、為了祭天〔註23〕的緣故、為了生天的緣故、為了施捨的緣故、為了繼嗣〔註24〕的緣故、為了自我誇耀的緣故、為了自試力量的緣故、為了美顏的緣故，為這些事情，手婬失精，全僧伽婆尸沙。

如有憶念，手婬失精，僧伽婆尸沙；如有憶念，手婬想失青色精，如失了，僧伽婆尸沙；如有憶念，手婬想失青色精，而失了黃、赤、白、黑、酪、酪漿色精，僧伽婆尸沙；如想失黃色精，而失了赤、白、黑酪、酪漿、青色精，僧伽婆尸沙；赤、白、黑酪、酪漿色精，也是這樣。

〔註17〕立心：〔大〕原作「實心」。《巴利律》作 jānanta（認識）、sañjānanta（確知）。

〔註18〕青：深綠色或淺藍色。

〔註19〕轉輪聖王：佛教政治理想中弘揚佛法的統治者。

〔註20〕酪：用牛、羊等動物乳汁提煉而成，類似芝士一類的食品，白中帶黃。《巴利律》作 takkavaṇṇa，酪的色澤。

〔註21〕酪漿：牛、羊、馬等動物的乳汁，色近白，有質感。《巴利律》作 khīravaṇṇa，乳的色澤。

〔註22〕測試：意謂測試自己精液的顏色。

〔註23〕祭天：〔大〕原作「祠天」。《巴利律》作 yañña，供犧、祭祀。

〔註24〕繼嗣：〔大〕原作「種子」。

為了快樂的緣故，有憶念，手婬失精，僧伽婆尸沙；為了快樂的緣故，有憶念，手婬想失青色精，如失了，僧伽婆尸沙；為了快樂的緣故，有憶念，手婬想失青色……乃至黃、赤、白、黑、酪、酪漿色精，僧伽婆尸沙。

為了快樂的緣故，有憶念，手婬想失黃色、赤色、白色、黑色、酪色、酪漿色、青色精，也是這樣；為了藥效的緣故、為了測試的緣故、為了福德的緣故、為了祭天的緣故、為了生天的緣故、為了施捨的緣故、為了繼嗣的緣故、為了自我誇耀的緣故、為了自試力量的緣故、為了美顏的緣故，也是這樣。

7. 失精方式

（1）內色〔註25〕：有感受〔註26〕的色身。

（2）外色〔註27〕：無感受的死物。

（3）內外色：有感受的色身和無感受的死物。〔註28〕

（4）水：如順水、逆水，或用水灑。

（5）風：如順風、逆風，或用口吹。

（6）空〔註29〕：自己憑空擺動身體〔註30〕。

8. 違犯輕重

（1）自行失精

如用「內色」，手婬失精，僧伽婆尸沙；如用「內色」、有憶念，手婬想失青色精，如失了，僧伽婆尸沙；如用「內色」手婬，想失青色精，但失了黃色、赤色、白色、黑色、酪色、酪漿色精，僧伽婆尸沙。

如為了快樂的緣故，用「內色」、有憶念，手婬失精，僧伽婆尸沙；如為了快樂的緣故，用「內色」、有憶念，手婬想失青色精，如失了，僧伽婆尸沙；如為了快樂的緣故，用「內色」、有憶念，手婬想失青色精，而失了黃色、赤色、白色、黑色、酪色、酪漿色精，僧伽婆尸沙。

如為了藥效的緣故……乃至為了美顏的緣故，也是這樣。

〔註25〕內色：《巴利律》作 ajjhattarūpa，自身內之色。這指一切有情眾生，包括自己。「色」（rūpa），物質、形相。

〔註26〕感受：〔大〕原作「受」。《巴利律》作 upādiṇṇa，執取。

〔註27〕外色：《巴利律》作 bahiddhārūpa，外部之色。例如床、被、壁孔等。

〔註28〕這指利用一切有情眾生和無情之物，例如手持物件，或隔著衣服手淫等。

〔註29〕空：《巴利律》作 ākāsa，天空。

〔註30〕動身：《巴利律》作 kaṭiṃ kampento，搖動臀部。

用「外色」也是這樣，用「內外色」也是這樣，用「水、風、空」也是這樣，有憶念，手婬失精，僧伽婆尸沙；不失精，偷蘭遮。

如比丘，設法手婬失精，僧伽婆尸沙；不失精，偷蘭遮。

（２）教唆失精

如比丘，教其他比丘設法手婬失精，如失了，偷蘭遮；不失，突吉羅。

如比丘尼，教比丘設法手婬失精，如失了，偷蘭遮；不失，突吉羅。

教比丘和比丘尼以外的餘人手婬，失或不失，全突吉羅。

（三）兼制

比丘尼，波夜提；式叉摩那、沙彌、沙彌尼，突吉羅。這叫做犯。

（四）開緣

不犯：夢中失精，醒來後怕弄污身體，弄污衣、床、褥，如用弊壞之物、樹葉、器皿，盛載精液拋棄，或用手按著拋棄；或有欲念而失精；或看見美色〔註31〕，沒有觸摸而失精；或走路時觸及大腿兩側，或觸踫衣，觸踫涅槃僧〔註32〕而失精；或大便、小便時失精；或用冷水、煖〔註33〕水沐浴時失精；或在浴室中用樹皮、細末藥〔註34〕、泥土洗浴而失精；或用手摩擦而失精；或大涕哭〔註35〕時，或用力勞作時，完全沒有失精的意念，不犯。

二、摩觸女人戒

提要：迦留陀夷邀婦女入僧房參觀，觸摸女身。

（一）制戒因緣

1. 觸摸親咀

佛在舍衛國。

那時，迦留陀夷〔註36〕聽聞佛制定：「不得弄陰墮精」，便手執門匙〔註37〕，

〔註31〕 美色：〔大〕原作「好色」。

〔註32〕 涅槃僧：音譯詞。巴利語 nivāsana，內衣。

〔註33〕 煖：〔大〕作「暖」，今依〔麗〕〔金〕。

〔註34〕 細末藥：粉末狀之藥。本律〈藥犍度〉列有「胡桐樹（胡楊）末、馬耳樹（枇杷樹）末、舍摩羅樹（無花果樹）末」。

〔註35〕 涕哭：〔金〕作「啼哭」。

〔註36〕 迦留陀夷：《巴利律》作 Udāyin，音譯「優陀夷」，或「迦留陀夷」的略稱。

〔註37〕 門匙：〔大〕原作「戶鑰」。

站在門外，守候婦女們。

有居士家中的婦女和女童走來時，他說：「大妹〔註38〕，可進來入房〔註39〕看看。」帶她到房中，捉住她，撫摸〔註40〕、親咀〔註41〕。

2. 女子投訴

喜歡者便笑他的行為，不喜歡者便瞋恚〔註42〕大罵，走出房間，跟比丘們說：「大德，應當知道這是不好、不合正法、不合適、不合時之事。我常以為是安全穩當之處，沒有禍患、沒有災難和變故、沒有恐懼之處；現今竟在其中遭遇災禍、變故、恐懼之事。本以為水能滅火，現在竟然水中生火。〔註43〕迦留陀夷帶我們到房中，拉住、親咀、撫摸。我們的丈夫在自己房中，拉扯我們做這些事，尚且不能忍受，何況今日沙門釋子，竟做這些事呢！」

這時，比丘們聽聞，其中少欲知足、行頭陀、喜好學戒、知慚愧者，怒聲斥責迦留陀夷說：「世尊制戒：『不得弄陰失精』，你現今為什麼手執門匙，站在門外，守候婦女們，如有居士家中的婦〔註44〕女走來，帶她入房觀看，便捉住她，撫摸、親咀呢？」

比丘們這樣怒聲斥責他後，前往到世尊之所，頭面禮足，坐在一旁，把這因緣全部稟告世尊。

3. 佛斥犯者

世尊藉這因緣召集比丘們，明知故問：「迦留陀夷，為什麼？你確實這樣做嗎？」

迦留陀夷答道：「確實這樣。」

這時，世尊怒聲斥責迦留陀夷說：「你做錯了！不合威儀、不合沙門法、不是清淨的行為、不是隨順佛法的行為，都不應做。」

〔註38〕大妹：「大」，敬稱；「妹」，對年紀較小的女性的稱呼。這詞亦見於「僧殘・向女歎身索供戒第4」，相對應《巴利律》作 bhaginī，姊妹。

〔註39〕房：《巴利律》作 vihāra，住處、僧房。

〔註40〕撫摸：〔大〕原作「捫摸」。《巴利律》作 parāmāsa，把捉、碰觸。

〔註41〕親咀：〔麗〕〔金〕作「鳴口」，兩人口相接近；〔大〕作「鳴口」。譯寫從後者。

〔註42〕瞋恚：氣憤發怒。《巴利律》作 ujjhāyati，不滿、發牢騷。另參看「僧殘・無根重罪謗他戒第8」戒文。

〔註43〕水中生火：譬喻佛法本可滅煩惱，現卻引生煩惱。

〔註44〕婦：〔大〕作「歸」，今依〔麗〕〔金〕。

（二）制戒內容

1. 佛制戒

佛用無數方法怒聲斥責他後，告訴比丘們：「這愚癡人啊！會引生多種有漏，最初犯本戒。從今以後，跟比丘們〔註45〕結戒，為了十句義……乃至使正法得以久住。想說戒者，應這樣說：

若比丘，婬欲意〔註46〕，與女人身相觸〔註47〕，若捉手、若捉髮、若觸一一身分〔註48〕者，僧伽婆尸沙。」

2. 釋義

（1）比丘：意義如上文。

（2）婬欲意：欲愛污染心意。

（3）女人：如上文所說。〔註49〕

（4）身：從頭髮至腳。

（5）身相觸：

1）捉摩〔註50〕：觸摸身體前面或後面。

2）重摩〔註51〕。

3）牽：拉向前。

4）推：推向後。

5）逆摩：從下至上觸摸。

6）順摩：從上至下觸摸。

7）舉：捉住抱起。

8）下〔註52〕：如她站立，捉住坐下。

9）捉：從前面捉住她、從後面捉住她、捉住乳房、捉住大腿。

〔註45〕比丘們：〔大〕作「比丘」、〔聖〕作「諸比丘」。按這段為律文套語，見於其他戒條，皆作「諸比丘」；譯寫從後者。

〔註46〕婬欲意：《巴利律》作 otiṇṇo vipariṇata citta，欲情變心。

〔註47〕相觸：《巴利律》作 saṃsagga，接觸、交際。

〔註48〕身分：身體不同部位。《巴利律》作 aṅga，肢體；意指頭髮和手以外的部份。

〔註49〕即上文所述居士家中的婦女和女童。

〔註50〕捉摩：接觸摩擦。《巴利律》作 āmasana，觸摸、撫摩。

〔註51〕重摩：用力摩觸。《巴利律》作 parāmasana，碰觸。本律此項缺解釋，《巴利律》釋作 saṃcopanā（從此至彼的摩擦）。

〔註52〕下：《巴利律》作 olaṅghanā，下傾、向下、下彎。

10）捺〔註 53〕：從前面按著她、從後面按著她、按著乳房、按著大腿，僧伽婆尸沙。

3. 違犯輕重

（1）女人摩觸

1）僧殘

如女人，作出女人的想法，她撫摸比丘，身體相接觸；心生欲念污染，感到接觸之樂，僧伽婆尸沙。

女人，作出女人的想法，她用手撫摸比丘；比丘擺動身軀〔註 54〕，心生欲念污染，感到接觸之樂，僧伽婆尸沙。這樣……乃至捉住、按著〔註 55〕，也是這樣。

2）偷蘭遮

是女人，而起疑，偷蘭遮；如女人，作出女人的想法，用身體接觸她的衣或瓔珞飾具〔註 56〕，心生欲念污染，感到接觸之樂，偷蘭遮。

如女人，作出女人的想法，她用身體、衣、瓔珞飾具接觸比丘的身體；心生欲念污染，感到接觸之樂，偷蘭遮。

如女人，作出女人的想法，她用身體、衣、瓔珞飾具接觸比丘的身體；心生欲念污染，但不感到接觸之樂，偷蘭遮。

如女人，作出女人的想法，用身體接觸她的衣或瓔珞飾具；心生欲念污染，擺動身軀，但不感到接觸之樂，偷蘭遮。

如女人，作出女人的想法，用身體觸摸她的衣或瓔珞飾具；心生欲念污染，擺動身軀，感到接觸之樂，偷蘭遮。

如女人，作出女人的想法，她用身體、衣、瓔珞飾具接觸比丘的身體；心生欲念污染，擺動身軀，但不感到接觸之樂，偷蘭遮。

女人，作出女人的想法，她用身體、衣、瓔珞飾具接觸比丘的身體；心生欲念污染，感到接觸之樂，而不擺動身軀，偷蘭遮。

女人，作出女人的想法，身體相接觸；心生欲念污染，但不感到接觸之樂，

〔註 53〕 捺：用手重按。《巴利律》作 chupana，觸、押。
〔註 54〕 擺動身體：〔大〕原作「動身」。《巴利律》作 kāyena vāyamati，利用身體；意謂身體郁動，感受觸樂。
〔註 55〕 捉住按著：〔大〕原作「捉捺」。
〔註 56〕 瓔珞飾具：〔大〕原作「瓔珞具」，珠玉或花等編綴而成的飾物，可掛在頭、頸、胸、手腳等。《巴利律》作 kāyapaṭibaddha，身體連接的；意謂衣服、飾物。

擺動身軀，偷蘭遮。

3）突吉羅

女人，作出女人的想法，身體相接觸；心生欲念污染，感到接觸之樂，而不擺動身軀，偷蘭遮。如同這樣，捉住而觸摸……乃至捉住、按著，全偷蘭遮；如是女人，而起疑，突吉羅。

女人，作出女人的想法，以身體、衣接觸她的身體、衣、瓔珞飾具；心生欲念污染，感到接觸之樂，突吉羅。

女人，作出女人的想法，以身體、衣接觸她的身體、衣、瓔珞飾具；心生欲念污染，但不感到接觸之樂，突吉羅。

女人，作出女人的想法，以身體、衣接觸她的身體、衣、瓔珞飾具；心生欲念污染，但不感到接觸之樂，擺動身軀，突吉羅。

女人，作出女人的想法，以身體、衣接觸她的身體、衣、瓔珞飾具；心生欲念污染，感到接觸之樂，而不擺動身軀，突吉羅。

女人，作出女人的想法，以身體、衣接觸她的身體、衣、瓔珞飾具；心生欲念污染，但不感到接觸之樂，不擺動身軀，突吉羅。

女人，作出女人的想法，以身體、衣接觸她的身體、衣、瓔珞飾具；心生欲念污染，感到接觸之樂，擺動身軀，突吉羅。……乃至捉住、按著，全突吉羅；是女人，而起疑，突吉羅。

4）違犯次數

如比丘，與女人身體相接觸，每接觸一下，一僧伽婆尸沙；隨著接觸多少，逐一僧伽婆尸沙。〔註57〕

（2）非人女摩觸

如天女、阿修羅女、龍女、餓鬼女、能變形的畜生女，跟她們身體相接觸，偷蘭遮；跟不能變形的畜生〔註58〕身體相接觸，突吉羅；或與男人身體相接觸，突吉羅；與陰陽人身體相接觸，偷蘭遮。

（3）其他摩觸

如女人，行禮時，捉住比丘的腳，比丘感到接觸之樂，而不擺動身軀，突吉羅。

〔註57〕這表示接觸一下，犯一次僧殘；接觸兩下，犯兩次僧殘，也要逐一懺罪，如此類推。

〔註58〕這裏所說的畜生，沒標明雌雄，按行文應指雌性而言。

如比丘，心存欲念，給女人接觸衣、鉢、尼師檀〔註59〕、針筒〔註60〕、草蓆〔註61〕……乃至接觸自己的身體，全突吉羅。

（4）境想

女人，有女人的想法，僧伽婆尸沙；女人，但起疑，偷蘭遮；女人，有非人女的想法，偷蘭遮。

非人女，作出女人的想法，偷蘭遮；非人女，但起疑，偷蘭遮。

（三）兼制

比丘尼，波羅夷；式叉摩那、沙彌、沙彌尼，突吉羅。這叫做犯。

（四）開緣

不犯：如拿取、給與時相接觸，開玩笑時相接觸，或替對方解縛時相接觸，不犯。

三、與女人麁語戒

提要：迦留陀夷對女性說婬話。

（一）制戒因緣

1. 說麁惡語

佛在舍衛國。

那時，迦留陀夷聽聞世尊制定：「不得弄陰墮精、不得身相摩觸」，便手持門匙，站在門外，守候婦女們。

如有居士家中的婦女前來，便說：「大妹們，可入我房看看。」帶她們到房中後，有欲念，向她們說麁惡語。

2. 女子投訴

婦女們喜歡的就笑他說的話，不喜歡的瞋恚責罵，走出房間，對比丘們說：「大德，應該知道今天我所遇見的事，不好、不合正法、不合適、不合時。我常以為那裏是安全穩當，沒有禍患，沒有災難或變故，是沒有恐懼的

〔註59〕尼師檀：音譯詞。這詞亦見於「單墮‧過量尼師壇戒第87」，相對應《巴利律》作 nisīdana，座墊、坐具。又本詞，〔大〕〔麗〕作「尼師壇」，不贅注出。

〔註60〕針筒：盛裝縫製僧衣所用針的容器。這詞亦見於「單墮‧骨牙角針筒戒第86」，相對應《巴利律》作 sūcighara，針筒、針盒。

〔註61〕草蓆：〔大〕原作「草菩」。

地方；今日竟生恐懼，毛髮豎起。我們本以為水能滅火，而今卻水中生火。何以得知呢？迦留陀夷帶我入房，心存婬欲意念，向我說麁惡語。我在家中時，丈夫向我說麁惡語，尚且不能忍受，何況現今出家人的說話竟然這樣麁惡呢！」

這時，比丘們聽聞，其中少欲知足、行頭陀、喜好學戒、知慚愧者，怒聲斥責迦留陀夷……詳說如上文。

他們到世尊之所，頭面禮足，坐在一旁，把這因緣全部稟告世尊。

3. 佛斥犯者

世尊藉這因緣召集比丘們，在眾人中明知故問：「為什麼？迦留陀夷，你確實有做這事嗎？」

迦留陀夷答道：「是這樣。」

這時，世尊怒聲斥責他：「你做錯了！不合威儀、不合沙門法、不是清淨的行為、不是隨順佛法的行為，都不應做。」

（二）制戒內容

1. 佛制戒

世尊用無數方法怒聲斥責他後，告訴比丘們：「這迦留陀夷，愚癡人啊！會引生多種有漏，最初犯本戒。從今以後，跟比丘們結戒，為了這十句義……乃至使正法得以久住。想說戒者，應這樣說：

若比丘，婬欲意，與女人說麁惡婬欲語〔註62〕；隨所說麁惡婬欲語，僧伽婆尸沙。」

2. 釋義

（1）比丘：意義如上文。

（2）婬欲意：如上文。

（3）女人：亦如上文。

（4）麁惡：非梵行。

（5）婬欲語：談論大小便二道的好惡〔註63〕。例如：

1）求：說跟我大小便道做這樣那樣的事，或說其餘的話。

〔註62〕麁惡婬欲語：《巴利律》作 duṭṭhullāhi vācāhi……methunupasaṃhitāhi，粗惡語……與淫欲有關的。

〔註63〕好惡：《巴利律》作 vaṇṇa（美貌）、avaṇṇa（不稱讚、不名譽）。

2）教他求：或天，或梵、水神、摩醯首羅天〔註64〕庇祐和協助我，跟你一起做這樣那樣的事，或說其餘的話。

3）問：你大小便道像什麼？你怎樣跟丈夫〔註65〕行房？又怎樣跟外人〔註66〕通姦？或說其餘的話。

4）答：你大小便道是這樣的、你跟丈夫行房、跟外人通姦是這樣的，或說其餘的話。

5）解〔註67〕、

6）說：也是這樣。

7）教：我教導你這樣清理大小二便道，你可令丈夫、外人都敬重和愛慕你，或說其餘的話。

8）罵：如說「你破壞、腐爛、燒焦、墮落，跟驢子做這事〔註68〕」，或說其餘的話罵人。

3. 違犯輕重

（1）對象是人女

如比丘，跟女人說一次〔註69〕麤惡語，一僧伽婆尸沙；隨所說麤惡語多少次而清楚，逐一僧伽婆尸沙；不清楚，偷蘭遮。

如送指印〔註70〕、寫信、派使者，或做出形相，令那女人知道，僧伽婆尸沙；不知道，偷蘭遮。

除大小便道外，說身體其他部位的好壞，偷蘭遮。

（2）對象非人女

天女、阿須羅女、夜叉女、龍女、能變形的畜生女、閹人、陰陽人，說麤惡語而令她們知道，偷蘭遮；不知道，突吉羅。

如送指印、寫信、派使者，或做出形相，令她們知道，偷蘭遮；不知道，突吉羅。

向不能變形的畜生說麤惡語，突吉羅；或向男人說麤惡語，突吉羅。

〔註64〕摩醯首羅天：《巴利律》作 deva，天、神。又「摩醯首羅」，音譯詞。巴利語 Mahissara，又稱大自在天，居於色界之頂。

〔註65〕丈夫：〔大〕原作「夫主」。

〔註66〕外人：《巴利律》作 jāra，情夫。

〔註67〕解：《巴利律》作 ācikkhati，告知、講解。

〔註68〕這意謂跟驢行婬。

〔註69〕一次：〔大〕原作「一返」。

〔註70〕指印：指紋的墨印。或即「波羅夷・大妄語戒第 4」所記的「手印」。

（3）境想

1）麤惡語

如比丘，有欲念，說麤惡語，有麤惡語的想法，僧伽婆尸沙；說麤惡語，但起疑，偷蘭遮。

非麤惡語，有麤惡語的想法，偷蘭遮；非麤惡語，但起疑，偷蘭遮。

2）女人

女人，有女人的想法，僧伽婆尸沙；女人，但起疑，偷蘭遮；女人，有非人女的想法，偷蘭遮。

非人女，作出女人的想法，偷蘭遮；非人女，但起疑，偷蘭遮。

（三）兼制

比丘尼，偷蘭遮；式叉摩那、沙彌、沙彌尼，突吉羅。這叫做犯。

（四）開緣

不犯：如跟女人說不淨、惡露〔註71〕的觀察：「大妹，應該知道身上有九瘡、九孔、九漏、九流〔註72〕」。「九孔」，即兩眼、兩耳、兩鼻孔、口、大小便道。當說這不清淨時，那女人以為是說麤惡語；或說明毘尼〔註73〕時依次提及這些事，她以為是說麤惡語；或女人從比丘聽受經法〔註74〕，或二人一同聽受經法，〔註75〕或她問及經法，〔註76〕或一同誦經，或開玩笑時說，或獨自說，或急速地說，或夢中說、想說這樣卻錯說那樣，全不犯。

四、向女歎身索供戒

提要：迦留陀夷引誘婦女用婬欲供養。

（一）制戒因緣

1. 婬欲供養

佛在舍衛國。

〔註71〕惡露：身上流出的膿血。

〔註72〕九瘡等：四詞義同。

〔註73〕毘尼：音譯詞。這詞亦見於「單墮‧發諍戒第66」，相對應《巴利律》作 vinaya，滅、調伏，意譯「律」。

〔註74〕聽受經法：〔大〕原作「受經」，意謂從師學經。

〔註75〕二人一同聽受經法：〔大〕原作「二人同受」，意謂比丘跟女人二人一同聽受經法時，女人聽到髒話，或誤以為在旁的比丘說。

〔註76〕她問及經法，比丘回答時或會涉及不清淨之事。

那時，迦留陀夷已聽聞世尊制定：「不得弄陰失精、不得與女人身相觸、不得向女人麤惡語」，便手執門匙，站在門外，守候婦女們。

如居士家中的婦女前來，便說：「大妹們，可入我房看看。」帶入房後，親口讚美自己說：「大妹們知道嗎？我修學中名列第一，我是修習梵行、持戒、修習善法之人，你們可用婬欲來供養我。」

2. 女子投訴

這時，喜歡者默然不答，取笑他所說的話；不喜歡者則破口大罵而離開，告訴比丘們說：「大德，應該知道，我們之前所遇見之事不好、不合適、不合正法、不合時。我常常相信，這裏是沒有禍患、沒有災難和變故、沒有恐懼之處，為什麼今日竟生恐懼，身毛豎起呢？我本來以為水能滅火，而今竟然水中生火呢？我在家中時，丈夫向我這樣說，尚且不能忍受，何況出家人竟然說這樣的話呢？」

當時，比丘們聽聞，其中少欲知足、行頭陀、喜好學戒、知慚愧者，怒聲斥責迦留陀夷：「你為什麼聽聞世尊制戒：『不得弄陰失精、不得與女人身相觸、不得婬欲麤惡語』。……」怒聲斥責……已詳說如上，前往世尊之所，頭面禮足，坐在一旁，把這因緣全部稟告世尊。

3. 佛斥犯者

那時，世尊藉這因緣召集比丘們，明知故問迦留陀夷：「你確實這樣做嗎？」

迦留陀夷答道說：「是這樣。」

這時，世尊怒聲斥責迦留陀夷：「你做錯了！不合威儀、不合沙門法、不是清淨的行為、不是隨順佛法的行為，都不應做。」

（二）制戒內容

1. 佛制戒

世尊用無數方法怒聲斥責他後，告訴比丘們：「迦留陀夷，愚癡人啊！會引生多種有漏，最初犯本戒。從今以後，跟比丘們結戒，為了這十句義……乃至使正法得以久住。想說戒者，應這樣說：

若比丘，婬欲意，於女人前自歎身言：『大妹，我修梵行、持戒、精進、修善法，可持是婬欲法供養〔註77〕我，如是供養第一最〔註78〕』，僧伽婆尸沙。」

〔註77〕供養：《巴利律》作 paricarati，侍奉、服侍。
〔註78〕第一最：《巴利律》作 agga，最高、最上。

2. 釋義

（1）比丘：意義如上文。

（2）婬欲意：如上文。

（3）女人：如上文。

（4）歎身：讚美自己身體端正、美貌，我屬剎帝利、長者、居士〔註79〕，或婆羅門種姓。

（5）梵行：努力修行，離開穢濁〔註80〕。

（6）持戒：沒有缺失、沒有穿漏〔註81〕、並無污染。

（7）善法：喜好閑靜處、時到才乞食、穿糞掃衣、行餘食法〔註82〕不食、一坐食〔註83〕、一摶食〔註84〕、在墳塚坐、露天坐、在樹下坐、常坐〔註85〕、隨坐〔註86〕、持三衣〔註87〕、唄匿〔註88〕、多聞、能說法、持毘尼、坐禪。

3. 違犯輕重

（1）對象是人女

這樣親口誇讚自己後，叫人來供養自己，沒有說及婬欲，偷蘭遮；如說及婬欲，僧伽婆尸沙。如在女人面前，親口誇讚自己一次，一僧伽婆尸沙；隨清楚地讚美自己的次數多少〔註89〕，逐一僧伽婆尸沙；說得不清楚，偷蘭遮。

如送手印，或書信，或派使者，或展現令人知悉的形相，令她們知道，僧伽婆尸沙；不知道，偷蘭遮。

除大小二便道外，另要求用身體其他部位來供養，偷蘭遮〔註90〕。

（2）對象非人女

天女、阿修羅女、龍女、夜叉女、餓鬼女、能變形的畜生女，向她們誇讚

〔註79〕居士：《巴利律》作 vessa，庶民。

〔註80〕穢濁：《巴利律》作 methunadhamma，婬法。

〔註81〕穿漏：意謂持戒不完整。

〔註82〕餘食法：日中一食後開緣再食的儀軌，參看「捨墮‧畜七日藥過限戒第26」。

〔註83〕一坐食：坐下進食，一起來就不再吃。

〔註84〕一摶食：又叫節量食，每日只食一團食物，是頭陀苦行之一。

〔註85〕常坐：恆常坐而不躺臥。

〔註86〕隨坐：有空位便坐下，不需他人讓位。

〔註87〕三衣：出家人隨身僅可持三衣，不應多出。三衣之名，參看「捨墮‧離三衣宿戒第2」。

〔註88〕唄匿：音譯詞。巴利語 bhāṇaka，讚頌。

〔註89〕多少：〔大〕〔麗〕作「多小」，今依〔宋元明〕〔宮〕。〔金〕缺此二字。

〔註90〕遮：〔大〕作「庶」，今依〔麗〕〔金〕。下文有同樣情況，不贅注出。

自己，說得清楚，偷蘭遮；不清楚，突吉羅。

如送指印，或書信，或派使者，或展現令人知悉的形相，稱讚自己，而令她們知道，偷蘭遮；說了而不知道，突吉羅。

向不能變形的畜生親口誇讚自己，突吉羅；向男人親口誇讚自己，突吉羅。

（3）境想

女人，有女人的想法，僧伽婆尸沙；女人，但起疑，偷蘭遮；女人，有非人女的想法，偷蘭遮。

非人女，作出女人的想法，偷蘭遮；非人女，但起疑，偷蘭遮。

（三）兼制

比丘尼，偷蘭遮；式叉摩那、沙彌、沙彌尼，突吉羅。這叫做犯。

（四）開緣

不犯：如比丘對女人說：「這裏奇妙、尊貴、最上，這比丘精進、持戒、修善法，你們應以身體的慈行、說話的慈行、意念的慈行供養他」，她們的意念以為比丘為了自己而親口誇讚自己；〔註91〕或為女人說毘尼時，有類似上述的話，而她們以為比丘誇讚自己；或女人從比丘聽受經法和誦經，或二人一同聽受經法和誦經，或女人問起，或一同誦經，或戲笑說，或急速地說，或夢中說，或想說這樣卻錯說那樣，不犯。

五、媒人戒

提要：迦羅比丘做媒人，令在家人有樂有苦。

（一）制戒因緣

1. 做媒人

佛在羅閱祇耆闍崛山中。

那時，羅閱城中有一比丘名叫迦羅〔註92〕，本是國王的大臣，熟悉俗世事務；他這樣做媒人嫁娶〔註93〕：向男子介紹女子、向女子介紹男子。

這時，羅閱城中想嫁娶的居士們，全都去諮詢迦羅。

迦羅答道：「我須先到對方家中觀察。」觀察後，前往居士們家中說：「你

〔註91〕該比丘其實稱讚其他比丘，但女子誤會了。

〔註92〕迦羅：或即「盜戒」中的迦樓比丘，兩名發音相近，二人的特點都是通達世情。《巴利律》作 Udāyin，優陀夷。

〔註93〕媒人嫁娶：〔大〕原作「媒嫁」。《巴利律》作 vāreyya，結婚、選妻。

想與某甲結婚，悉隨尊意。」

當時，居士們便按他的說法跟對方結婚。

2. 有樂有苦

那時，嫁娶滿意的男女們，就歡天喜地供養他，讚歎〔註94〕說：「要令迦羅常得歡樂，如同今日的我。為什麼？因為迦羅的緣故，使我如此歡樂，要讓迦羅及其他比丘也得到供養。」

如那些嫁娶不合意的男女，便這樣說：「當令迦羅常常苦惱，如同今日的我。為什麼？因為迦羅的緣故，令我婚姻後要受這樣的苦，要讓迦羅及比丘們亦受苦惱，不得供養。」

3. 大眾譏議

那時，羅閱城中不信佛法僧的居士們互相談論：「你們如想跟大富大貴、財寶豐裕者結婚，可以去問沙門釋子，按時供養，親近和恭敬他們，可得稱心如意的婚事。為什麼？這沙門釋子熟悉媒人之事：這男子可以娶那女子，那女子又可嫁這男子。」

當時，比丘們聽聞，其中少欲知足、行頭陀、喜好學戒、知慚愧者，怒聲斥責迦羅：「為什麼給女人介紹男人，又給男人介紹女人呢？」

比丘們怒聲斥責他後，前往世尊之所，頭面禮足，坐在一旁，把這因緣全部稟告世尊。

4. 佛斥犯者

世尊藉這因緣召集比丘僧眾，明知故問迦羅：「你確實做媒人嫁娶嗎？」

迦羅答道：「確實這樣。」

世尊用無數方法怒聲斥責他：「你做錯了！不合威儀、不合沙門法、不是清淨的行為、不是隨順佛法的行為，都不應做。我用無數方法跟比丘們宣說離欲之事，你現今為什麼竟撮合欲事呢？」

（二）制戒內容

1. 佛制戒

世尊怒聲斥責他後，告訴比丘們：「這迦羅，愚蠢人啊！會引生多種有漏，最初犯本戒。從今以後，跟比丘們結戒，為了這十句義……乃至使正法得以久住。想說戒者，應這樣說：

〔註94〕讚歎：〔大〕作「讚歡」，今依〔麗〕〔金〕。

若比丘，往來彼此媒嫁〔註95〕，持男意語女、持女意語男，若為成婦事〔註96〕、若為私通〔註97〕……乃至須臾頃〔註98〕，僧伽婆尸沙。」

2. 釋義

（1）比丘：意義如上文。

（2）往來：做使者令男女結合。

（3）女人：有二十種：

1）母護：受母親保護者。〔註99〕

2）父護：受父親保護者。

3）父母護、

4）兄護、

5）姊護、

6）兄姊護：也是這樣。

7）自護：自由者。

8）法護：修習梵行者。〔註100〕

9）姓護：不跟卑下家族結婚者。

10）宗親護：受宗親保護者。

11）自樂為婢：樂於做他人婢女者〔註101〕。

12）與衣婢：給衣服為報酬者。

13）與財婢：……乃至給一錢為報酬者。

14）同業婢：一同幹活，但未完成夫婦之禮者。

15）水所漂婢：從水中救起者。

16）不輸稅婢：不須納稅者。〔註102〕

17）放去婢：買回來，或在家中出生者。

18）客作婢：出錢僱用來工作者，如家傭。

〔註95〕媒嫁：《巴利律》作 sañcaritta，媒人。

〔註96〕成婦事：《巴利律》作 jāyattana，作為妻子。

〔註97〕私通：《巴利律》作 jārattana，情婦之事。

〔註98〕須臾頃：「須臾」和「頃」，兩者都意謂短時間。《巴利律》作 khaṇa，瞬時，音譯「剎那」。

〔註99〕這表示該女子如結婚，須得母親許可。

〔註100〕這表示該女子歸依三寶，守五戒。

〔註101〕這表示該女子既可做妻子，又做婢女。

〔註102〕這意謂為了不納稅而作婢女者。

19）他護婢：接受他人華鬘〔註103〕為婚約者。

20）邊方得婢：抄劫得來者。

這即是二十種，男子也有二十種，也是這樣。

3. 違犯的不同情況

（1）受托傳話

受母親保護的男子、受母親保護的女子，派比丘做使者，告訴對方說：「你做我妻子，或與我私通」；或說：「於須臾間，或一念頃」。

如比丘，親自接受這說話，親自去告訴對方，接受對方的說話而回覆，僧伽婆尸沙。

如比丘，親自接受這說話，親自去告訴對方，派使者帶回對方的答覆，僧伽婆尸沙。

如比丘，親自接受這說話，派使者告訴對方，親自帶回對方的答覆，僧伽婆尸沙。

如比丘，親自接受這說話，派使者告訴對方，派使者帶回對方的答覆，僧伽婆尸沙。

如比丘，親自接受這說話，親自寫信帶給對方，親自帶還回信，僧伽婆尸沙。

如比丘，親自接受這說話，親自寫信帶給對方，派使者帶還回信，僧伽婆尸沙。

如比丘，親自接受這說話，派使者帶信給對方，親自帶還回信，僧伽婆尸沙。

如比丘，親自接受這說話，派使者帶信給對方，派使者帶還回信，僧伽婆尸沙。

送指印、展現形相〔註104〕，各作四句，也是這樣。〔註105〕

〔註103〕華鬘：即花環。印度裝飾物，以線穿花，掛於頸項或戴於頭上。這詞亦見於「僧殘・污家擯謗違僧諫戒第12」，相對應《巴利律》作 vaṇṭikamālā，有莖的華鬘。

〔註104〕展現形相：〔大〕原作「現相」。

〔註105〕送指印的四句是：如比丘親自接受傳話，1.親自送指印給對方，親自帶還指印；2.親自送指印給對方，派使者帶還指印；3.派使者送指印給對方，親自帶還指印；4.派使者送指印給對方，派使者帶還指印，皆僧伽婆尸沙。展現形相的四句用同樣方式鋪排，不贅。

（2）受托送信

如比丘，親自接下書信，帶給對方，親自帶還回信，僧伽婆尸沙。

如比丘，親自接下書信，帶給對方，派使者帶還回信，僧伽婆尸沙。

如比丘，親自接下書信，派使者帶給對方，親自帶還回信，僧伽婆尸沙。

如比丘，親自接下書信，派使者帶信給對方，派使者帶還回信，僧伽婆尸沙。

如比丘，親自接下書信，親自送指印給對方，親自帶還指印回覆，僧伽婆尸沙。

如比丘，親自接下書信，親自送指印給對方，派使者帶還指印回覆，僧伽婆尸沙。

如比丘，親自接下書信，派使者送指印給對方，親自帶還指印回覆，僧伽婆尸沙。

如比丘，親自接下書信，派使者送指印給對方，派使者帶還指印回覆，僧伽婆尸沙。

展現形相的四句，也是這樣；接受說話的四句，也是這樣；〔註106〕送指印的十六句，也是這樣；展現形相的十六句，也是這樣。〔註107〕

（3）用指印、形相回覆

如比丘，親自接受說話，親自帶信給對方，親自帶還指印回覆，僧伽婆尸沙。

〔註106〕展現形相的四句：如比丘親自接下書信，1.親自向對方展現形相，親自帶還對方的展現形相；2.親自向對方展現形相，派使者帶還對方的展現形相；3.派使者向對方展現形相，親自帶還對方的展現形相；4.派使者向對方展現形相，派使者帶還對方的展現形相，皆僧伽婆尸沙。接受傳話的四句用同樣方式鋪排，不贅。

〔註107〕送指印的十六句是：如比丘親自接下指印，1.帶去給對方，親自帶還指印；2.帶去給對方，派使者帶還指印；3.派使者帶去給對方，親自帶還回信；4.派使者帶信給對方，派使者帶還回信；5.親自向對方展現形相，親自帶還對方的展現形相；6.親自向對方展現形相，派使者帶還對方的展現形相；7.派使者向對方展現形相，親自帶還對方的展現形相；8.派使者向對方展現形相，派使者帶還對方的展現形相；9.親自前去告訴對方，接受對方的傳話而回覆；10.親自前往告訴對方，派使者帶回對方的答覆；11.派使者告訴對方，親自帶回對方的答覆；12.派使者告訴對方，派使者帶回對方的答覆；13.親自寫信帶去給對方，親自帶還回信；14.親自寫信帶去給對方，派使者帶還回信；15.派使者帶信給對方，親自帶還回信；16.派使者帶信給對方，派使者帶還回信，皆僧伽婆尸沙。展現形相的十六句用同樣方式鋪排，不贅。

如比丘，親自接受說話，親自帶信給對方，派使者帶還指印回覆，僧伽婆尸沙。

如比丘，親自接受說話，派使者帶信給對方，親自帶還指印回覆，僧伽婆尸沙。

如比丘，親自接受說話，派使者帶信給對方，派使者帶還指印回覆，僧伽婆尸沙。

如比丘，親自接受說話，親自帶信給對方，展現形相回覆……四句也是這樣。

如比丘，親自接受說話，親自送指印給對方，展現形相回覆……四句也是這樣。

如比丘，親自接下書信，親自帶指印給對方，展現形相回覆……四句也是這樣。

4. 違犯輕重

（1）媒嫁對象是人女

如比丘，親自接受說話，前往對方，帶還回覆，僧伽婆尸沙；親自接受說話，前往對方之處，而沒有帶還回覆，偷蘭遮。

如聽聞說話，前往告訴對方，而沒有帶還回覆，偷蘭遮。

如有人請託傳話而沒有接受，便前往告訴對方，帶還回覆，偷蘭遮。

如接受了說話，沒有前去告訴對方，也沒有帶還回覆，突吉羅。

如聽聞說話，沒有前去告訴對方，也沒有帶還回覆，突吉羅。

如沒有接受傳話，而前往告訴對方，沒有帶還回覆，突吉羅。

如說對方已嫁給其他人、說她去了其他地方、說她已死、說她被盜賊擄走，或說沒有這人，全偷蘭遮。

如說對方患疥癩，或瘡癩，或白癩〔註108〕、乾痟〔註109〕、癲狂，或痔瘡，或大小便道生瘡，或流膿不止，帶還這類話作回覆，僧伽婆尸沙。

如比丘，做媒人促成女人出嫁一次，僧伽婆尸沙。隨做媒人嫁娶次數的多少，而說話清楚，逐一僧伽婆尸沙〔註110〕；如說得不清楚，偷蘭遮。

〔註108〕白癩：麻瘋。
〔註109〕乾痟：渴病或瘦病，或即糖尿病。
〔註110〕尸沙：〔大〕作「沙尸」，今依〔麗〕〔金〕。

如用書信、指印、展現形相，來往說話，僧伽婆尸沙。

如展現形相，令對方知道，僧伽婆尸沙；不知道，偷蘭遮。

除大小二便道外，說身體其餘各處及四肢來做媒人嫁娶，偷蘭遮。

（2）媒嫁對象非人女

為天女、阿須羅女、龍女、夜叉女、餓鬼女、能變形的畜生女、閹人、陰陽人〔註111〕做媒人嫁娶，說話清楚，偷蘭遮；如不清楚，突吉羅。

用書信、指印、展現形相，令對方知道，偷蘭遮；不知道，突吉羅。

如為不能變形的畜生做媒人嫁娶，突吉羅；為男子做媒人嫁娶，突吉羅。

（3）境想

如比丘，來往做媒人嫁娶，作出做媒人嫁娶的想法，僧伽婆尸沙；做媒人嫁娶，但起疑，偷蘭遮。

做媒人嫁娶，作出不做媒人嫁娶的想法，偷蘭遮；不做媒人嫁娶，作出做媒人嫁娶的想法，偷蘭遮；不做媒人嫁娶，但起疑，偷蘭遮。

人女，有人女的想法，為她做媒人嫁娶，僧伽婆尸沙；人女，但起疑，偷蘭遮；人女，有非人女的想法，偷蘭遮。

非人女，作出人女的想法，偷蘭遮；非人女，但起疑，偷蘭遮。

（4）其他

如比丘，帶同其他書信前往，沒有檢看，突吉羅；如為白衣其他事情任使者，突吉羅。

（三）兼制

比丘尼，僧伽婆尸沙；式叉摩那、沙彌、沙彌尼，突吉羅。這叫做犯。

（四）開緣

不犯：如男女先前已結合，分離後又再結合；或為了患病父母，或給拘禁於監獄的父母看信而帶信；或為了信心精進的病優婆塞，或給繫禁於監獄的優婆塞看信而帶信；或為了佛、為了法、為了僧、為了塔〔註112〕，或為了給病比丘看信而帶信，這樣無犯。

〔註111〕陰陽人：〔大〕原作「二根」。

〔註112〕塔：《巴利律》作 cetiya，崇拜對象、紀念性建築，音譯「支提」。按「塔」乃音譯詞，巴利語 thūpa，藏舍利的建築、墳。在古印度佛教文獻和銘刻，「塔、支提」常互用。

六、無主僧不處分過量房戒

提要：比丘建大房，多求工人和材料，以及砍殺神樹。

（一）制戒因緣

1. 僧多需索

佛在羅閱祇耆闍崛山中。

那時，世尊聽許比丘們各建自己的房舍〔註113〕。

這時，有曠野〔註114〕國比丘聽聞世尊聽許比丘們各建自己的房舍，他們便私自建大房舍。

他們建大房舍，人力煩多，經常要求索取，說：「給我工匠和巧師，給我車輛及車夫，給我材、木、竹、草、繩索。」

因為比丘乞求煩多的緣故，居士們遠遠看到比丘時，便駛走車輛，遠遠避開，走入各里巷中，或走入店鋪，或自行入屋，或低頭迳直走去，不與比丘相見。為什麼？恐怕比丘有所需索的緣故。

2. 觸怒樹神

那時，又有一曠野國比丘，想建房舍，親自伐樹。

這時，那樹神子孫眾多，他這樣想念：「我現今子孫眾多，這樹是我所依靠和居住的，給我覆護；而這比丘砍伐、斬壞樹木，我今日不如打這比丘。」

那鬼又這樣想念：「我今日不先查問便打他，恐怕有違道理，現今不如到世尊之所，把這因緣全部稟告世尊；如世尊有所教令，我當奉行。」想完後便前往世尊之所，頭面禮足，站在一旁，把以上事情全部稟告世尊。

世尊讚美他說：「好啊！你竟能不打持戒比丘，如打就獲罪無數了。你現今迅速前往恒河〔註115〕邊，有一大樹名叫娑羅〔註116〕，有神剛剛命終，你可以在那裏居住。」

當時，那樹神向世尊頭面禮足，繞了三圈後，便隱沒不見。

〔註113〕房舍：《巴利律》作 kuṭi，小屋、房舍。
〔註114〕曠野：《巴利律》作 Āḷavī，城或國名，位於舍衛城與王舍城之間、恒河畔；遺址在今印度北方邦 Ballia 區 Ballia 市。
〔註115〕恒河：《巴利律》作 Gaṅgā，南亞一條主要河流，發源於喜馬拉雅山西部，流經印度北部及孟加拉。
〔註116〕娑羅：音譯詞。巴利語 sāla，常綠喬木，樹身可高至 45 米，周長逾 3 米半，其木材和樹脂為印度的重要資源。

3. 居士迴避

那時，尊者摩訶迦葉〔註117〕從摩竭國帶領五百比丘大眾，一起來到曠野城住宿。

翌日早上，時間到了〔註118〕，穿衣持鉢，入城乞食，步姿端莊嚴肅、目不斜視、進退〔註119〕俯仰〔註120〕，都和眾人有別。

這時，城中居士們遠遠見到比丘便避開，走入里巷或店鋪，或自行入屋，或低頭逕直走去，不跟比丘相見。

迦葉看見這事，便問一人說：「這些居士為什麼看見比丘，會各自走避，不跟我們相見呢？」

那人答道：「迦葉，只因世尊聽許比丘們建自己的房舍，乞求煩多，因此各人都走避罷了。」

當時，迦葉聽聞這番話後，悵然不樂。

4. 迦葉稟佛

那時，世尊從羅閱城，帶領比丘一千二百五十人來到曠野城，各自敷設座位而坐下。

這時，迦葉前往世尊之所，頭面禮足，站在一旁，偏露右臂、胡跪〔註121〕、合掌，稟告佛說：「先前入城乞食，見到居士們遠遠看見比丘們，各自逃走避開，不與比丘相見……已詳說如上」。之後頭面禮足，繞了三圈而告辭，離開曠野城。為什麼？恐怕曠野國比丘們心生忿恨的緣故。

5. 佛斥犯者

世尊藉這因緣召集比丘僧眾，告訴他們說：「我記起昔日在這羅閱祇耆闍崛山中時，有神來到我之所，頭面禮足後，站在一旁，稟告我說：『世尊聽許曠野國比丘建自己的房舍，多所乞求……詳說如上』。我現今問你們，確實給自己建房舍，多所乞求嗎？」

比丘們答道：「確實這樣。」

世尊用無數方法怒聲斥責比丘們：「你們為什麼因為我聽許建自己的房

〔註117〕摩訶迦葉：音譯詞。《巴利律》作 Mahākassapa，意譯「大飲光」；佛十大弟子之一，被譽為「頭陀第一」。

〔註118〕時間到了：〔大〕原作「至時」，意謂乞食時間已到。

〔註119〕進退：前進和後退。

〔註120〕俯仰：舉止動作。

〔註121〕胡跪：右膝著地。

舍，便建大房舍，多所乞求，不合規範地乞求呢？這些物品，難以接受。」

6. 佛說故事

（1）乞龍頸珠

　　世尊怒聲斥責那些比丘後，告訴比丘們：「從前這恒河邊，有一螺髻〔註122〕梵志〔註123〕，常居住在這河邊，容貌憔悴、身體瘦弱。那時我找他，互相見面，問道：『你為什麼身體瘦弱，容貌憔悴呢？』」

　　「他便回報我說：『這河水中有一龍王，名叫摩尼揵大〔註124〕，自行離開宮殿，來到我的地方，用龍身圍繞我，龍頭覆蓋著我。那時我這樣想：「龍性情凶暴急躁，恐怕會奪我的性命」。我只因擔憂禍患，令身體瘦弱，容貌憔悴罷了。』」

　　「那時，我跟那梵志說：『你想令這條龍常在水中，不會離開到你之所，你想這樣嗎？』」

　　「梵志答道：『確實希望令這條龍不再來到我之所。』」

　　「我便問梵志：『這條龍有沒有瓔珞〔註125〕呢？』」

　　「梵志答道：『頸下有美好的寶珠瓔珞。』」

　　「佛對梵志說：『如這條龍離開水面，來到你的地方，這時應當起來迎接，說：「龍王，暫且等等，拿來你頸下的寶珠瓔珞送給我。」並為他說偈：「我今須如此，頸下珠瓔珞；你以信樂心，給我嚴〔註126〕好珠。」』」

　　「這時，那梵志聽聞我的話後，龍王從水中離開，來到梵志之所，他遠遠看到便起來前去迎接他，說：『等一等，龍王，希望拿來你頸下的寶珠瓔珞送給我。』而且說偈：『我今須如此，頸下珠瓔珞；你以信樂心，給我嚴好珠。』」

　　「這時，龍王也用偈回報梵志說：『我所致財寶，皆因由此珠；你是乞求人，不再來相見。端正好潔淨，索珠驚嚇我；不再來相見，為何給你珠？』」

　　「於是龍王即時回宮，留在其中不再回來。」

〔註122〕螺髻：以螺為髻，或弄髮髻如螺形。〔大〕〔麗〕〔金〕作「蠡髻」，今依〔宋元明〕〔宮〕。

〔註123〕梵志：《巴利律》作 isi，仙人。

〔註124〕摩尼揵大：音譯詞。《巴利律》作 maṇikaṇṭha，圍在頸項的寶珠。

〔註125〕瓔珞：《巴利律》作 maṇi，寶珠、寶石。

〔註126〕嚴：莊嚴。

這時，世尊便說偈說：「多求人不愛，過求致怨憎〔註127〕；梵志〔註128〕求龍珠，便不復相見。」

「你們比丘應知道，就算畜生尚且不喜歡人的乞求，何況向人諸多要求，不知滿足，怎能不令人討厭呢？為什麼，曠野國比丘，愚癡人啊！為自己建大房舍，多所乞求需索呢……已詳說如上」。

（2）乞鳥雙翼

世尊又告訴比丘們：「我從前某時在舍衛國祇樹給孤獨園，這時有一比丘來到我之所，頭面禮足，坐在一旁。我向他慰問、問訊：『你們居住得安樂嗎？不為乞食所惱苦嗎？』」

「他回答我說：『我們居住得很安樂，不為乞食所惱苦。我所居住的樹林，現在鳥多為患，於夜半後悲鳴，互相呼叫，擾亂我定下來的心意，就為這事擔心。』」

「佛告訴比丘們：『想令這些雀鳥不再返回樹林住下來嗎？』」

「比丘稟告佛說：『大德，我們確實不想讓這些雀鳥返回森林住下來。』」

「佛告訴比丘們：『你們等候那些雀鳥返回樹林住下來時，對雀鳥說：「給我一對翅膀，我現今有急用。」』」

「比丘報說：『好。』」

「這時，那些比丘接受了我的教導後，便等候那些雀鳥返回樹林住下來時，將到半夜，到那些雀鳥之所說：『我現今急需你的一對翅膀，交給我吧！』」

「這時，眾雀鳥心想念道：『這比丘竟向我乞求這些。』便離開樹林，不再回來。」

「佛告訴比丘們：「你們應當知道，就算鳥獸，尚且不喜歡人乞求需索，何況是人？諸多要求需索，怎會不討厭呢？曠野國比丘，愚癡人啊！為自己建造大房舍，諸多要求需索……已詳說如上。」

（3）不求父母

世尊又告訴比丘們：「從前有位大族子弟〔註129〕，名叫賴吒婆羅〔註130〕，出家修道，甚至到父母的家，也始終不乞求。這時，父親對賴吒婆羅說：『你

〔註127〕怨憎：《巴利律》作 dessa，嫌惡、厭惡。
〔註128〕梵志：《巴利律》作 brāhmaṇ，婆羅門。
〔註129〕大族子弟：〔大〕原作「族姓子」。《巴利律》作 kulaputta，善男子、良家男子。
〔註130〕賴吒婆羅：音譯詞。《巴利律》作 Raṭṭhapāla，意譯「護國」。

知道嗎？我自己思考和觀察，很少有人不向我乞求的；你是我親兒子，為什麼不向我乞求呢？』」

「這時，賴吒婆羅為父親說偈：『多求人不愛，不得懷怨恨；是故我不乞，恐生增減〔註131〕故。』」

「比丘應當知道，賴吒婆羅在自己父母家中尚且不乞求，何況你們比丘，竟在居士們家中諸多乞求需索，當然令他們不歡喜吧！」

7. 又斥又讚

那時，世尊用無數方法怒聲斥責比丘們：「不合時而乞求、不溫柔地乞求、不正確地乞求。」

世尊又用無數方法稱讚：「知道合時而乞求、溫柔地乞求、正確地乞求。」

（二）制戒內容

1. 佛制戒

佛然後告訴比丘們：「曠野國比丘，愚癡人啊！會引生多種有漏，最初犯本戒。從今以後，跟比丘們結戒，為了這十句義⋯⋯乃至使正法得以久住。想說戒者，應這樣說：

若比丘，自求作屋，無主〔註132〕、自為己，當應量〔註133〕作；是中量者，長佛〔註134〕十二搩手〔註135〕、內廣七搩手。」

「當將〔註136〕餘比丘指授〔註137〕處所〔註138〕，彼比丘當指示處所，無難處〔註139〕、無妨處〔註140〕。」

「若比丘，有難處、妨處，自求作屋，無主、自為己，不將餘比丘指授處所；若過量作者，僧伽婆尸沙。」

〔註131〕增減：意謂怨恨的增與減。
〔註132〕無主：《巴利律》作 assāmika，無主人的。
〔註133〕量：《巴利律》作 pamāṇa，分量。
〔註134〕佛：《巴利律》作 sugata，善逝。
〔註135〕搩手：《巴利律》作 vidatthi，手尺；即以手量物，手掌張開時拇指與小指之間的長度。按佛較常人高大，佛張手要比常人張手長兩或三倍，推算 1 佛搩手約 50 厘米，屋的長闊約 6 米×3.5 米。
〔註136〕將：《巴利律》作 abhineti，導引。
〔註137〕指授：指示而授與。《巴利律》作 deseti，說示、指示。
〔註138〕處所：《巴利律》作 vatthu，土地、宅院。
〔註139〕無難處：《巴利律》作 anārambha，無辛勞處。
〔註140〕無妨處：《巴利律》作 saparikkamana，適合遍歷的、適合回避的。

2. 釋義

（1）比丘：意義如上文。

（2）自乞：他到處乞求需索。

（3）屋：房。

（4）無主：那房屋沒有人做施主，或一人，或兩人，或眾多人。

（5）自為己：自己要求和需索，為自己而建造。

（6）應量：長佛十二搩手、內闊七搩手。

（7）難處：有虎、狼、獅子各種猛獸，下至螞蟻；比丘如想不受這些昆蟲或野獸騷擾，應修治和平整土地。如有石、樹木、荊棘，應派人掘出；如有溝穴、坑洞、池塘，應派人填滿。如怕水淹水浸，應預先建造隄防。如土地有人自認所有，應共同斷定所屬，不要令他人有異議。

（8）妨處：無法讓草車〔註141〕掉頭、來往。

3. 請僧處分

（1）告白

那比丘，看過無禍難、無妨礙之處後，到僧眾中，脫去革屣〔註142〕、偏露右肩、右膝著地、合掌，這樣告白〔註143〕：「大德僧聽〔註144〕！我某甲〔註145〕比丘，自乞作屋，無主、自為己。我今從眾僧乞，知無難、無妨處。」這樣說第二次、說第三次。

這時，僧眾應當觀察〔註146〕，這比丘可信嗎？如可信，便應聽許他建屋；如不可信，一切僧眾應到那處看看。如僧眾不前去，可派僧眾中可信任者到那處看看：

如那處有禍難、有妨礙，不應給他處分〔註147〕。

如是無禍難，妨礙之處，不應給他處分。

如是有禍難，無妨礙之處，不應給他處分。

如是無禍難、無妨礙之處，應給他處分。

〔註141〕草車：載草之車。《巴利律》作 yutta sakaṭa（牛車）、nisseṇī（梯）。

〔註142〕革屣：皮鞋。

〔註143〕告白：〔大〕原作「白」。《巴利律》作 vaca，語、言語。

〔註144〕聽：《巴利律》作 suṇātu，請聆聽。

〔註145〕某甲：《巴利律》作 itthannāma，名叫這樣的、某某。

〔註146〕觀察：《巴利律》作 oloketabba，檢視、調查。

〔註147〕處分：《巴利律》作 sammaññati，同意、指定。

（2）行羯磨

應這樣做：僧眾中應差遣能主持羯磨者〔註148〕，或上座，或次座〔註149〕，或誦律，或不誦律，應告白〔註150〕：

「大德僧聽，某甲比丘自乞作屋，無主、自為己，今從眾僧乞處分無難、無妨處。若僧時〔註151〕到、僧忍聽〔註152〕，當與某甲比丘處分無妨、無難處。白〔註153〕如是。」

「大德僧聽，此某甲比丘自求作屋，無主、自為己，從僧乞處分無難、無妨處。僧今與某甲比丘處分無難、無妨處。誰諸長老〔註154〕忍〔註155〕僧與某甲比丘處分無難、無妨處者，默然；誰不忍者，說。」

「僧已忍與某甲比丘處分無難、無妨處竟。僧忍，默然故，是事如是持〔註156〕。」〔註157〕

4. 違犯的不同情況

（1）涵蓋範圍

他建房，應知道由起初安放，或石，或土、磚、泥團……乃至最後用泥整治完成皆是。

（2）僧不處分

如不獲僧眾處分，過大、有禍難、有妨礙之處，二僧伽婆尸沙、二突吉羅。

僧眾不處分，過大、有禍難、無妨礙之處，二僧伽婆尸沙、一突吉羅。

僧眾不處分，過大、無禍難、有妨礙之處，二僧伽婆尸沙、一突吉羅。

僧眾不處分，沒過大、有禍難、有妨礙之處，一僧伽婆尸沙、二突吉羅。

僧眾不處分，沒過大、有禍難、無妨礙之處，一僧伽婆尸沙、一突吉羅。

僧眾不處分，沒過大、無禍難、有妨礙之處，一僧伽婆尸沙、二突吉羅。

〔註148〕 能主持羯磨者：〔大〕原作「堪能作羯磨者」。《巴利律》作 byatta……paṭibala，聰明……有能力。

〔註149〕 上座、次座：居上位、次位的僧人。

〔註150〕 告白：〔大〕原作「作白」。《巴利律》作 ñāpeti，使知道、告知。

〔註151〕 時：《巴利律》作 pattakalla，合適、合適時間。

〔註152〕 忍聽：《巴利律》作 sammannati，同意、商定。

〔註153〕 白：《巴利律》作 ñatti，公告、宣佈。

〔註154〕 長老：《巴利律》作 āyasmant，尊者。

〔註155〕 忍：《巴利律》作 khamati，承認、接受。

〔註156〕 持：《巴利律》作 dhāreti，受持、憶持。

〔註157〕 這求僧眾贊同的儀式，稱「白二羯磨」或「一白一羯磨」，分三段：一次告白、一次羯磨，最後再重申贊同內容。

（3）僧處分

僧眾處分，過大、有禍難、有妨礙之處，一僧伽婆尸沙、二突吉羅。

僧眾處分，過大、有禍難、無妨礙之處，一僧伽婆尸沙、一突吉羅。

僧眾處分，過大、無禍難、有妨礙之處，一僧伽婆尸沙、一突吉羅。

僧眾處分，沒過大、有禍難、有妨礙之處，二突吉羅。

僧眾處分，沒過大、有禍難、無妨礙之處，一突吉羅。

僧眾處分，沒過大、無禍難、有妨礙之處，一突吉羅。

（4）無難無礙

僧眾不處分，過大、無禍難、無妨礙之處，二僧伽婆尸沙。

僧眾不處分，沒過大、無禍難、無妨礙之處，一僧伽婆尸沙。

僧眾處分，過大、無禍難、無妨礙之處，一僧伽婆尸沙。

（5）建成與否

如比丘，僧眾不處分，過大、有禍難、有妨礙之處，自己建房完成，二僧伽婆尸沙、二突吉羅；沒有建成，二偷蘭遮、二突吉羅。

如找他人建成，二僧伽婆尸沙、二突吉羅；沒有建成，二偷蘭遮、二突吉羅。

如為他人建房完成，二偷蘭遮、二突吉羅；沒有建成，四突吉羅。

（6）彈繩墨建

如建屋，彈繩墨〔註158〕畫地，大小合限量；那建者過大，建者違犯。

如比丘，教人按繩墨線建屋，那受教者說會合規範建，但過大，那受教者違犯。

那比丘，教人按繩墨線建屋，便合規範建，但沒有回報是否過大，建者違犯。

如比丘，教人按繩墨線建屋，便合規範建，但教者沒有問：「有沒有合規範建呢」，教者違犯。

（7）境想

1）處分

如僧眾不處分，作出不處分的想法，僧伽婆尸沙；如僧眾不處分，但起疑，偷蘭遮；僧眾不處分，作出處分的想法，偷蘭遮。

〔註158〕彈繩墨：用繩染墨，在地上彈印直線。

僧眾處分，作出不處分的想法，偷蘭遮；僧眾處分，但起疑，偷蘭遮。如大小過量，也是這樣處理。

2）難礙

如有禍難，有有禍難的想法，突吉羅；有禍難，但起疑，突吉羅；如有禍難，有無禍難的想法，突吉羅。

如無禍難，有有禍難的想法，突吉羅；如無禍難，但起疑，突吉羅。

如有妨礙之處，也是這樣。

（三）兼制

比丘尼，偷蘭遮；式叉摩那、沙彌、沙彌尼，突吉羅。這叫做犯。

（四）開緣

不犯：如合限量建屋、建屋比規定小、僧眾處分才建屋、在無禍難也無妨礙之處建屋，或依規範彈繩墨畫地建屋，或為僧眾建屋，為了佛圖〔註159〕、講堂、草庵〔註160〕、葉庵建屋，或建僅可容身的小屋，或建多人居住之屋，這樣不犯。

七、有主僧不處分房戒

提要：比丘斫殺神樹，開墾土地建屋。

（一）制戒因緣

1. 大王施地

那時，世尊在拘睒彌〔註161〕國瞿師羅園〔註162〕中。

這時，優填〔註163〕王跟尊者闡陀〔註164〕是親戚朋友，對他說：「想為你建屋〔註165〕，隨你的意思和喜好；哪裏有好地方能夠起房舍，也隨你的意思而建。」

〔註159〕佛圖：音譯詞。即佛塔。

〔註160〕草菴：茅屋。《巴利律》作 tiṇakuṭi，草屋。

〔註161〕拘睒彌：音譯詞。《巴利律》作 Kosambī，拔沙國都城，位於今印度北方邦 Yamuna 河北岸 Kosam 村。

〔註162〕瞿師羅園：《巴利律》作 Ghositārāma，為瞿師羅長者奉施佛的園林。

〔註163〕優填：音譯詞。巴利語 Udena，意譯「日子」；拘睒彌國王。

〔註164〕闡陀：音譯詞。《巴利律》作 Channa，意譯「欲作」；原為佛出家前的車夫。又相傳闡陀是優填王妹之子。

〔註165〕屋：《巴利律》作 vihāra，住處、僧房。

闡陀報說：「非常好啊！」

2. 伐樹建屋

那時，拘睒彌城附近有尼拘律神樹〔註166〕，人來人往，象、馬、車輛都停在樹下休息。

這時，尊者闡陀前去砍伐這棵樹，建大屋。

這時，居士們見到，都譏議嫌惡說：「沙門釋子，無有慚愧，斷除眾生性命，向外自稱說：『我知道正法』，這樣何來有正法呢？有這樣好樹，人來人往，象、馬、車輛都停在樹下休息，竟砍伐來建大屋。」

這時，比丘們聽聞，其中少欲知足、行頭陀、喜好學戒、知慚愧者，嫌惡斥責闡陀說：「有這樣好樹，人來人往，象、馬、車輛都停在樹下休息，為什麼砍伐來建大屋呢？」

當時，比丘們怒聲斥責他後，前往世尊之所，頭面禮足，坐在一旁，把這因緣全部稟告世尊。

3. 佛斥犯者

那時，世尊藉這因緣召集比丘們，明知故問闡陀：「你確實這樣做嗎？」

闡陀答道：「確實這樣。」

世尊用無數方法怒聲斥責他：「你做錯了！不合威儀、不合沙門法、不是清淨的行為、不是隨順佛法的行為，都不應做。有這樣好樹，人來人往，象、馬、車輛都停在樹下休息，為什麼砍伐來建大屋呢？你不應砍伐神樹，如砍伐了，得突吉羅。」

（二）制戒內容

1. 佛制戒

世尊用無數方法怒聲斥責他後，告訴比丘們：「闡陀，愚癡人啊！會引生多種有漏，最初犯本戒。從今以後，跟比丘們結戒，為了十句義……乃至使正法得以久住。想說戒者，應這樣說：

若比丘，欲作大〔註167〕房，有主、為己作，當將餘比丘往指授處所，彼比丘應指授處所，無難處、無妨處。」

〔註166〕尼拘律神樹：《巴利律》作 cetiyarukkha，支提樹。又「尼拘律」，音譯詞，亦見於「捨墮・使非親尼浣染毛戒第 17」，相對應《巴利律》作 nigrodha，榕樹。

〔註167〕大：《巴利律》作 mahallaka，舊及大。

「若比丘，有難處、妨處作大房，有主、為己作，不將餘比丘，往看指授處所，僧伽婆尸沙。」

2. 釋義

（1）比丘：意義如上文。

（2）大：多用財物。

（3）房：屋。

（4）有主：或一人，或兩人，或眾多人。

（5）為己：自己為自己建屋。

（6）難處：有獅子、虎、狼、熊、羆〔註168〕，下至螞蟻。如比丘不想被牠們騷擾，應整平；或有樹木，或有石，或有荊棘，應除去；或有坑穴、泥、水，應填滿、整平；或怕水浸，應建隄防〔註169〕；或有人自認擁有，應先斷定所屬，這叫「無難處」。

（7）無妨處：中間容讓草車掉頭。

3. 請僧處分

（1）告白

那比丘，準備好無禍難、無妨礙之處後，應到僧眾中，偏露右肩、脫去革屣、禮上座足、胡跪、合掌，這樣告白：「大德僧聽，我某甲比丘，欲作大房，有主、自為己，今從僧乞指授無難、無妨處。」這樣說第二次、說第三次。

僧眾應觀察這人是否可信？有沒有智慧？如是可信任、有智慧，便相信他，應為他行羯磨；如不可信任，沒有智慧，應全體前往，或派值得信賴、有智慧者，前往指授處所：

如那處有禍難、無妨礙，不應指授。

如那處有禍難、無妨礙，亦不應指授。

如那處無禍難、有妨礙，亦不應指授。

如那處無禍難、無妨礙，應給他指授。

（2）行羯磨

應這樣指授：僧眾中應差遣能主持羯磨者……如上文，應這樣告白：

「大德僧聽，此某甲比丘欲作大房，有主、自為己，今從僧乞指授無難、無妨處。若僧時到，僧忍聽與某甲比丘指授無難、無妨處。白如是。」

〔註168〕羆：棕熊。

〔註169〕隄防：〔大〕作「提防」，今依〔麗〕〔金〕。

「大德僧聽，此某甲比丘作大房，有主、自為己，從僧乞指授無難、無妨處。今僧與某甲比丘指授無難、無妨處。誰諸大德忍僧與某甲比丘指授無難、無妨處者，默然；誰不忍者，說。」

「僧已忍與某甲比丘指授無難、無妨處竟，僧忍，默然故，是事如是持。」

4. 違犯的不同情況

（1）涵蓋範圍

他建房，應知道由起初安放石頭，安放土、磚、泥團，這房建成了……乃至用泥整治完成皆是。

（2）僧不處分

如僧眾，不差遣……指授，是有禍難、有妨礙之處，一僧伽婆尸沙、二突吉羅。

僧眾不處分，是有禍難、無妨礙之處，一僧伽婆尸沙、一突吉羅。

僧眾不處分，是無禍難、有妨礙之處，一僧伽婆尸沙、一突吉羅。

（3）僧處分

僧眾處分，是有禍難、有妨礙之處，二突吉羅。

僧眾處分，是有禍難、無妨礙之處，一突吉羅。

僧眾處分，是無禍難、有妨礙之處，一突吉羅。

（4）無難無礙

僧眾不處分，是無禍難、無妨礙之處，一僧伽婆尸沙。

（5）建成與否

如比丘，僧眾不處分，在有禍難、有妨礙之處建大屋，有施主，自己為自己建，建成後，一僧伽婆尸沙、二突吉羅；建不成，一偷蘭遮、二突吉羅。

如教人建成房屋，一僧伽婆尸沙、二突吉羅；建不成，一偷蘭遮、二突吉羅。

為他人建成房屋，一偷蘭遮、二突吉羅；建不成，三突吉羅。

（6）境想

1）處分

僧眾不處分，作出不處分的想法，僧伽婆尸沙；僧眾不處分，但起疑，偷蘭遮；僧眾不處分，作出處分的想法，偷蘭遮；僧眾處分，作出不處分的想法，偷蘭遮；僧眾處分，但起疑，偷蘭遮。

2）難礙

有禍難，有有禍難的想法……有妨礙，有有妨礙的想法……各作五句，也是這樣。

（三）兼制

比丘尼，偷蘭遮；式叉摩那、沙彌、沙彌尼，突吉羅。這叫做犯。

（四）開緣

不犯：僧眾處分，在無禍難、無妨礙之處建屋，為了僧眾，為了佛圖、講堂、草菴〔註170〕、葉菴、僅可容身的小屋，為多人建屋，不犯。

八、無根重罪謗他戒

提要：慈比丘尼誣告遭沓婆摩羅子比丘侵犯。

（一）制戒因緣

1. 沓婆求法

那時，佛在羅閱祇耆闍崛山中。

這時，尊者沓婆摩羅子〔註171〕得阿羅漢，在靜處思惟〔註172〕，自心想念道：「這副身軀不牢固〔註173〕，我現今應用什麼方法，求得牢固的真理呢？」又這樣想念：「我現今應可出力供養〔註174〕其他比丘，分配僧人的臥具〔註175〕，安排順次序〔註176〕接受請飯食〔註177〕吧！」

2. 任分配人

這時，沓婆摩羅子於晡時〔註178〕從靜處起來，整理好衣服，前往到世尊之所，頭面禮足，坐在一旁，稟告世尊說：「我之前在靜處，心這樣想念：『這

〔註170〕 菴：〔大〕作「庵」，今依〔麗〕〔金〕，二字通。下文有同樣情況，不贅注出。

〔註171〕 沓婆摩羅子：《巴利律》作 Dabba-Mallaputta，意譯「壯士」。相傳他原是王子，七歲出家，即證阿羅漢。

〔註172〕 思惟：《巴利律》作 paṭisallīyati，獨坐、默坐。

〔註173〕 牢固：常恒、沒有生死。

〔註174〕 供養：《巴利律》作 veyyāvacca，服侍。

〔註175〕 臥具：《巴利律》作 senāsana，臥坐具、床座。

〔註176〕 安排順次序：〔大〕原作「差次」，分別等級或輕重次序。《巴利律》作 uddiseyya，指定。

〔註177〕 請飯食：居士布施，請僧眾食飯。

〔註178〕 晡時：午後三點至五點。《巴利律》作 sāyanha，黃昏、傍晚。

副身軀不牢固,用什麼方法求得牢固的真理呢?我現今不如出力供養其他比丘,分配僧人的臥具,以及安排順次序接受請飯食吧!』」

世尊告訴比丘們:「差遣沓婆摩羅子分配僧人的臥具,以及安排順次序接受請飯食。行白二羯磨:僧眾中應差遣能主持羯磨者⋯⋯如上文,這樣告白:

大德僧聽,若僧時到,僧忍聽差〔註179〕沓婆摩羅子分僧臥具〔註180〕、差次受請飯食〔註181〕。白如是。」

「大德僧聽,僧今差沓婆摩羅子分僧臥具、差次受請飯食。誰諸長老忍僧差沓婆摩羅子分僧臥具及差次受請飯食者,默然;誰不忍者,說。」

「僧已忍差沓婆摩羅子分僧臥具差次受請飯食竟,僧忍,默然故;是事如是持。」

3. 分配得宜

那時,尊者沓婆摩羅子便為僧人分配臥具,同意者〔註182〕在一起:阿練若〔註183〕跟阿練若在一起、乞食〔註184〕跟乞食在一起、納衣〔註185〕跟納衣在一起、不作餘食法跟不作餘食法在一起、一坐食跟一坐食在一起、一摶食跟一摶食在一起、塚間坐跟塚間坐在一起、露天坐跟露天坐在一起、樹下坐跟樹下坐在一起、常坐跟常坐在一起、隨坐跟隨坐在一起、三衣跟三衣在一起、唄匿跟唄匿在一起、多聞跟多聞在一起、法師〔註186〕跟法師在一起、持律〔註187〕跟持律在一起、坐禪〔註188〕跟坐禪在一起。

4. 得佛稱讚

那時,有客比丘來到羅閱祇,沓婆摩羅子便順次分配和給應得的臥具。〔註189〕

〔註179〕差:《巴利律》作 sammannati,同意、指定。

〔註180〕分僧臥具:《巴利律》作 senāsanapaññāpaka,床座設置者、分房舍人、住所管理者。

〔註181〕差次受請飯食:《巴利律》作 bhattuddesaka,配食者、典座。

〔註182〕同意者:《巴利律》作 sabhāgāna bhikkhūna,同類比丘。

〔註183〕阿練若:「阿蘭若」的異譯語。這裏意謂住阿蘭若者。

〔註184〕乞食:僅行乞、食托缽食物者。

〔註185〕納衣:用不同顏色與質料的布塊縫接而成的僧衣,象徵僧人的苦行。

〔註186〕法師:《巴利律》作 dhammakathika,法談者。

〔註187〕持律:《巴利律》作 vinayadhara,持律者、律師。

〔註188〕坐禪:《巴利律》作 jhāyin,禪修者、禪定者。

〔註189〕按比丘四出遊化,每到某住處暫住時,舊住者需依所有人的資歷,順次分配房、臥具等用品。

這時，有一長老比丘傍晚登上耆闍崛山。

這時，尊者沓婆摩羅子手發火光〔註190〕，為他分配臥具，說：「這是房間、這是繩床、這是木床、這是大小褥、這是臥枕〔註191〕、這是地敷、這是唾壺、這是盛小便器〔註192〕、這是大便處、這是淨地〔註193〕、這是不淨地。」

當時，世尊稱讚說：「我弟子中，分配僧人臥具者，以沓婆摩羅子的表現最為第一。」

5. 得惡臥具

那時，有慈地比丘〔註194〕來到羅閱城中。

這時，沓婆摩羅子為客比丘分配臥具，根據上座的次序，隨他們應得的而給。

這時，那慈地比丘在僧眾中為下座〔註195〕，得惡〔註196〕房間、惡臥具，便生起瞋〔註197〕恚，說：「沓婆摩羅子偏心，依據所喜歡者就給好房間、好臥具；不喜歡者就給惡房間、惡臥具。他不喜愛我們，所以給惡房間、惡臥具。僧眾為什麼竟差遣這樣偏心的人分配僧人的臥具呢？」

6. 得惡飲食

那時，尊者沓婆摩羅子過了一夜後，翌日安排僧眾接受請飯食。

那時，羅閱城中有一檀越〔註198〕，常常在一年內，為僧眾再三準備肥美的飯食〔註199〕。

這時，慈地比丘獲安排到他的家，那檀越聽聞慈地比丘按順次來接受飯

〔註190〕《巴利律》記沓婆摩羅子進入 tejodhātuṃ samāpajjitvā（火光禪定），指頭出火。

〔註191〕臥枕：《巴利律》作 bimbohana，枕頭、長枕。

〔註192〕盛小便器：《巴利律》作 passāvaṭṭhāna，小便處。

〔註193〕淨地：容許放置食物和煮食的地方。

〔註194〕慈地比丘：《巴利律》作 Mettiya（慈）、Bhummajaka（地）二比丘。

〔註195〕下座：出家不久而居下位者。

〔註196〕惡：《巴利律》作 lāmaka，劣的、邪惡的。

〔註197〕瞋：〔大〕〔麗〕〔金〕原作「恚」，今依〔宋元明〕〔宮〕。下文還有同樣情況，不贅注出。按「恚、瞋」二字義通，而本律更多用「瞋」，故本書統一作「瞋」。

〔註198〕檀越：《巴利律》作 kalyāṇabhattiko gahapati，美食屋主。又「檀越」，音譯詞。巴利語 dānapati，施主。

〔註199〕肥美的飯食：《巴利律》列出 odana（飯）、sūpa（湯）、tela（油）、uttaribhaṅga（珍味）。

食，便在門外鋪設弊劣的坐具，施捨粗劣的食物〔註200〕。

這時，慈地比丘得到這些粗劣的食物，加倍瞋恚，說：「沓婆摩羅子偏心，隨所喜歡者就給好房間、好臥具；不喜歡者就給惡房間、惡臥具。因為他不喜愛我們，給我惡房間、惡臥具；今日因為不喜愛我們，又安排和給我粗劣的食物。為何僧眾竟差遣這樣偏心的比丘，為僧眾分配臥具，安排順次接受請飯食呢？」

7. 尼毀謗

那時，羅閱城中有一比丘尼名叫慈，是慈地比丘的妹妹，她聽聞慈地比丘來到羅閱城中，便到慈地比丘之所，站在他面前問訊：「遠行勞累嗎？是否疲倦〔註201〕呢？」她這樣好言問訊。

這時，慈地比丘默然不答。

比丘尼說：「大德，我有什麼過錯，而得不到回答呢？」

他答道：「為什麼要跟你說話呢？沓婆摩羅子欺負〔註202〕我，而你又不能幫助我。」

比丘尼說：「你想我用什麼方法，令沓婆摩羅子不再欺負大德呢？」

慈地比丘說：「你等候佛和比丘僧眾集會時，便到僧眾中這樣說：『大德，這事不善、不合適、不好、不依從佛法、不應該、不合時宜。我所依據者，原來沒有恐懼、憂惱，為什麼現今卻生起恐懼、憂惱呢？為什麼水中生火呢？這沓婆摩羅子竟來侵犯我』。僧眾應該立即聚集起來，把他滅擯，這樣他便不能來欺負我。」

比丘尼說：「這有什麼困難呢？可以做到。」

當時，慈比丘尼前往到僧眾中……如上文所說。

8. 否認指控

那時，尊者沓婆摩羅子離佛不遠，世尊明知故問：「你是否聽聞這比丘尼所說的話呢？」

沓婆摩羅子答道：「聽聞，唯有世尊應當知道。〔註203〕」

〔註200〕粗劣的食物：〔大〕原作「惡食」。《巴利律》列出 kaṇājaka（糠飯）、bilaṅga（酸粥）。

〔註201〕疲倦：〔大〕原作「疲極」。按「極」，意為疲倦。又「疲極」理解為極疲倦，亦通。

〔註202〕欺負：〔大〕原作「觸嬈」。

〔註203〕這意謂唯有佛知道實情。

世尊告說：「現今不應這樣回答我，如屬實，就應說屬實；如不屬實，就應說不屬實。」

這時，沓婆摩羅子聽聞世尊的教導後，便從座位起來，偏露右臂、右膝著地、合掌，稟告佛說：「我有生以來，從未記得曾在夢中行婬，何況在覺醒時，怎會行不淨呢？」

世尊報說：「好啊！好啊！沓婆摩羅子，你應該這樣說。」

這時，世尊告訴比丘們：「你們應檢問〔註204〕這慈地比丘，不要無根據〔註205〕地毀謗人違反梵行；這沓婆摩羅子比丘是清淨人，如無根據地毀謗人違反梵行，會獲大重罪。」

比丘們答道：「是這樣，世尊。」

9. 查問慈尼

比丘們依從佛的教示，隨即到慈地比丘之所，查問事情始末：「這事是怎樣的呢？是否真的呢？切勿無根據地毀謗人違反梵行；這沓婆摩羅子是清淨梵行人，如無根據地毀謗清淨梵行人違反梵行，會獲大重罪。」

這時，慈地比丘受到比丘們的詰問後，報說：「我知道沓婆摩羅子是清淨梵行人，沒有這樣的事。我來到羅閱城，他為僧眾分配房間和臥具，給我們惡房間和惡臥具。我便覺得不能忍受，心想道：『沓婆摩羅子有偏愛，隨所喜歡者就給與好房間、好臥具；不喜歡者就給與惡房間、惡臥具。因為他不喜愛我，給我惡房間和惡臥具』。安排順次接受邀請時，叫我到食物粗劣之處，由此我瞋恚倍增，說：『僧眾為什麼差遣這有偏愛的人，為僧眾分配房舍和臥具，安排順次接受請飯食呢』，但這沓婆摩羅子是清淨梵行人，並無這樣的事。」

這時，比丘們聽聞，其中少欲知足、行頭陀、喜好學戒、知慚愧者，嫌惡斥責慈地比丘：「你為什麼無根據地毀謗梵行人沓婆摩羅子違反梵行呢？」

當時，比丘們前往世尊之所，頭面作禮，坐在一旁，把這因緣全部稟告世尊。

10. 佛斥犯者

那時，世尊藉這段因緣召集比丘們，用無數方法怒聲斥責慈地比丘：「你做錯了！不合威儀、不合沙門法、不是清淨的行為、不是隨順佛法的行為，都不應做。為什麼無根據地毀謗清淨梵行人違反梵行呢？」

〔註204〕檢問：《巴利律》作 anuyuñjathā，詢問、追究。
〔註205〕無根據：〔大〕原作「無根」。《巴利律》作 amūlaka，無根據的。

世尊告訴比丘們：「有兩種人一定墮地獄。哪兩種呢？違反梵行而自稱梵行，或他人真的梵行，卻無根據地毀謗他違反梵行，這就叫兩種人一定墮地獄。」

（二）制戒內容

1. 佛制戒

世尊用無數方法怒聲斥責慈地比丘後，告訴比丘們：「這慈地比丘，愚癡人啊！會引生多種有漏，最初犯本戒。從今以後，跟比丘們結戒，為了十句義……乃至使正法得以久住。想說戒者，應這樣說：

若比丘，瞋恚〔註206〕所覆故，非波羅夷比丘，以無根波羅夷法謗，欲壞〔註207〕彼清淨行。若於異時，若問、若不問，知此事〔註208〕無根，說：『我瞋恚故，作是語者』。若比丘，作是語者，僧伽婆尸沙。」

2. 釋義

（1）比丘：意義如上文。

（2）瞋恚：因為有十惡事〔註209〕，故瞋怒；十事中每事都能引生瞋怒。

（3）根：有三種根據：

1）見根：確實見到違反梵行、見到偷五錢或過五錢、見斷人性命；或他人看見，從這人聽聞其事，這叫「見根」。

2）聞根：如聽聞違反梵行、聽聞偷五錢或過五錢、聽聞斷人性命、聽聞誇讚自己獲得上人法；或他人這樣說，從這人聽聞其話，這叫「聞根」。

3）疑根：有兩種懷疑的生起：

A. 從見生：如見到比丘與婦女入林出林，無衣裸體，男根的精液弄污身體和手；持刀染有血跡；與壞朋友為伍，這叫「從見生疑」。

B. 從聞生疑：如在黑暗之處，或聽聞床聲，或聽聞草蓐〔註210〕上轉側的聲音，或聽聞身軀擺動的聲音，或聽聞一起談話的聲音，或聽聞交會〔註211〕的

〔註206〕瞋恚：《巴利律》作 duṭṭhadosa（惡瞋）、appatīta（不滿）。
〔註207〕壞：《巴利律》作 cāveyya，墮落。
〔註208〕此事：《巴利律》作 taṃ adhikaraṇaṃ，這諍論；意謂誹謗之事。
〔註209〕十惡事：〔大〕原作「十惡法」，即殺生、偷盜、淫邪、妄語、綺語、惡口、兩舌、貪欲、瞋恚、愚癡。
〔註210〕草蓐：用乾草等所製的墊席。
〔註211〕交會：性交。

浪語聲〔註212〕，或聽聞「我違反梵行」的話語聲，或聽聞「偷五錢」或「過五錢」的話語聲，或聽聞「我殺人」，或聽聞「我獲得上人法」，這叫「從聞生疑」。

除這三種根據外，另用其他事〔註213〕毀謗，就叫「無根」。

3. 違犯的不同情況

（1）無三根毀謗

如那人不清淨，〔註214〕不見犯波羅夷、不聞犯波羅夷、不疑犯波羅夷，便這樣說：「我看見、聽聞、懷疑他犯波羅夷」；用無根據之事毀謗，僧伽婆尸沙。

如那人不清淨，不見犯波羅夷、不聞犯波羅夷、不疑犯波羅夷，生起看見、聽聞、懷疑的想法；後忘記這些想法，便這樣說：「我看見、聽聞、懷疑他犯波羅夷」；用無根據之事毀謗，僧伽婆尸沙。

如那人不清淨，不見、不聞、不疑他犯波羅夷，他有疑後，便說：「我無疑，但我看見、聽聞、有疑」；用無根據之事毀謗，僧伽婆尸沙。〔註215〕

如那人不清淨，不見、不聞、不疑他犯波羅夷，他生疑後，又忘記這疑，便說：「我看見、聽聞、有疑」；用無根據之事毀謗，僧伽婆尸沙。

如那人不清淨，但不見、不聞、不疑他犯波羅夷，對此無疑，便說：「我有疑，看見、聽聞、懷疑他犯波羅夷」；用無根據之事毀謗，僧伽婆尸沙。

如那人不清淨，但不見、不聞、不疑他犯波羅夷，對此無疑，後來忘記無疑，便說：「我看見、聽聞、懷疑他犯波羅夷」；用無根據之事毀謗，僧伽婆尸沙。〔註216〕

（2）無見根毀謗

如那人不清淨，不見他犯波羅夷，便說：「我聽聞、懷疑他犯波羅夷」；用無根據之事毀謗，僧伽婆尸沙。

如那人不清淨，不見他犯波羅夷，對此有看見的想法，後來忘記這想法，便說：「我聽聞、懷疑他犯波羅夷」；用無根據之事毀謗，僧伽婆尸沙。

〔註212〕交會的浪語聲：〔大〕原作「交會語聲」，北敦 07413 號（北 6793）、〔宋元明〕〔宮〕缺「語」字，譯寫依前者。

〔註213〕事：〔大〕原作「法」。

〔註214〕這意謂那人為犯戒者。

〔註215〕這段話中所謂「他有疑」，是指「橫疑」，即無道理的懷疑；他之後摒棄這「橫疑」，訛言確有三根，故違犯。

〔註216〕本節六段文字，乃依「無相不忘、有相忘想、有疑言無、有疑忘疑、無疑言有、無疑忘疑」六種不同情況分列出來。下節同。

如那人不清淨，不見他犯波羅夷，對此有疑，便說：「對此無疑，我聽聞、懷疑他犯波羅夷」；用無根據之事毀謗，僧伽婆尸沙。

如那人不清淨，不見他犯波羅夷，對此有疑，後忘記這疑，便說：「我聽聞、懷疑他犯波羅夷」；用無根據之事毀謗，僧伽婆尸沙。

如那人不清淨，不見他犯波羅夷，對此無疑，便說：「我有疑，我聽聞、懷疑他犯波羅夷」；用無根據之事毀謗，僧伽婆尸沙。

如那人不清淨，不見他犯波羅夷，對此沒有懷疑，後忘記這沒有懷疑，便說：「我聽聞、懷疑他犯波羅夷」；用無根據之事毀謗，僧伽婆尸沙。

（3）無聞疑根毀謗

聽聞、懷疑，也是這樣（當中還有多句，文繁不譯出）。

4. 違犯輕重

如比丘，用無根據的四波羅夷毀謗比丘，說得清楚，僧伽婆尸沙；不清楚，偷蘭遮。

如用指印、書信、派使者，或做出令人知悉的形相，清楚，僧伽婆尸沙；不清楚，偷蘭遮。

5. 毀謗他罪

除四波羅夷外，另用其他違反比丘之事毀謗，說：「你觸犯邊罪〔註217〕、侵犯比丘尼、賊心受戒、〔註218〕破內外道、〔註219〕黃門，弒父、弒母、殺阿羅漢、破壞僧眾、惡意令佛身流血、非人、畜生、陰陽人」。說得清楚，僧伽婆尸沙；不清楚，偷蘭遮。

如用指印、書信、使者，或做出令人知悉的形相，清楚，僧伽婆尸沙；不清楚，偷蘭遮。

除這些違反比丘規定之事，另用其他無根據之事毀謗比丘，根據前文所述而成犯。

6. 謗餘四眾

如用無根據的八波羅夷〔註220〕之事毀謗比丘尼，說得清楚，僧伽婆尸沙；

〔註217〕邊罪：比丘毀犯四波羅夷，捨戒想再受戒者，有如漂到佛海「邊」外，不可受戒。

〔註218〕這意謂為了偷利養而出家受戒。

〔註219〕這意謂反覆出入佛門與外道，令兩家不得安寧。

〔註220〕八波羅夷：淫、盜、斷人命、妄說得上人法、摩觸受樂、覆他重罪、隨順擯比丘、八事成罪。

不清楚，偷蘭遮。

如用指印、書信、使者，或做出令人知悉的形相，清楚，僧伽婆尸沙；不清楚，偷蘭遮。

除這八種波羅夷外，另用其他無根據的違反比丘尼之事毀謗，清楚，僧伽婆尸沙；不清楚，偷蘭遮。

如用指印、書信、使者，或做出令人知悉的形相，清楚，僧伽婆尸沙；不清楚，偷蘭遮。

除違反比丘尼之事外，另用其他無根據之事毀謗比丘尼，根據前文所述而成犯。

除比丘和比丘尼外，用無根據之罪毀謗餘人，突吉羅。

（三）兼制

比丘尼，僧伽婆尸沙；式叉摩那、沙彌、沙彌尼，突吉羅。這叫做犯。

（四）開緣

不犯：有眼見為根據、有聽聞為根據、有懷疑為根據而說實話，戲笑說，或急速地說，或獨自說、在靜處說、夢中說，或想說這樣卻錯說那樣，無犯。

九、假根謗戒

提要：慈地比丘見羊行婬，便憑此誣告親見沓婆行淫。

（一）制戒因緣

1. 毀謗沓婆

佛在羅閱祇耆闍崛山中。

那時，慈地比丘們〔註221〕走下耆闍崛山，看見大羝羊〔註222〕跟母羊〔註223〕交配，看見了互相說：「這羝羊即沓婆摩羅子，母羊即慈比丘尼。我們現今應告訴比丘們：『我先前無聽聞的根據便毀謗沓婆摩羅子，我們現今親眼看見沓婆摩羅子確實與慈比丘尼行婬』。」

他們便前往比丘們之所，說：「我們先前無聽聞的根據便毀謗沓婆摩羅子波羅夷，現今親眼看見沓婆摩羅子與慈比丘尼行婬。」

〔註221〕按〔大〕原作「慈地比丘」一人，但下文卻記慈地比丘跟其他人一起下山、談話等，故這裏譯寫成眾數。《巴利律》則記慈、地二比丘。

〔註222〕羝羊：公羊。《巴利律》作 chagalaka，山羊、野羊。

〔註223〕母羊：《巴利律》作 ajiyā，母山羊。

比丘們說：「這事是怎樣的呢？你們切勿無根據便毀謗修習梵行人沓婆摩羅子；無根據便毀謗梵行人，會獲重罪。」

2. 慈地反口

這時，慈地比丘被比丘們詰問後，便這樣說：「沓婆摩羅子沒有這回事，是清淨人。我們先前走下耆闍崛山，看見眾羝羊與母羊交配。我們便互相說：『這羝羊是沓婆摩羅子，母羊是慈比丘尼，我們今日親眼看見的，應向比丘們說：「我本來無聽聞的根據便毀謗沓婆摩羅子，現今親眼看見他與慈比丘尼行婬」。』可是，這沓婆摩羅子是清淨人，實無其事。」

比丘們聽聞了，其中少欲知足、行頭陀、喜好學戒、知慚愧者，嫌惡斥責慈地比丘：「你們為什麼挪用他人的行為，以無根據的波羅夷毀謗清淨人沓婆摩羅子呢？」

比丘們便前往世尊之所，頭面禮足，坐在一旁，把這因緣全部稟告世尊。

3. 佛斥犯者

世尊藉這因緣召集比丘僧眾，用無數方法怒聲斥責慈地比丘：「你們做錯了！不合威儀、不合沙門法、不是清淨的行為、不是隨順佛法的行為，都不應做。沓婆摩羅子修習梵行，你們為什麼挪用其他人的行為，以無根據的波羅夷毀謗清淨人沓婆摩羅子呢？」

（二）制戒內容

1. 佛制戒

世尊怒聲斥責他後，告訴比丘們：「慈地比丘，愚癡人啊！會引生多種有漏，最初犯本戒。從今以後，跟比丘們結戒，為了十句義……乃至使正法得以久住。想說戒者，應這樣說：

> 若比丘，以瞋恚故，於異分事中取片〔註224〕，非波羅夷比丘，以無根波羅夷法謗，欲壞彼清淨行，彼於異時，若問、若不問，知是異分事中取片，是比丘自言：『我瞋恚故作是語』；作是語者，僧伽婆尸沙。」

2. 釋義

（1）比丘：意義如上文。

〔註224〕異分事中取片：「異分事」，相「異」成「分」之「事」，例如羊異於沓婆摩羅子、母羊異於慈地尼；「片」，片段。整句意謂於相異之事中擷似是而非的片段作毀謗。《巴利律》作 aññabhāgiyassaadhikaraṇassa kiñcidesaṃ lesamattaṃ upādāya，唯取異事中之某類似點。

（2）瞋恚：如上文所說。

（3）異分：如比丘不犯波〔註225〕羅夷，而說看見他犯波羅夷，挪用他人的行為，以無根據之事毀謗，僧伽婆尸沙。

3. 違犯的不同情況

（1）謗人犯重

如比丘，不犯波羅夷，而說他犯，僧伽婆尸沙；挪用他人的行為，以無根據的波羅夷之事毀謗，僧伽婆尸沙。

如比丘，不犯波羅夷，另一比丘看見他犯波夜提、波羅提提舍尼、偷蘭遮、突吉羅、惡說；挪用他人的行為，以無根據的波羅夷之事毀謗，僧伽婆尸沙。

如比丘，犯僧伽婆尸沙，另一比丘說他犯波羅夷；挪用他人的行為，以無根據的波羅夷之事毀謗，僧伽婆尸沙。

如比丘，犯僧伽婆尸沙，另一比丘說他犯波逸提、波羅提提舍尼、偷蘭遮、突吉羅、惡說；挪用他人的行為，以無根據的波羅夷之事毀謗，僧伽婆尸沙。

（2）藉相似謗

這不清淨人，跟那不清淨人相似：名字相同、姓氏相同、外相〔註226〕相同，用這人之事毀謗那人；挪用他人的行為，以無根據的波羅夷之事毀謗，僧伽婆尸沙。

如這不清淨人，跟那清淨人相似：名字相同、姓氏相同、外相相同，用這人之事毀謗那人；挪用他人的行為，以無根據的波羅夷之事毀謗，僧伽婆尸沙。

如那清淨人，跟這不清淨人相似：名字相同、姓氏相同、外相相同，用這人之事毀謗那人；挪用他人的行為，以無根據的波羅夷之事毀謗，僧伽婆尸沙。

如這清淨人，跟那清淨人相似：名字相同、姓氏相同、外相相同，用這人之事毀謗那人；挪用他人的行為，以無根據的波羅夷之事毀謗，僧伽婆尸沙。

（3）用舊事謗

如看見比丘原本在家時犯婬戒、盜五錢或過五錢，或殺人，便對人說：「我看見比丘犯婬戒」、「盜五錢或過五錢」，或「殺人」；挪用其他時間的行為，以無根據的波羅夷之事毀謗，僧伽婆尸沙。

如聽聞比丘原本在家時犯婬戒、聽聞「他盜五錢或過五錢」、聽聞「他殺人」、聽聞「他自稱獲得上人法」，便這樣說：「我聽聞他犯婬戒」、「聽聞他盜

〔註225〕波：〔大〕作「彼」，今依〔麗〕〔金〕。
〔註226〕外相：〔大〕原作「相」。《巴利律》作 liṅga，特徵、標誌。

五錢或過五錢」、「聽聞他取人性命」、「聽聞他自稱獲得上人法」；挪用其他時間的行為，以無根據的波羅夷之事毀謗，僧伽婆尸沙。

如比丘自言自語：「我聽聞有聲音說：『我犯婬戒』，聽聞『盜五錢或過五錢』，聽聞『取人性命』，聽聞『自稱獲得上人法』」；挪用他人的行為，以無根據的波羅夷之事毀謗，僧伽婆尸沙。

4. 違犯輕重

如比丘，挪用他人的行為，以無根據的四波羅夷之事毀謗比丘，說得清楚，僧伽婆尸沙；說得不清楚，偷蘭遮。

如用指印、書信、使者，或做出令人知悉的形相，清楚，僧伽婆尸沙；不清楚，偷蘭遮。

5. 毀謗他罪

除四波羅夷外，挪用他人的行為，以無根據的違反比丘之事毀謗，說：「你犯邊罪……乃至是陰陽人……如上文所說」。說得清楚，僧伽婆尸沙；不清楚，偷蘭遮。

如用指印、書信、使者，或做出令人知悉的形相，清楚，僧伽婆尸沙；不清楚，偷蘭遮。

除上述事項外，再挪用其他人的行為，以無根據之事毀謗比丘，隨前文所述而成犯。

6. 謗餘四眾

如比丘，挪用他人的行為，以無根據的八波羅夷之事毀謗比丘尼，說得清楚，僧伽婆尸沙；不清楚，偷蘭遮。

如用指印、書信、使者，或做出令人知悉的形相，清楚，僧伽婆尸沙；不清楚，偷蘭遮。

除八種波羅夷外，挪用他人的行為，以其他違反比丘尼之事毀謗，說得清楚，僧伽婆尸沙；不清楚，偷蘭遮。

如用指印、書信、使者，或做出令人知悉的形相，清楚，僧伽婆尸沙；不清楚，偷蘭遮。

除違反比丘尼之事外，另挪用他人的行為，以其他無根據之事毀謗比丘尼，隨前文所述而成犯。

除比丘、比丘尼外，挪用他人的行為，以無根據之事毀謗餘人，突吉羅。

（三）兼制

比丘尼，僧伽婆尸沙；式叉摩那、沙彌、沙彌尼，突吉羅。這叫做犯。

（四）開緣

不犯：有眼見為根據、有聽聞為根據、有懷疑為根據而說實話，戲笑說、急速地說，或獨自說、夢中說，或想說這樣卻錯說那樣，不犯。

十、破僧違諫戒

提要：提婆達多分裂僧眾，勸諫不止，更傷佛出血。

（一）制戒因緣

1. 釋子求出家

那時，佛在彌尼搜〔註227〕國阿奴夷〔註228〕界域。

這時，豪族〔註229〕釋子都信念堅定，跟從世尊請求出家。

這時，釋種子有兄弟二人：一名阿那律〔註230〕，次名摩訶男〔註231〕。

阿那律的母親疼愛和牽掛他，常不讓他離開視線，為他建造春、夏、冬三季的宮殿，〔註232〕讓他與宮女們放縱五欲〔註233〕，一起玩樂。

這時，摩訶男釋子對阿那律說：「現今釋種豪族子孫們，全都信念堅定，跟從世尊請求出家，而我一門卻無人出家。兄長可以領導家族產業，公私之事全交託你，弟弟希望出家；如不能這樣做，則弟弟應主持家族產業，兄長可以出家。」

阿那律說：「我現今不能出家，你能夠的可以去。」

摩訶男再三這樣說，阿那律亦再三報說：「我不能出家。」

摩訶男對阿那律說：「如你不能出家，我現今應告訴兄長，主持家族產業

〔註227〕彌尼搜：音譯詞。巴利語 Mallā，古印度大國，其都城拘夷那竭為佛涅槃之地。

〔註228〕阿奴夷：音譯詞。巴利語 Anupiyā，位於拘夷那竭城東，有芒果園。

〔註229〕豪族：勢力強大的家族。

〔註230〕阿那律：音譯詞。巴利語 Anuruddha，意譯「無滅」；佛十大弟子之一，被譽為「天眼第一」。

〔註231〕摩訶男：音譯詞。巴利語 Mahānāma，意譯「大名」；佛最初化度的五位比丘之一。

〔註232〕按印度一年分寒、熱、雨三季。

〔註233〕五欲：色、聲、香、味、觸五種感官欲望。

之事，應管理〔註234〕工人，修繕房屋，招待有名望的權貴和各親朋戚友，出入國王之所，遵從威儀禮節，事情就是這樣，而耕田種植，務必及時。」

阿那律報說：「你所說的極為瑣碎，我承擔不起啊！為什麼不說在五欲中一起玩樂呢？家族產業之事你自己主持吧，我希望以堅定信心跟從世尊，請求出家。」

摩訶男報說：「兄長可以去辭別母親。」

2. 母反對

那時，阿那律便前去母親之所稟告說：「請聽兒子所說，應知道釋種子都一起出家，而唯獨我全家〔註235〕無人出家。我現今希望前往世尊之所，請求出家；如母親聽許，我就出家修習清淨之行。」

其母親報說：「我只有你們二人，愛子情深，起初簡直不想你們離開視線。現今為什麼讓你出家呢？就算至死仍不想分開，何況是生離呢？」

這時，阿那律這樣再三稟告母親，請求出家，其母親亦再三回答：「始終不會放你走！」

這時，阿那律再三向母親請求出家。

母親便自己想：「應用什麼方法，令兒子不出家呢？」隨即又想道：「釋種子跋提〔註236〕的母親甚為疼愛和牽掛他，必不聽許他出家。應對阿那律說：『如跋提母親讓兒子出家，我亦放你出家』。」想完便告訴阿那律。

3. 找跋提商量

那時，阿那律聽聞母親這番話後，前往跋提之所說：「你現今知道嗎？釋種子全都出家，但我們仍未有出家者，我們二人可一起出家。」

跋提報說：「我不能出家，你想出家，隨你意願。」

阿那律這樣再三勸他，跋提亦再三報說：「我不出家。」

阿那律報說：「我今日出家之事，一概視乎你。」

跋提報說：「為什麼你出家之事，一概視乎我呢？」

阿那律報說：「我辭別母親出家，母親回報我說：『你如能令跋提出家，我將放你出家』。因此視乎你了。」

跋提報說：「你等一等，我須前去稟告母親。」

〔註234〕管理：〔大〕原作「典」。
〔註235〕全家：〔大〕原作「居門」。
〔註236〕跋提：音譯詞。巴利語 Bhaddiya，意譯「賢善」；佛最初化度的五比丘之一。

4. 跋提求出家

那時，跋提釋子便前往母親之所，長跪〔註237〕，稟告母親說：「母親現今知道嗎？釋種子全都出家，唯獨我一門沒有，我現今信樂，希望跟從世尊請求出家，唯願母親容許。」

其母親報說：「我不聽許你出家，為什麼？我只有你一個兒子，心裏甚為疼愛和牽掛，一刻都不想離開視線，就算至死仍不想分開，何況是生離呢？」

跋提這樣再三稟告母親，希望得到准許，其母親亦再三回答兒子不准出家。

其母親見兒子心意堅定，私下想道：「我應用什麼方法，令兒子不出家呢？」

這時，母親思惟：「阿那律母親甚為疼愛兒子，她始終不會聽許兒子出家。如她聽許兒子出家，我亦應放兒子出家。」想完便對跋提說：「如阿那律母親聽許兒子出家，我當放你走。」

5. 出家前狂歡

那時，跋提釋子前往阿那律之所，說：「我母親已聽許我出家，我們現今可以自己暫且留下，再在家中居住七年；縱情五欲，一起玩樂，然後出家。」

阿那律報說：「七年太久了，人命無常。」

跋提又說：「如不能等七年，不如六年，五年、四年、三年、兩年或一年，在家縱情五欲玩樂吧！」

阿那律報說：「一年極為長久，我不能忍耐，人命無常。」

跋提道：「如不能忍耐一年，可以在七個月內縱情五欲玩樂吧！」

阿那律報說：「七個月極為長久，我不能忍耐，人命無常。」

跋提道：「如不能等七個月，可以六個月、五個月、四個月、三個月、兩個月、一個月，一起玩樂吧！」

阿那律道：「一月極為長久，我不能忍耐，人命無常。」

跋提道：「如不能等一個月，可在七日之內一起玩樂吧！」

阿那律報說：「七日不算太長，如七天後能出家，很好；如你不出家，我亦會出家。」

這時，釋種子在七天之中，縱情五欲，一起玩樂。

〔註237〕 長跪：兩膝著地，臀部離開足跟，直身而跪。

6. 九人出城

那時，足七日後，阿那律釋子、跋提釋子、難提〔註238〕釋子、金毘羅〔註239〕釋子、難陀〔註240〕釋子、跋難陀〔註241〕釋子、阿難陀〔註242〕釋子、提婆達〔註243〕釋子，第九人剃髮師〔註244〕優波離〔註245〕，各自沐浴潔淨後，用香塗身，梳理鬚髮，戴寶珠瓔珞，騎大象、馬，離開迦毘羅衛城〔註246〕。

當時，國人看見釋子們，互相說：「這些釋子先前沐浴、潔淨其身，戴瓔珞飾具，騎大象、馬，入園遊玩觀賞，盛況亦如今日。」

7. 優波離跟從

那時，釋子們騎大象、馬，一起到達邊界，下象，脫下衣服、瓔珞飾具，並捨棄大象，對優波離說：「你常依靠我們才可生活，我們現今出家，把這些寶物、衣服及大象送給你，可用來維持自己的生活。」

這時，釋子們便前行到阿冤夷彌尼國〔註247〕。

優波離在後面，自己心思念：「我本來靠這些釋子才可生活，今日因為信樂佛法而捨棄我，跟從世尊出家，我現今不如跟隨他們出家吧；如他們有所得著，我亦應有所得著。」

這時，優波離便把所得的寶物、衣、瓔珞，用棉布〔註248〕包裹，懸掛在大樹高處，想念道：「有誰來取去的便給他。」於是便前去釋子們之所，稟告釋子們說：「你們來到這兒後，我便想念：『我常依靠釋子們才可生活，今日釋子們因為信樂佛法，跟從世尊請求出家，我何不也跟隨出家呢？釋子們有所得著，我亦應有所得著』。」

〔註238〕難提：音譯詞。巴利語 Nandiya，意譯「歡喜」。

〔註239〕金毘羅：音譯詞。巴利語 Kimbila，意譯「是孔非孔」。

〔註240〕難陀：音譯詞。巴利語 Nanda，意譯「歡喜」；佛的異母弟。

〔註241〕跋難陀：音譯詞。巴利語 Upananda，意譯「賢歡喜」。

〔註242〕阿難陀：音譯詞。「阿難」的全稱。

〔註243〕提婆達：《巴利律》作 Devadatta，意譯「天授」；佛的堂兄弟。

〔註244〕在古印度，剃髮師由種姓低下者充當。

〔註245〕優波離：音譯詞。巴利語 Upāli，意譯「近護」；佛十大弟子之一，被譽為「持戒第一」。

〔註246〕迦毘羅衛城：音譯詞。巴利語 Kapilavatthu，釋迦國都城、佛的故鄉，遺址或在今印度北方邦 Bastī 市 Piprāwā 村。

〔註247〕阿冤夷彌尼國：即本戒開首所說的「彌尼搜國阿奴夷」。

〔註248〕棉布：〔大〕原作「白氎」，或為音譯詞。巴利語 paṭṭa，細長布片。

8. 化度各人

那時，釋子們及優波離一起拜訪世尊之所，頭面禮足，退後站在一旁，稟告佛說：「世尊，我們父母已聽許我們出家，希望大德聽許我出家。唯願世尊先度化優波離。為什麼？我們多有驕傲怠慢之心，想戒除驕傲怠慢的緣故。」

這時，世尊就先化度優波離，其次化度阿那律，其次是跋提釋子，其次是難提釋子，其次是金毘羅釋子，其次是難陀釋子。優波離接受大戒，居於最上座。

當時，有大上座名叫毘羅茶〔註249〕，另化度阿難陀釋子，其他次上座化度跋難陀、提婆達多〔註250〕。

9. 跋提受法樂

那時，世尊化度釋子們後，派他們去占波〔註251〕國。

這時，釋子們受世尊及上座們教導後，前去拜訪那國，各自思惟，證得增上地〔註252〕，提婆達得神足通。

這時，跋提釋子獨自在阿蘭若處、樹下、墓塚間思惟，半夜過後，高聲說：「極快樂啊！極快樂啊！」

他身旁的比丘們聽聞後思念道：「這跋提比丘原本在俗家時，常常縱情五欲玩樂，現今捨棄榮華逸樂，出家為道，獨自在阿蘭若處、樹下、墓塚間；半夜過後，而自己說：『極快樂、極快樂』。這跋提釋子莫非記起自己原本在家時縱情五欲玩樂，因而自己說『極快樂』呢？」

10. 得佛確認

那時，比丘們在翌日黎明時前往世尊之所，頭面禮足，坐在一旁，把這因緣全部稟告世尊。世尊下令一比丘：「你趕快去叫跋提比丘前來。」

比丘接受命令，便立即前去叫跋提比丘，說：「世尊叫你前來。」

這時，跋提比丘便拜訪世尊之所，頭面禮足，坐在一旁。

世尊明知故問：「為什麼，跋提，你確實獨自在阿蘭若處、墓塚間、樹下，到中夜〔註253〕時自己說『極快樂、極快樂』嗎？」

〔註249〕 毘羅茶：音譯詞。巴利語 Belaṭṭhasīsa，原為舍衛城婆羅門種。
〔註250〕 提婆達多：「提婆達」的全稱。
〔註251〕 占波：音譯詞。巴利語 Campā，鴦伽國都城，遺址推定在今印度比哈爾邦 Bhagalpur 區西 38 公里 Champanagar 村。
〔註252〕 增上地：相當於預流果。
〔註253〕 中夜：半夜。

跋提答道：「確實這樣，世尊啊！」

佛說：「跋提，你觀察到什麼義理，而自己說『極快樂、極快樂』呢？」

跋提稟告佛說：「我原本在家時，屋內外常用刀、杖，保護自己，但有這樣的保護，仍然覺得恐懼，害怕有外面的仇家或盜賊來奪我性命。現今我獨自在阿蘭若處、墓塚間、樹下，直至中夜，毫無恐懼，身毛不豎起。大德，我只因想念到出離世間之樂，所以自己說『極快樂、極快樂』罷了。」

世尊告訴他說：「好啊！好啊！大族子弟，這是你應得的，憑著信心出家，喜愛清淨之行。」

11. 王子出生

那時，世尊在羅閱祇耆闍崛山。

這時，瓶沙王沒有兒子。

這時，王召集能看面相的婆羅門，下令他們給夫人們看相，說：「你們預測這些夫人，哪個會生兒子呢？」

婆羅門看相後說：「這年少壯健的夫人當生兒子，但會是王的仇家。」

王聽聞這番話後，當晚就跟這夫人行房，即便懷孕，後來生下男嬰，容貌端正。

未生下兒子時，婆羅門預記說：「當是王的仇家」，因此起名字為「未生怨〔註254〕」。

然而，這王子漸漸長大，提婆達用神通令王子信樂佛法。提婆達思念道：「我想收蓄弟子。」

12. 天神報訊

那時，世尊在拘睒毘〔註255〕國。

這時，那國中有人，名叫迦休拘羅子〔註256〕，命終不久，往生化自在天〔註257〕中。

這時，迦休天子在中夜時，來到大目揵連之所，頭面禮足，站在一旁，稟告目連說：「提婆達心想作惡，而思念道：『我想收蓄弟子』。」

〔註254〕未生怨：即下文所說的「阿闍世」的意譯。

〔註255〕拘睒毘：「拘睒彌」的異譯語。

〔註256〕迦休拘羅子：巴利語 Kakudha Koḷiyaputta。「迦休拘羅」，音譯詞，「拘羅」是姓、「迦休」是名。

〔註257〕化自在天：天界中欲界的第六天。

這時，迦休天子說了這番話後，頭面作禮，繞行完畢，便隱沒不見。

這時，目連在夜過後，前往世尊之所，頭面禮足，坐在一旁，把這因緣全部稟告世尊。

世尊問目連說：「你有什麼想法？就如迦休天子所說，確實無誤嗎？」

目連稟告佛說：「確實這樣，世尊。」

世尊告訴目連：「不要這樣說，我不見得各種天、世人、各種魔、梵王、沙門、婆羅門所說的確實無誤，唯有如來之言確實無虛。」

佛告訴目連：「世間有五種尊貴之事……（如後文所說）。」

13. 收伏阿闍世

這時，提婆達前往到太子阿闍世〔註258〕之所，用神通力飛上半空，或現身說法，或隱身說法，或僅現上半身說法，或不現上半身說法；或身出煙，或身出火，或變身嬰孩，身戴瓔珞，在太子懷抱上轉側，吮〔註259〕太子的手指。

這時，太子阿闍世看到這些神變，感到恐懼，毛髮豎起。

這時，提婆達知道太子恐懼，便說：「毋須恐懼啊！毋須恐懼啊！」

太子問：「你是什麼人？」

提婆達答道：「我是提婆達。」

太子說：「你真是提婆達的話，請回復你的真身。」

提婆達隨即回復真身。阿闍世看見後，更添信樂；既已信樂，其後更增加供養。

14. 供養提婆達

那時，阿闍世每日帶領五百輛車，早晚問訊，並供給他五百鍋〔註260〕飲食。

這時，比丘們聽聞阿闍世每日帶領五百輛車，早晚問訊提婆達，並供養五百鍋飲食，便到世尊之所，頭面禮足，坐在一旁，把這因緣全部稟告世尊。

這時，世尊告訴比丘們：「你們各自攝心定神，切勿貪圖提婆達的豐裕供養。為什麼？縱使阿闍世每日帶領五百輛車，早晚問訊，並供給五百鍋飲食，正會增強提婆達邪惡的想法。譬如男人打惡犬的鼻子，會令那隻狗更加凶惡。比丘應知道，這事也是這樣，縱使阿闍世每日帶領五百輛車，早晚問訊提婆達，

〔註258〕阿闍世：音譯詞。巴利語 Ajātasattu。
〔註259〕吮：〔大〕原作「欶」，北敦 14668 號作「㽔」，古皆同「嗽」。
〔註260〕鍋：〔大〕原作「釜」。

並供給他五百鍋飲食，正會增強提婆達的邪惡想法罷了！」

15. 提婆達奪權

那時，摩竭國王瓶沙聽聞阿闍世每日帶領五百輛車，早晚問訊提婆達，並供給五百鍋飲食。

這時，瓶沙王每日帶領七百輛車，早晚問訊世尊，並供給七百鍋飲食。

這時，提婆達聽聞瓶沙王帶領七百輛車，早晚問訊世尊，並供給七百鍋飲食；聽聞後因為供養豐裕，心生妒忌，即失去神通，便這樣想念：「我現今應等待佛和僧眾集合時，前往到佛之所哀求說：『世尊年已老邁，長壽過人，學道已久，適宜獨居靜處，默然自守。世尊是諸法之主，應可把僧眾託付給我，我當帶領和守護僧眾』。」

這時，提婆達等待眾人集合，便如所想念，全部稟告世尊。

佛告訴他說：「我尚且沒有把僧眾託付舍利弗、目連，何況你這愚癡人，身如鼻涕唾液，豈可託付呢！」

當時，提婆達心想念：「今日世尊竟在大眾面前說『我愚癡，身如鼻涕唾液』」，覺得無法忍受。這是提婆達在此生中，第一次對世尊感到無法忍受。

16. 派人殺佛

那時，提婆達前往阿闍世之所說：「王用正法治國，得到長壽，你父王死後，你才可以稱王；那時年已老邁，不能在五欲中長享歡樂。你可殺死父王，而我應殺佛，在摩竭國界會有新王、新佛，治國教化，不亦樂乎？」

王子報說：「好吧。」便問提婆達：「你需要什麼呢？」

提婆達答道：「我需要許多人手。」

王子便立即給他人手。

這時，提婆達便派兩人前去想加害佛，教他們說：「你們前去殺佛後，改從其他道路回來。」

派二人去後，又再派四人，說：「你們迎接那二人，如遇到便殺死他們，改從其他道路回來。」

之後又再派八人，說：「你們迎接那四人，如於路上遇到，便殺死他們，改從其他道路回來。」

這樣一再加倍派人……乃至六十四人。

這樣斬草除根，無法分辨，不知誰殺害世尊。

17. 佛受報應

那時，世尊坐在豬坎窟〔註261〕中，走出石窟，於山巖下經行〔註262〕。

佛自己思念道：「先前我所種下的因緣與報應〔註263〕，期限就在今日。」

18. 殺手歸依

那時，二人受提婆達的教示，便穿鎧甲，拿著刀、杖，前去找世尊。

那二人心想念：「我要殺害佛。」剛起這念頭，即時不能前行，思念道：「世尊有大神德，威力無窮，縱使弟子亦有神力，我們豈有能力殺害世尊呢？」剛起這念頭，即時便可以前行，遠遠看見世尊，容顏端正、各感官寂靜，已得到最好的調教；得到最高的寂滅，軀體堅固，有如降伏龍象；意不錯亂，如水澄清、內外清徹〔註264〕。

二人看見了，心感歡喜，隨即放下刀、杖，棄置一處，向前拜訪世尊之所，頭面作禮，坐在一旁。

世尊逐步為二人說微妙佛法，令他們心感歡喜，勸他們修習善行，說布施、戒、往生天界的福德，怒斥欲望和婬行，讚美出離世間。

二人隨即在座位上，各種塵垢〔註265〕盡消，得到法眼淨〔註266〕，察見佛法、得到佛法，稟告佛說：「從今以後，接受三自歸──歸依〔註267〕佛、歸依法、歸依僧──成為優婆塞。從今以後，終生〔註268〕不殺生……乃至不飲酒。」

這時，世尊告訴二人說：「你們想回去的話，改從那條路離去，切勿經由這條路。」便從座位起來，頭面禮佛，繞行三圈離去，到提婆達之所說道：「世尊有大神德，威力無窮，弟子也有神力，我們豈有能力殺害世尊呢？」

這時，提婆達報說：「你們出去，消失吧！要你們有什麼用呢？為什麼兩

〔註261〕 豬坎窟：豬藏身的洞窟。據法顯（337～422）《高僧法顯傳》的記載，距耆闍崛山頂三里路，有一個南向的石窟，是佛坐禪之處，或即此窟。

〔註262〕 經行：來往安靜步行，以免坐禪時有睡意。

〔註263〕 因緣與報應：〔大〕原作「緣對」。

〔註264〕 容顏端正……內外清徹：原律文作「顏貌端正，諸根寂定，得上調伏，第一寂滅，諸根堅固，如調龍象；意不錯亂，猶水澄清，內外清徹」，類似的話亦見於其他戒條以及《雜阿含經》、《長阿含經》等，為對佛殊勝形相的慣用描述。

〔註265〕 塵垢：譬喻煩惱。

〔註266〕 法眼淨：觀見佛法、無煩惱之眼。

〔註267〕 歸依：此詞亦見於「不定·屏處不定戒第1」，相對應《巴利律》作 saraṇa，歸依、保護、幫忙。

〔註268〕 終身：〔大〕原作「盡形壽」。《巴利律》作 yāvajīvaṃ，有生之年。

個人也不能夠殺死一個人呢？」

19. 擲石傷佛

提婆達乘著怒意，親自前往耆闍崛山，手執大石，遠遠擲向世尊。

這時，有天神立即接過大石，放上山頂；但從這塊大石一邊迸裂出小石片，打中佛腳趾，損傷流血。

這時，世尊即向右望，有如大龍，這樣說：「從未曾有瞿曇氏人竟做這事啊！」

當時，世尊便返回石窟內，親自把僧伽梨〔註269〕摺疊四重，順著右脅肋臥下，猶如獅子，兩腳重疊，疼痛至極，一心忍耐。

20. 僧眾護佛

那時，眾多比丘聽聞提婆達派人來殺佛，都各自手持杖、石，圍繞石窟，高聲大叫。

佛從石窟出來，對比丘們說：「你們為什麼手持杖、石，繞著石窟大叫呢？像魚夫捉到魚兒那樣呼叫。」

比丘們稟告佛說：「剛才聽說提婆達想來殺害佛，因此我們手持杖、石，來至石窟之處，恐怕仇家來殺害世尊。」

佛告訴比丘：「你們各自返回居所，專心修道。眾佛常恆的做法，乃不需保護。為什麼？因為已勝過各種仇怨。你們比丘，應知道轉輪聖王如被外邊的仇家所謀害，不會這樣；如來亦是這樣，如有許多壞人來謀害，亦不會這樣。」

21. 五種尊貴

佛告訴比丘們：「世間有五種尊貴。哪五種呢？」

「或有尊師〔註270〕，持戒不清淨，卻自稱說：『我持戒清淨』；弟子們跟他親近，知道實情，說：『現今我尊師持戒不清淨，卻自稱「我持戒清淨」，我如向白衣說出實情，他們便不歡喜；如他們不歡喜，我就不應說，讓他可以接受人們的布施，日後他們自己當知』。這些比丘，他們是世間的尊貴者：弟子為了戒而保護，尊師求弟子保護。」

「第二、比丘們，或有尊師的生活〔註271〕不清淨，卻自稱說：『我生活清淨』……如上文所說。」

〔註269〕僧伽梨：三衣之一。參看「僧殘・離三衣宿戒第2」。
〔註270〕尊師：〔大〕原作「尊」。
〔註271〕生活：〔大〕原作「命」。

「第三、比丘們，或有尊師的見解和智慧不清淨，卻自稱：『我見解和智慧清淨』……如上文所說。」

「第四、或有尊師的言說不清淨，卻自稱說：『我言說清淨』……如上文所說。」

「第五、或有尊師的言行在佛法和戒律之外，〔註272〕而自稱說：『我在佛法和戒律內清淨』……如上文所說。」

「這樣，比丘們，世間以這五種為尊貴法。」

「比丘們，我現今持戒清淨，亦自稱說：『我持戒清淨』，毋須讓弟子保護我，我亦不求弟子保護。」

「這樣，比丘們，我生活清淨，自稱說：『我生活清淨』……如上文所說。」

「這樣，比丘們，我見解和智慧清淨，自稱說：『我見解和智慧清淨』……如上文所說。」

「比丘們，我言說清淨，自稱說：『我言說清淨』……如上文所說。」

「比丘們，我言行在佛法和戒律之內，自稱說：『我在佛法和戒律之內』……如上文所說。」

22. 舍利弗出使

那時，世尊告訴比丘們：「你們可派舍利弗做使者，告訴白衣大眾們，提婆達所做的事，是不合佛法僧之事，而是提婆達所做的。應行『白二羯磨』：當差遣能主持羯磨者……如上文，這樣告白：

大德僧聽，若僧時到，僧忍聽今差舍利弗比丘向諸白衣大眾說，提婆達所為事者非佛法僧事，當知是提婆達所作。白如是。」

「大德僧聽，僧今差舍利弗比丘向諸白衣大眾說，提婆達所作事非佛法僧事，是提婆達所作。誰諸長老忍僧差舍利弗向諸白衣大眾說，提婆達所作非佛法僧者，默然；誰不忍者，說。」

「僧已忍差舍利弗向諸白衣大眾說提婆達所作事，非佛法僧竟。僧忍，默然故，是事如是持。」

這時，舍利弗聽聞這番話後，心有疑惑，便前往到世尊之所，頭面禮足，坐在一旁，稟告佛說：「世尊，我應該怎樣在白衣大眾之中說出他的罪惡呢？為什麼？我原本向白衣們讚美其優點，說：『他從大姓〔註273〕出家、聰明、有

〔註272〕這意謂師父的言行不合法和律。
〔註273〕大姓：世家大族。

大神力、容貌端正。』」

佛告訴舍利弗：「你之前讚美提婆達聰明、有大神力、從大姓出家，確實這樣說嗎？」

舍利弗答道：「大德，確實這樣。」

佛說：「因此，舍利弗，你現在應前往到白衣大眾中，說：『提婆達以前是那樣，如今卻是這樣；大眾應知道提婆達所做的不合佛法僧，是提婆達所做的』。」

23. 告發提婆達

那時，舍利弗接受佛的教示後，前往白衣大眾中，說：「提婆達以前是那樣，如今卻是這樣；當知道提婆達所做的不合佛法僧，是提婆達所做的。」

這時，大眾中認可〔註274〕提婆達者，便說：「沙門釋子因為供養的緣故，心生妒忌，只因不喜歡提婆達得到供養，便在大眾中說：『提婆達所做的不合佛法僧，是提婆達所做的罷了』。」

當中信樂佛者，便這樣說：「那些事提婆達已做了，或剛剛、將會做出。」

24. 阿闍世欲弒父

那時，阿闍世暗中親自用衣服包裹刀，急步帶入王宮，想謀害父親。

這時，宮門守衛發覺，搜身時找到了刀，問道：「你拿著這刀，想做什麼呢？」

阿闍世答道：「我想入宮殺害父王。」

守衛問：「誰教唆你有這意圖呢？」

阿闍世答道：「提婆達教我。」

這時，守衛便帶他到大臣們之所，說：「阿闍世想殺害王。」

這時，大臣們問：「誰教唆你呢？」

阿闍世答道：「提婆達教我。」

眾人中有大臣說：「沙門釋子都參與這件事，應當殺盡。」

或有大臣說：「沙門釋子們非全部作惡，不應殺盡；只是王子和提婆達所為，今應處死他們。」

或有大臣說：「這些沙門釋子非全部作惡，但提婆達、阿闍世所作所為，

〔註274〕認可：〔大〕原作「忍可」。這詞亦見於「僧殘・助破僧違諫戒第11」，相對應《巴利律》作 khamati，容忍、承認。

雖應處死，但亦不應殺。為什麼？王是法王〔註275〕，聽聞這事，定必不高興。」

25. 父王寬恕

那時，守衛便帶他到瓶沙王之所，稟告王說：「這阿闍世想謀害父王。」

王問：「誰教唆你呢？」

阿闍世答道：「是提婆達。」

當中有大臣說：「沙門釋子全皆邪惡，應殺盡他們。」

王聽聞這番話，心裏甚不高興。

當中有大臣說：「沙門釋子非全部作惡，不應殺盡，但這事是提婆達、阿闍世所做的，王應處死他們。」

王聽聞這番話，心裏也不高興。

當中有大臣說：「沙門釋子非全部作惡，不應殺盡。這事是提婆達、阿闍世所做的，今雖應處死，亦不應殺。為什麼？王是法王，恐怕聽聞這事定必不高興。」

這時，瓶沙王喜歡這番話，告訴大臣們說：「這一切沙門釋子不一定全有罪惡，因此不應殺盡。事是提婆達、阿闍世所做的，亦不應處死。為什麼？佛先前下令舍利弗在大眾中說：『提婆達所做的不合乎佛法僧，是提婆達所做的罷了』，因此不應殺。」

這時，父王怒聲斥責太子阿闍世後，告訴大臣們：「可以寬恕太子阿闍世。」隨即便釋放他。

當時，大臣們都一同怒聲說：「阿闍世所做的事情嚴重，應該處死，為什麼稍稍怒聲斥責後便釋放呢？」

26. 別眾乞食

那時，提婆達既教唆人殺害佛，又教唆阿闍世殺害父王，惡名遠播，供養斷絕。

這時，提婆達連同自己共五人，逐家乞食：一名三聞達多〔註276〕、二名騫荼達婆〔註277〕、三名拘婆離〔註278〕、四名迦留羅提舍〔註279〕，連同他自

〔註275〕法王：崇信佛法之王。

〔註276〕三聞達多：音譯詞。《巴利律》作 Samuddadatta，意譯「海授」；據說是四人中智慧最高者。

〔註277〕騫荼達婆：音譯詞。《巴利律》作 Khaṇḍadeviyāputta，提婆達的親友。

〔註278〕拘婆離：音譯詞。《巴利律》作 Kokālika，意譯「牛主」；提婆達的大弟子。

〔註279〕迦留羅提舍：音譯詞。《巴利律》作 Kaṭamorakatissaka，意譯「器鬼宿」。

己共五人。

這時，比丘們聽聞提婆達教唆人殺害佛，又教唆阿闍世殺害父王，惡名遠播，供養斷絕，連同自己五人逐家乞食……前往世尊之所，頭面禮足，坐在一旁，把這因緣全部稟告世尊。

世尊便召集眾僧，明知故問提婆達說：「你確實帶著四人逐家乞食嗎？」

提婆達答道：「正是這樣，世尊。」

27. 佛斥犯者

這時，世尊用無數方法怒聲斥責提婆達：「你做錯了！不合威儀、不合沙門法、不是清淨的行為、不是隨順佛法的行為，都不應做。你為什麼另外帶著四人逐家乞食呢？我用無數方法說，應慈愍白衣家，〔註280〕你現今為什麼另外帶著四人逐家乞食呢？」

當時，世尊用無數方法怒聲斥責提婆達後，便告訴比丘們：「從今以後，不得別眾〔註281〕食，僅聽許三人一同乞食。之所以這樣，因為有兩種好處：為了收服難以馴服的人、為了慈悲和憐愍白衣家。為什麼？恐怕那些難以馴服的人，自行組別眾，惹怒僧眾。」〔註282〕

28. 破僧與法

提婆達即有這想法：「前所未有啊！瞿曇沙門竟斷絕他人的飲食〔註283〕。我不如破壞他的僧眾和法輪〔註284〕，我身死後可留名說：『沙門瞿曇有大神力、智慧無礙，而提婆達能破壞他的僧眾和法輪』。」

這時，提婆達便前去同伴比丘之所，說：「我們現今可一起破壞他的僧眾和法輪，我們死後可留名說：『沙門瞿曇有大神力、智慧無礙，而提婆達能破壞他的僧眾和法輪』。」

29. 頭陀五法

那時，提婆達的同伴名叫三聞達多，智慧高才，即報說：「沙門瞿曇有大

〔註280〕如僧眾每四人一組自行往俗家乞食，俗家或要施與多組僧眾，不勝其擾。

〔註281〕別眾：同一住處中四人或以上，另組僧眾行事，是為「別眾」，這樣做會令僧眾分裂，為佛禁止。這詞亦見於「單墮・別眾食戒第33」，相對應《巴利律》作 gaṇa，眾、團體。

〔註282〕如僧眾四人或以上各各自成一團體，會令僧眾分裂，難以和合。

〔註283〕飲食：〔大〕原作「口食」。

〔註284〕法輪：〔大〕原作「輪」。《巴利律》作 cakka，車輪。「輪」既是農具，也是兵器，借喻佛法能摧邪顯正。

神力，及其弟子徒眾，也是這樣，我們哪裏有能力破壞他的僧眾和法輪呢？」

提婆達說：「如來常稱讚頭陀，乃少欲知足、喜歡出離世間者；我現今有五法，也是頭陀上乘之法，同樣是少欲知足、喜歡出離世間者：終身乞食〔註285〕，終身著糞掃衣，終身露天坐下，終身不食酥〔註286〕、鹽〔註287〕，終身不食魚及肉〔註288〕。我現今遵守這五法，教導比丘們，足以令他們信樂，應向比丘們說：『世尊用無數方法讚美頭陀，乃少欲知足，喜愛出離世間者；我們現今有五法，也是頭陀上乘之法：終身乞食……乃至不食魚及肉，可一起修行』。年少比丘必多多受教，上座比丘恐怕不會相信和接受。用這種方法，足以破壞他的僧眾和法輪。」

這時，三聞達多對提婆達說：「如這樣做，足以破壞他的僧眾和法輪。」

這時，提婆達便用五法教導比丘們說：「世尊用無數方法讚美頭陀，乃少欲知足、喜愛出離世間者。我們現今有五法，也是頭陀、少欲知足、喜愛出離世間這殊勝佛法：我們終身乞食、終身著糞掃衣、終身露天坐下、終身不食酥、鹽、魚及肉。」

30. 滅四聖種

那時，眾多比丘聽聞提婆達用這五法教導比丘們，令他們信樂……詳說如上文。

比丘們聽聞後，前往到世尊之所，頭面禮足，坐在一旁，把這因緣全部稟告世尊。佛告訴比丘們：「提婆達今日想滅絕四聖種〔註289〕。哪四種？我常用無數方法說『衣服應得知足』，我亦讚美說『衣服應得知足』，我亦用無數方法說『飲食、床、臥具、生病瘦弱時所需的醫藥〔註290〕，應得知足』，亦讚美說『飲食、床、臥具、生病瘦弱時所需的醫藥，應得知足』。比丘應知道，提婆達現今想滅絕四種聖。」

31. 佛斥提婆達

那時，世尊藉這因緣召集比丘僧眾，明知故問提婆達說：「你確實想用五法教導比丘們……詳說如上文。」

〔註285〕乞食：《巴利律》作 piṇḍapātika，常乞食者、只食托缽食物者。
〔註286〕酥：五種藥之一。參看「捨墮‧畜七日藥過限戒第26」。
〔註287〕鹽：本律允以鹽入藥。
〔註288〕魚及肉：正食之二。參看「單墮‧不受食戒第39」。
〔註289〕四聖種：四種能生眾聖的修法。
〔註290〕生病瘦弱時所需的醫藥：〔大〕原作「病瘦醫藥」。

提婆達答道：「正是這樣，世尊。」

這時，世尊用無數方法怒聲斥責：「你為什麼用五法教導比丘們……詳說如上文所說。提婆達，你切勿滅絕四聖種。哪四種呢？……如上文所說。提婆達，你現在切勿設法破壞和合的僧眾，切勿接受任何方法破壞和合的僧眾，堅持不捨棄。你應與僧眾和合、不鬥爭、水乳交融，在佛法中安樂修行。因此，提婆達，應知道破壞和合的僧眾，甚為邪惡艱難，得到嚴重罪名，破壞和合的僧眾，要在泥犁〔註291〕中承受一劫〔註292〕的懲罰，不可挽救。」

當時，世尊用無數方法令提婆達破壞僧眾之心暫時止息。

32. 呵諫羯磨

佛用無數方法怒聲斥責提婆達後，告訴比丘們：「聽許僧眾向提婆達『呵諫』〔註293〕，為了使他捨棄這事，行『白四羯磨』。僧眾中應差遣能主持羯磨者……如上文，這樣告白：

大德僧聽，此提婆達欲方便破〔註294〕和合僧，堅持不捨。若僧時到，僧忍聽與作呵諫，捨此事故：『提婆達！汝莫破和合僧堅持不捨，汝提婆達當與僧和合，歡喜〔註295〕不諍〔註296〕、同一水乳，於佛法中安樂住〔註297〕』。白如是。」

「大德僧聽，此提婆達欲受破和合僧法，堅持不捨，今僧與呵諫，捨此事故：『汝莫破和合僧，堅持不捨，汝提婆達當與僧和合、歡喜不諍、同一水乳，於佛法中安樂住』。誰諸長老忍僧與提婆達呵諫捨此事者，默然；誰不忍者，說。是初羯磨。」

「第二、第三次，也這樣說。」

「僧已忍與提婆達呵諫捨此事竟，僧忍，默然故，是事如是持。」

「應行這樣『呵諫』。」

僧眾這樣「呵諫」提婆達，行「白四羯磨」，比丘們把這事稟告世尊。

〔註291〕　泥犁：音譯詞。《巴利律》作 niraya，地獄。
〔註292〕　劫：音譯詞。巴利語 kappa，古印度一極長時間單位。
〔註293〕　呵諫：《巴利律》作 samanubhāsati，商議、諫告。
〔註294〕　破：《巴利律》作 bheda，破壞、分裂、離間。
〔註295〕　歡喜：《巴利律》作 sammodamāna，友好的、和合的。
〔註296〕　不諍：《巴利律》作 avivadamāna，無諍的。
〔註297〕　安樂住：《巴利律》作 phāsu viharati，安穩而住。

（二）制戒內容

1. 佛制戒

世尊告訴說：「如其他比丘，設法想破壞和合的僧眾，亦應用這『白四羯磨』『呵諫』他。從今以後，跟比丘們結戒，為了十句義……乃至使正法得以久住。想說戒者，應這樣說：

若比丘，欲壞和合僧，方便受壞和合僧法，堅持不捨。彼比丘應諫是比丘：『大德，莫壞和合僧、莫方便壞和合僧、莫受壞僧法，堅持不捨。大德，應與僧和合，與僧和合、歡喜不諍、同一師學〔註298〕、如水乳合，於佛法中有增益，安樂住』。是比丘如是諫時，堅持不捨，彼比丘應三諫，捨此事故。……乃至三諫時，捨者善；不捨者，僧伽婆尸沙。」

2. 釋義

（1）比丘：意義如上文所說。

（2）和合：一同參與羯磨，一同說戒。

（3）僧：四名比丘，或五、或十……乃至無數。

（4）破：破壞有十八事：顛倒正法與非法、律與非律、犯與不犯、輕罪與重罪、有殘〔註299〕與無殘〔註300〕、麁惡〔註301〕與非麁惡、恒常修行與非恒常修行〔註302〕、制教〔註303〕與非制教、說與非說〔註304〕，是為十八事〔註305〕。破壞僧眾的內容，即做這十八事。

3. 行呵諫

（1）初勸諫

如比丘，設法想破壞和合的僧眾，接受破壞僧眾的方法，堅持不捨棄，那些比丘應勸喻這比丘說：「大德，切勿設法想破壞和合的僧眾，切勿接受破壞僧眾的方法，堅持不捨棄。大德，應跟僧眾和合、歡喜不諍、水乳交融，在佛法中有所增益，安樂修行。大德，請捨棄此事，切勿令僧眾行『呵諫』，因而

〔註298〕 同一師學：《巴利律》作 ekuddesa，同一教說；意謂一同接受佛所教之說戒。
〔註299〕 有殘：僧殘罪。
〔註300〕 無殘：波羅夷罪，因已不可救藥，殘命亦無，故名。
〔註301〕 麁惡：重罪。
〔註302〕 恒常修行、非恒常修行：〔大〕原作「常所行、非常所行」，前者指八正道，後者即提婆達所提倡的五法。
〔註303〕 制教：〔大〕原作「制」，佛制定之教。
〔註304〕 說、非說：前者指分辨犯戒之輕重，後者即顛倒犯戒之輕重。
〔註305〕 十八事：以上九句，每句包含兩事，共十八事。

犯下重罪。」

（2）請人助勸

如接納〔註306〕勸諫，很好；如不接納勸諫，再令比丘、比丘尼、優婆塞、優婆夷，或王、大臣、各種異道〔註307〕、沙門、婆羅門要求他。

如其他地方的比丘，為人所聽聞和認識，言說可信任者，也應前來協助。

（3）告白

如接受勸諫，很好；如不接受勸諫，應告白。

告白後應再度要求：「大德，我已告白了，還有羯磨。你現在應捨棄這事，切勿令僧眾為你行羯磨，再犯重罪。」

（4）羯磨

如接受勸諫，很好；如不接受勸諫，應行初羯磨。

行了初羯磨後，應再度要求：「大德，我已告白，行了初羯磨，還有二羯磨。請你捨棄此事，切勿令僧眾為你再行羯磨，而犯下重罪。」

如接受勸諫，很好；如不接受勸諫，應行第二羯磨。

行了第二羯磨後，應再度要求：「大德，我已行了白二羯磨，還有一羯磨。請你捨棄此事，切勿令僧眾為你再行羯磨，而犯下重罪。」

如能捨棄，很好；如不捨棄，跟他說第三羯磨後，僧伽婆尸沙。

4. 違犯輕重

（1）羯磨未完成便捨棄

行白二羯磨後便捨棄，三偷蘭遮；行白一羯磨後便捨棄，二偷蘭遮；告白後便捨棄，一偷蘭遮。如初告白尚未完成便捨棄，突吉羅。如完全未告白，包括「切勿設法想破壞和合的僧眾，切勿接受破壞僧眾的方法，堅持不捨棄」等語，全突吉羅。

（2）在旁教唆

如僧眾為破壞僧眾的人行「呵諫羯磨」時，有比丘教唆說：「不要捨棄」，這比丘偷蘭遮；如未「呵諫」，突吉羅。

如有比丘尼教唆說：「不要捨棄」，這比丘尼偷蘭遮；如未「呵諫」，比丘尼教唆不要捨棄，突吉羅。

〔註306〕接納：〔大〕原作「用」。

〔註307〕異道：外道。

除比丘、比丘尼外，另有餘人教唆不要捨棄，皆突吉羅。

（三）兼制

比丘尼，僧伽婆尸沙；式叉摩那、沙彌、沙彌尼，突吉羅。這叫做犯。

（四）開緣

不犯：初次勸諫便捨棄；或非法〔註308〕別眾〔註309〕行「呵諫」、非法和合眾〔註310〕行「呵諫」，法〔註311〕別眾、法相似〔註312〕別眾、法相似和合眾行「呵諫」；〔註313〕不合法、不合律、不合佛所教導者；〔註314〕或完全未「呵諫」便捨棄；或破壞的是惡友或惡朋友；或破壞的是設法想破壞僧眾者，目的令僧眾不受破壞；或破壞的是設法協助他人破壞僧眾者；僅二、三人行羯磨，〔註315〕或想行非法非毘尼〔註316〕的羯磨，或為了僧眾，為了塔，為了和尚、同和尚，為了阿闍梨、同阿闍梨，為了朋友，行損減、行無住處〔註317〕，對此破壞，〔註318〕這叫不犯。

十一、助破僧違諫戒

提要：僧眾勸諫提婆達多時，提婆達多的同道攻擊諫僧。

（一）制戒因緣

1. 不棄五法

佛在羅閱祇耆闍崛山中。

〔註308〕非法：為此事作告白，卻為另一事作羯磨。

〔註309〕別眾：行羯磨，須齊集同一住處的僧眾，有人缺席但不「與欲（相當於請假）」，令僧眾不完整，是為「別眾」。

〔註310〕和合眾：同一住處的僧眾行羯磨，缺席者有「與欲」，僧眾完整，是為「和合」。

〔註311〕法：羯磨合乎規範。

〔註312〕法相似：行羯磨時，先作羯磨，後作白，內容雖合法，但次序倒亂，故僅「相似」。

〔註313〕由「非法別眾」至「法相似和合」，合稱「五非羯磨」；故其所行的「呵諫」亦非法，被「呵諫」者不得罪。

〔註314〕不合法等地行「呵諫羯磨」，亦不成立。

〔註315〕合法羯磨須至少四人參與，二、三人人數不足，羯磨不合法，「呵諫」亦不成。

〔註316〕非法非毘尼：羯磨人數不夠，或以不合資格者充當（例如比丘尼、曾殺父母者），便是非法和不合律者。

〔註317〕損減、無住處：應為兩種羯磨，前者侵犯某比丘利益，後者要把僧眾擯出。

〔註318〕由惡友至無住處羯磨，或對僧眾無利，或不合法，故破除它們，不算破僧，亦不犯戒。

這時，提婆達堅持這五法，又前往教導比丘們說：「世尊用無數方法，常讚歎行頭陀、少欲知足、喜愛出離世間的人：終身乞食、穿糞掃衣、露天坐、不食酥和鹽、不食魚和肉。」

當時，比丘們對提婆達說：「你切勿破壞和合的僧眾，切勿接受破壞僧眾的方法，堅持不捨棄。為什麼？應與僧眾和合、歡喜不諍、水乳交融，在佛法中有所增益，安樂修行。」

2. 伴黨支持

那時，提婆達的伴黨〔註319〕、設法協助破壞和合的僧眾的比丘，對比丘們說：「你們切勿怒聲斥責提婆達所說，提婆達是說法比丘、說律比丘；提婆達所說的，我們認可。」

比丘們聽聞，其中少欲知足、行頭陀、喜好學戒、知慚愧者，嫌惡斥責提婆達的同黨比丘：「你們為什麼說：『提婆達是說法比丘、說律比丘；提婆達所說的，我們處分』呢？」

比丘們嫌惡斥責他們後，前往世尊之所，頭面禮足，坐在一旁，把這因緣全部稟告世尊。

3. 呵諫羯磨

世尊藉這因緣召集比丘僧眾，用無數方法怒聲斥責提婆達的同黨比丘：「你們做錯了，不合威儀、不合沙門法、不是清淨的行為、不是隨順佛法的行為，都不應做。為什麼對比丘們說：『切勿怒聲斥責提婆達所說，提婆達是說法比丘、說律比丘；提婆達所說的，我們認可』呢？」

當時，世尊用無數方法怒聲斥責提婆達的同黨比丘後，告訴比丘們：「聽許僧眾為了給提婆達的同黨比丘行『呵諫』，為了使他們捨棄這事，而行『白四羯磨』。僧眾中應差遣能主持羯磨者……如上文，這樣告白：

大德僧聽，此提婆達伴黨比丘，順從提婆達，作如是言：『汝等諸比丘莫呵提婆達。何以故？提婆達是法語比丘、律語比丘；提婆達所說，我等忍可』。若僧時到，僧忍聽僧今與提婆達伴黨比丘作呵諫，捨此事故：汝等莫言：『提婆達是法語比丘、律語比丘；提婆達所說，我等忍可』。然提婆達非法語比丘、非律語比丘，汝莫欲壞和合僧，汝等當助和合僧。大德！與僧和合、歡喜不諍、同一水乳，於佛法中有增益，安樂住。白如是。」

〔註319〕伴黨：同黨。《巴利律》作 vagga，群、一夥人。

「大德僧聽，此提婆達伴黨比丘，順從提婆達，作如是語：『汝等諸比丘莫呵提婆達，提婆達是法語比丘、律語比丘；提婆達所說，我等忍可』。僧今為提婆達伴黨比丘作呵諫，捨此事故：大德！莫作如是語：『提婆達是法語比丘、律語比丘；提婆達所說，我等忍可』。而提婆達非法語比丘、非律語比丘，汝等莫壞和合僧，汝等當助和合僧。大德！與僧和合、歡喜不諍、同一水乳，於佛法中有增益，安樂住。誰諸長老忍僧呵諫提婆達伴黨比丘令捨此事者，默然；誰不忍者，說。是初羯磨。」

「第二、第三次，也這樣說。」

「僧已忍呵諫提婆達伴黨比丘令捨此事竟，僧忍，默然故，是事如是持。」

「應當行這樣『呵諫』提婆達伴黨比丘的『白四羯磨』。」

（二）制戒內容

1. 佛制戒

比丘們稟告佛，佛告訴比丘們：「從今以後，如有這樣的同黨，互相協助，破壞和合的僧眾的，亦當這樣『呵諫』，行『白四羯磨』。從今以後，跟比丘們結戒，為了十句義……乃至使正法得以久住。想說戒者，應這樣說：

若比丘，有餘伴黨、若一、若二、若三……乃至無數，彼比丘語是比丘：『大德，莫諫此比丘，此比丘是法語比丘、律語比丘，此比丘所說，我等喜樂[註320]；此比丘所說，我等忍可』。彼比丘言：『大德，莫作是說言：「此比丘法語比丘、律語比丘；此比丘所說，我等喜樂；此比丘所說，我等忍可」。然此比丘，非法語比丘、非律語比丘。大德，莫欲破壞和合僧，汝等當樂欲和合僧。大德，與僧和合、歡喜不諍、同一師學、如水乳合，於佛法中有增益，安樂住』。」

「是比丘如是諫時，堅持不捨，彼比丘應三諫，捨是事故。……乃至三諫，捨者善；不捨者，僧伽婆尸沙。」

2. 釋義

（1）比丘：意義如上文所說。

（2）順從：有兩種順從：

1）法順從：用佛法教授、增強戒律、增強信心、增添智慧、諷誦承受。

2）衣食順從：給衣、被、飯食、床、臥具、敷具、生病瘦弱時所需的醫藥。

〔註320〕喜樂：《巴利律》作 ruci，光輝、喜好。

（3）伴黨：或四人，或過四人。

（4）助伴黨語：或一人，或兩人，或三人，或眾多人；如比丘非法結黨，對比丘們說：「大德，你切勿勸諫這比丘，這比丘是說法比丘、說律比丘；這比丘所說的，我們認可。」

3. 行呵諫

（1）初勸諫

「你切勿這樣說：『這比丘是說法比丘、說律的比丘；這比丘所說的，我們認可』。但是這比丘並非說法比丘、說律比丘，你們切勿破壞和合的僧眾，應協助和合僧眾。大德，跟僧眾和合、歡喜不諍、水乳交融，在佛法中有所增益，安樂修行，請捨棄這事，切勿被僧眾所『呵諫』，再犯重罪。」

（2）告白

如聽從勸諫，很好；如不聽從勸諫，應當告白。

告白後應對那人說：「我已告白了，還有羯磨；請你捨棄這事，切勿被僧眾所『呵諫』，再犯重罪。」

（3）羯磨

如聽從勸諫，很好；如不聽從勸諫，應行初羯磨。行初羯磨後，應對那人說：「我已告白及行初羯磨，還有兩次羯磨；請你捨棄這事，切勿被僧眾所『呵諫』，再犯重罪。」

如聽從勸諫，很好；如不聽從勸諫，應行第二羯磨。

行第二羯磨後，應對那人說：「已完成了白二羯磨，還有一次羯磨；請你捨棄這事，切勿被僧眾所『呵諫』，再犯重罪。」

如聽從勸諫，很好；如不聽從勸諫，行第三羯磨。

行第三羯磨後，僧伽婆尸沙。

4. 違犯輕重

（1）羯磨未成捨棄

完成告白和兩次羯磨後捨棄，三偷蘭遮；完成告白和一次羯磨後捨棄，二偷蘭遮；完成告白後捨棄，一偷蘭遮；未完成告白便捨棄，突吉羅；如未告白，一切跟隨破壞僧眾的同黨，全突吉羅。

（2）在旁教唆

如比丘「呵諫」結黨的比丘時，另有其他比丘說：「切勿捨棄」。這比丘，偷蘭遮；如未「呵諫」，突吉羅。

如比丘「呵諫」結黨的比丘時，比丘尼說：「堅持不捨棄」。比丘尼，偷蘭遮；如未「呵諫」，比丘尼說：「切勿捨棄」，突吉羅。

除比丘和比丘尼外，餘人教唆說：「切勿捨棄」，全突吉羅。

（三）兼制

比丘尼，僧伽婆尸沙；式叉磨那、沙彌、沙彌尼，突吉羅。這叫做犯。

（四）開緣

不犯：剛勸諫時便捨棄；非法別眾、非法和合眾、法別眾、法相似別眾、法相似和合眾行「呵諫」；不合法、不合律、不合佛所教導者；或全未「呵諫」便捨棄，不犯。

十二、污家擯謗違僧諫戒〔註321〕

提要：有比丘跟在家人肆意玩樂，持戒比丘也被牽連。

（一）制戒因緣

1. 非法行

那時，佛在舍衛國祇樹給孤獨園。

這時，鞞連〔註322〕有二比丘：一名阿濕婆〔註323〕、二名富那婆娑〔註324〕，在鞞連作惡，污染人家，污染人家為人所見所聞、作惡也為人所見所聞。

他們做出這些不合佛法的行徑：親自種華樹〔註325〕、叫人種華樹，親自溉灌、叫人溉灌，親自摘花、叫人摘花，親自製華鬘、叫人製華鬘，〔註326〕親自用線穿花、叫人用線穿花，親自拿著花、叫人拿著花，親自拿華鬘給人、叫人拿華鬘給人。

如那村落中有婦女或女童，與她們一同在床上坐下和起來，共用一器皿飲食，一同說話、開玩笑；或親自歌舞娛樂他人，或在他人歌舞後自己唱和，或說嘲謔的笑話，或彈奏和吹笙〔註327〕、吹螺貝〔註328〕、扮孔雀的聲音，或發

〔註321〕《巴利律》作第 13 戒。
〔註322〕鞞連：音譯詞。《巴利律》作 Kiṭāgiri，迦尸國城邑。
〔註323〕阿濕婆：音譯詞。《巴利律》作 Assaji，意譯「馬宿」；六群比丘之一。
〔註324〕富那婆娑：音譯詞。《巴利律》作 Punabbasu，意譯「滿宿」；六群比丘之一。
〔註325〕華樹：《巴利律》作 mālāvaccha，小華樹、有裝飾物的植物。
〔註326〕按比丘不可用華鬘裝飾自己，僅能在室內懸掛，或用來供養佛。
〔註327〕彈奏和吹笙：〔大〕原作「彈鼓簧」。
〔註328〕螺貝：〔大〕原作「貝」，吹奏樂器一種。

出鳥鳴聲，或奔走，或假裝跛腳而行，或吹口哨〔註329〕，或做出各種動作和姿勢，或受僱玩樂說笑。

2. 比丘受累

那時，有眾多比丘從迦尸〔註330〕國逐漸遊化，到鞞連住宿。

大清早，他們穿衣持鉢，進入村中乞食，僧衣齊整、步行時安詳蕭穆〔註331〕、雙眼向前下望、不左右顧盼、順次乞食。

這時，居士們見到後，互相說：「他們是什麼人呢？雙眼下望而行、不左右顧盼、不談話說笑、不幫助〔註332〕他人、亦不會好言問候他人，我們不應給與他們飲食。我們阿濕婆、富那婆娑二人，雙眼不下望而行、左顧右盼、幫助人、好言問訊，應給他們飲食供養。」

當時，那些比丘在鞞連乞食甚為艱難，才能得到食物，他們自己想念道：「這居住地方很惡劣〔註333〕，有惡比丘〔註334〕住在這裏，他們做了這些惡事……乃至受僱玩樂說笑。」

3. 佛斥犯者

那時，比丘們便從鞞連前往舍衛城，到世尊之所，頭面禮足，坐在一旁。

這時，世尊慰問客比丘說：「你們生活安樂嗎？僧眾和合嗎？不為飲食所惱苦嗎？」

比丘們稟告世尊：「大德，我們生活安樂、僧眾和合，我們從迦尸國遊化到鞞連。」把以上因緣全部稟告世尊。

這時，世尊用無數方法遠遠怒聲斥責阿濕婆、富那婆娑二比丘：「你們做錯了！不合威儀、不合沙門法、不是清淨的行為、不是隨順佛法的行為，都不應做。為什麼阿濕婆、富那婆娑在鞞連污染人家、作惡，污染人家為人所見所聞，作惡同樣為人所見所聞……乃至受僱玩樂說笑呢？」

4. 擯羯磨

這時，世尊用無數方法怒聲斥責他們後，告訴舍利弗和目連：「你們二人前往鞞連，為阿濕婆、富那婆娑作羯磨。為什麼？因為他們是你們的弟子。應

〔註329〕口哨：〔大〕原作「嘯」。
〔註330〕迦尸：音譯詞。《巴利律》作 Kāsi，古印度大國，位於今印度北方邦東南部。
〔註331〕安詳蕭穆：〔大〕原作「庠序」。
〔註332〕幫助：〔大〕原作「周接」。
〔註333〕惡劣：〔大〕原作「惡」，〔金〕缺，亦通。
〔註334〕惡比丘：《巴利律》作 alajjino pāpabhikkhū，無恥惡比丘。

行白四羯磨，應這樣做：召集僧眾，舉出他們二人的違犯〔註335〕，再令他們憶念違犯的時地，憶起了再應給罪名〔註336〕。在僧眾中，應差遣能主持羯磨者……如上文，這樣告白：

　　大德僧聽，此阿濕婆、富那婆娑在羈連污〔註337〕他家、行惡行，污他家亦見亦聞、行惡行亦見亦聞。若僧時到，僧忍聽今僧為阿濕婆、富那婆娑作擯羯磨〔註338〕：『汝等污他家、行惡行，污他家亦見亦聞、行惡行亦見亦聞。汝等行惡行，出去，不應在此住』。白如是。」

　　「大德僧聽，此阿濕婆、富那婆娑在羈連污他家、行惡行，污他家亦見亦聞、行惡行亦見亦聞。今僧與阿濕婆、富那婆娑作擯羯磨：『此二人污他家、行惡行，污他家亦見亦聞、行惡行亦見亦聞。汝等污他家出去，不應在此住』。誰諸長老忍僧為此二人作擯羯磨者，默然；誰不忍者，說。此是初羯磨。」

　　「第二、第三次，也這樣說。」

　　「僧已忍與阿濕婆、富那婆娑作擯羯磨竟，僧忍，默然故，是事如是持。」

　　當時，舍利弗、目連聽聞佛的教示後，即從座位起來，禮佛足，右繞三圈而離去。

5. 說法接引

　　舍利弗、目連穿衣持鉢，與五百比丘大眾一起，從迦尸國遊化到羈連。

　　這時，阿濕婆、富那婆娑聽聞舍利弗、目連帶領五百比丘眾僧，一起從迦尸國遊化到羈連，定必為我們行擯羯磨。

　　那二人便前往居士們之所，說：「現今有兩比丘前來，第一位叫舍利弗，第二位叫目連：第一位比丘擅長幻術，能凌空飛行；第二位比丘做惡事，能親自說法，你們好好親自觀察，切勿被他們迷惑。」

　　這時，舍利弗、目連從迦尸國逐漸遊化，來到羈連住宿；大清早，穿衣持鉢，入村中乞食，大目連展現神通，跳上半空，舍利弗親自說法。

　　這時，居士們看見了，互相說：「這兩位比丘，第一位擅長幻術，空中飛行；第二位做惡事，能親自說法。」

　　當時，舍利弗、目連便為羈連居士們說法，令他們得到信樂。

〔註335〕舉出……違犯：〔大〕原作「作舉」。
〔註336〕給罪名：〔大〕原作「與罪」。
〔註337〕污：《巴利律》作 dūsaka：污損（名譽等）的、敗德的。
〔註338〕擯羯磨：《巴利律》作 pabbājanīyakamma，驅出羯磨、擯出的處罰。

6. 惡僧不服

那時，尊者舍利弗、目連進食完後洗鉢，返回住處；藉這因緣召集比丘僧眾，集合僧眾後，舉出阿濕婆、富那婆娑的違犯，舉出後再令他們憶念其事，記起後給與罪名。

這時，舍利弗便在僧眾中行羯磨⋯⋯如上文所說。

這時，阿濕婆、富那婆娑在僧眾為他們行羯磨時，這樣說：「僧眾中有的偏愛〔註339〕、有的怨憤、有的怖畏、有的愚癡，還有其他犯同罪的比丘，有的驅擯，有的不驅擯，而唯獨驅擯我們！」

7. 佛斥犯者

那時，舍利弗、目連在鞞連為阿濕婆、富那婆娑完成羯磨後，返回舍衛國祇樹給孤獨園，到世尊之所，頭面禮足，坐在一旁；坐在一旁後，稟告佛說：「我們已於鞞連為阿濕婆、富那婆娑行『擯羯磨』了。僧眾行『擯羯磨』時，阿濕婆、富那婆娑這樣說：『僧眾中有的偏愛、有的怨憤、有的怖畏、有的愚癡，還有其他所犯同罪的比丘，有的驅擯，有的不驅擯』。」

這時，世尊用無數方法遠遠怒聲斥責阿濕婆、富那婆娑：「你們做錯了！不合威儀、不合沙門法、不是清淨的行為、不是隨順佛法的行為，都不應做。為什麼在僧眾為自己行『擯羯磨』時，說：『僧眾中有的偏愛、有的怨憤、有的怖畏、有的愚癡，還有其他犯同罪的比丘，有的驅擯，有的不驅擯』呢？」

8. 呵諫羯磨

世尊用無數方法怒聲斥責那阿濕婆、富那婆娑後，告訴比丘們：「從今以後，聽許僧眾為阿濕婆、富那婆娑行『呵諫白四羯磨』。僧眾中應差遣能主持羯磨者⋯⋯如上文，應這樣告白：

大德僧聽，此阿濕婆、富那婆娑在鞞連，僧眾與作擯羯磨時便作出這話：『僧有愛、有恚、有怖、有癡，有如是同罪比丘，有驅者、有不驅者』。若僧時到，僧忍聽今僧與阿濕婆、富那婆娑作呵諫，捨此事故：汝等莫作是言：『僧有愛、有恚、有怖、有癡，有如是同罪比丘，有驅者、有不驅者』。而諸比丘不愛、不恚、不怖、不癡。汝等污他家、行惡行，污他家亦見亦聞、行惡行亦見亦聞。汝等污他家、行惡行。白如是。」

「大德僧聽，此阿濕婆、富那婆娑在鞞連，僧與作羯磨時便作是言：『僧

〔註339〕有的偏愛：〔大〕原作「有愛」。《巴利律》作 chandagāmina，遵從意欲。

有愛、有恚、有怖、有癡，有如是同罪比丘，有驅者、有不驅者』。僧今與阿濕婆、富那婆娑作呵諫，捨此事故：汝等莫作是言：『僧有愛、有恚、有怖、有癡，有如是同罪比丘，有驅者、有不驅者』。而諸比丘不愛、不恚、不怖、不癡。汝等污他家、行惡行，污他家亦見亦聞、行惡行亦見亦聞。汝等污他家、行惡行。誰諸長老忍僧與阿濕婆、富那婆娑作呵諫捨此事者，默然；誰不忍者，說。是初羯磨。」

「第二、第三次，也這樣說。」

「僧已忍與阿濕婆、富那婆娑作呵諫捨此事竟，僧忍，默然故，是事如是持。」

「就這樣為阿濕婆、富那婆娑行『呵諫白四羯磨』完成。」

（二）制戒內容

1. 佛制戒

那時，比丘們前往稟告佛，佛說：「如有其他比丘，或僧眾已驅擯，或正在驅擯，或仍未作驅擯，這樣說：『僧人有的偏愛、有的怨憤、有的怖畏、有的愚癡』，亦應這樣為他們行『呵諫白四羯磨』以『呵諫』。從今以後，跟比丘們結戒，為了十句義……乃至使正法得以久住。想說戒者，應這樣說：

若比丘，依〔註340〕聚落〔註341〕、若城邑住，污他家、行惡行，污他家亦見亦聞、行惡行亦見亦聞。諸比丘當語是比丘言：『大德！污他家、行惡行，污他家亦見亦聞、行惡行亦見亦聞。大德！汝污他家、行惡行，今可遠此聚落去，不須住此』。是比丘，語彼比丘作是語：『大德！諸比丘有愛、有恚、有怖、有癡，有如是同罪比丘，有驅者、有不驅者』。諸比丘報言：『大德！莫作是語：「有愛、有恚、有怖、有癡，有如是同罪比丘，有驅者、有不驅者」。而諸比丘不愛、不恚、不怖、不癡。大德！污他家行惡行，污他家亦見亦聞，行惡行亦見亦聞』。」

「是比丘，如是諫時，堅持不捨者，彼比丘應再三諫，捨此事故。……乃至三諫，捨者善；不捨者，僧伽婆尸沙。」

2. 釋義

（1）比丘：意義如上文。

（2）村：有四種，如上文。

〔註340〕依：《巴利律》作 upanissāya，近依。這意謂比丘住近聚落，方便得到供養。
〔註341〕聚落：《巴利律》作 gāma，村落。

（3）聚落、城邑：屬於國王者。

（4）家：有男有女。

（5）污他家：有四件事：

1）「依家污家」：從一家庭得到物品，轉給另一家庭，比丘原先得物品之處聽聞會不歡喜，比丘所給之處應想報恩，便這樣說：「如有給我物品者，我當回報；如沒有給我物品者，我為什麼回報他呢？」

2）「依利養污家」：如此丘合佛法，得到豐裕的供養……乃至鉢中剩餘的食物，或給一居士、不給一居士，那得者便這樣想：「如有給我者，我當回報；如不給我者，我為什麼給他呢？」

3）「依親友污家」：如此丘依靠王或大臣，或為一居士著想，或不為一居士著想，受著想者便應想報恩：「為我者，我當供養；不為我者，我不供養。」

4）「依僧伽藍污家」：如此丘取去僧眾的花果，或給一居士、不給一居士，那得者便這樣想：「有給我者，我當供養；沒有給我者，我不供養。」

5）因這四事而污染人家，所以說「污他家」。

（6）行惡行：親自種華樹，叫人種華樹……乃至受僱玩樂說笑，如上文所說。

3. 行呵諫

（1）初勸諫

如比丘，依近聚落居住，污染人家、作惡，污染人家為人所見所聞、作惡同樣為人所見所聞。

那些比丘勸諫這比丘說：「大德，污染人家為人所見所聞、作惡同樣為人所見所聞。大德，污染人家、作惡，可捨棄這事，切勿被僧眾所怒聲斥責，再犯重罪。」

（2）告白

如聽從勸諫，很好；如不聽從勸諫，應告白。

告白後應要求說：「大德，已告白，還有三次羯磨；可捨棄這事，切勿被僧眾所『呵諫』，再犯重罪。」

（3）羯磨

如捨棄，很好；如不捨棄，應行初羯磨。

行初羯磨後，應再要求：「大德，已完成告白和初羯磨，還有兩次羯磨；大德，可捨棄這事，切勿被僧眾所『呵諫』，再犯重罪。」

如聽從勸諫，很好；不聽從勸諫，應行第二羯磨。

行第二羯磨後，應再要求：「大德，已完成第二羯磨，還有一次羯磨；大德，可捨棄這事，切勿被僧眾所『呵諫』，再犯重罪。」

如聽從勸諫，很好；如不聽從勸諫，行第三羯磨。

行第三羯磨後，僧伽婆尸沙。

4. 違犯輕重

（1）羯磨未完成便捨棄

如完成白二羯磨便捨棄，三偷蘭遮；如完成白一羯磨便捨棄，二偷蘭遮；完成告白後便捨棄，一偷蘭遮；如首次告白未完成便捨棄，突吉羅；如在未告白前說：「僧人有的偏愛、有的怨憤、有的怖畏、有的愚癡」，全突吉羅。

（2）在旁教唆

如僧眾「呵諫」時，另有其他比丘教唆不要捨棄，這比丘偷蘭遮；如未「呵諫」，突吉羅。

如僧眾「呵諫」時，有比丘尼教唆說：「不要捨棄」，比丘尼偷蘭遮；如在未「呵諫」前教唆他，比丘尼突吉羅。

除比丘、比丘尼外，餘人教唆不要捨棄，不論有否「呵諫」，全突吉羅。

（3）其他

如沒看過書信便帶過去，突吉羅；如為白衣送信，突吉羅。

（三）兼制

比丘尼，僧伽婆尸沙；式叉摩那、沙彌、沙彌尼，突吉羅。這叫做犯。

（四）開緣

不犯：剛勸諫時便捨棄；非法別眾、非法和合眾、法別眾、法相似別眾、法相似和合眾行「呵諫」；不合法、不合律、不合佛所教導者；或在全未「呵諫」前；〔註342〕或為了父母，或為了病人，為了小孩，為了孕婦，為了獄中囚犯，為了寺院中的訪客而行，〔註343〕不犯。

不犯：或種華樹，又叫人種華樹供養佛法僧；叫人取花供養佛法僧；親自製花鬘，又叫人製花鬘供養佛法僧；親自用線穿花，又叫人穿花供養佛法僧；親自拿著花，又叫人拿著花供養佛法僧；親自用線穿造花鬘，又叫人穿線拿著

〔註342〕這意謂在這樣的情況下，仍未捨棄污他家或惡行，不犯本罪。
〔註343〕這意謂如為了父母等有上述的行為，不算污他家。

花鬘供養佛法僧，皆不犯。

或有人舉起手想打人，或遇上盜賊、象、熊、羆、獅子、虎、狼跑來，在恐怖危難之處，或有人擔著刺棘走來，而從中走避，不犯。

或為度過河流、水溝、水渠、坑穴，而跳躍，不犯。

或同伴在身後行走，回頭看不見對方，而吹口哨呼喚，不犯。

或為了病父母，或關在獄中的父母，或為了篤信的病優婆塞，或給囚禁於監獄的優婆塞看信而前往，或為了塔、為了僧眾、為了病比丘之事而送信往返，全不犯。

十三、惡性拒僧違諫戒〔註344〕

提要：闡陀不接受規諫。

（一）制戒因緣

1. 不受勸說

那時，佛在拘睒毘國瞿師羅園。

這時，尊者闡陀比丘性情頑劣，不接受他人的話，對比丘們說：「你們切勿稱說我是好是壞，我亦不稱說大德們是好是壞。大德們，請住咀！切勿有所說話，何必教我做什麼呢？應是我教導大德們。為什麼？因為我的聖主〔註345〕已得正覺〔註346〕。譬如洪水開始湧來，草木漂流，堆積在一起；大德們也是這樣，各種姓、各種名，從各種家族出家，聚集在一起。亦如大風吹折草木，堆積在一起；大德們也是這樣，各種姓、各種名，從各種家族出家，聚集在一起。所以大德們，不應教我什麼，應是我教導大德們。為什麼？因為我的聖主已得正覺。」

這時，比丘們聽聞，其中少欲知足、行頭陀、喜好學戒、知慚愧者，嫌惡斥責闡陀比丘：「為什麼性情頑劣，不接受他人的話，對比丘們說：『大德們，你們切勿稱說我是好是壞，我亦不稱說大德們是好是壞。大德們，請住咀！切勿有所說話，何必教我做什麼呢？應是我教導大德們。為什麼？因為我的聖主已得正覺。譬如洪水開始湧來，草木漂流，堆積在一起；大德們也是這樣，各種姓、各種名，從各種家族出家，聚集在一起。亦如大風吹折草木，堆積在一

〔註344〕《巴利律》作第12戒。

〔註345〕聖主：《巴利律》作 ayyaputta，主人之子、貴族之子；意謂釋迦牟尼。

〔註346〕得正覺：《巴利律》作 dhamma abhisamita，現觀佛法。

起；大德們也是這樣，各種姓、各種名，從各種家族出家，聚集在一起。所以大德們，不應教我什麼，應是我教導大德們。為什麼？因為我的聖主已得正覺』呢？」

比丘們前往到世尊之所，頭面禮足，坐在一旁，把這因緣全部稟告世尊。

2. 呵諫羯磨

那時，世尊藉這因緣召集比丘僧眾，用無數方法怒聲斥責闡陀比丘：「你做錯了，不合威儀、不合沙門法、不是清淨的行為、不是隨順佛法的行為，都不應做。為什麼闡陀性情頑劣，不接受他人的話……詳說如上文……乃至我的聖主已得正覺。」

這時，世尊怒聲斥責闡陀後，告訴比丘們：「聽許僧眾為闡陀比丘作『呵諫白四羯磨』。這樣呵諫他：僧眾中應差遣能主持羯磨者……如上文，這樣告白：

大德僧聽，此闡陀比丘惡性〔註347〕、不受人語，諸比丘以戒律如法〔註348〕教授，自作不可共語，語諸比丘言：『大德！莫語我若好、若惡，我亦不語諸大德若好、若惡。大德且止，不須教我』。若僧時到，僧忍聽僧今與闡陀比丘作呵諫，捨此事故：汝闡陀莫自作不可共語，當作可共語。闡陀，汝應如法諫諸比丘，諸比丘亦當如法諫汝，如是佛弟子眾得增益〔註349〕，展轉相教、展轉相諫、展轉懺悔。白如是。」

「大德僧聽，此闡陀比丘惡性、不受人語，諸比丘以戒律如法教授，自作不可共語，語諸比丘言：『大德！莫語我若好、若惡，我亦不語諸大德若好、若惡。大德且止，不須教我』。今僧為闡陀比丘作呵諫，捨此事故：『汝闡陀莫自作不可共語，當作可共語。汝當如法諫諸比丘，諸比丘亦當如法諫汝。如是佛弟子眾得增益，展轉相教、展轉相諫、展轉懺悔』。誰諸長老忍僧為闡陀比丘作呵諫，捨此事者，默然；誰不忍者，說。是初羯磨。」

「第二、第三次，也這樣說。」

「僧已忍與闡陀比丘作呵諫捨此事竟，僧忍，默然故，是事如是持。」

「應當這樣『呵諫』。」

〔註347〕惡性：《巴利律》作 dubbacajātika，惡口類的、惡口性的。
〔註348〕如法：《巴利律》作 sahadhammika，合佛法地。
〔註349〕增益：《巴利律》作 saṃvaddha，繁榮、增大。

（二）制戒內容

1. 佛制戒

僧眾為闡陀比丘作了『呵諫白四羯磨』，令他捨棄這事後，比丘們稟告佛，佛說：「如有其他比丘性情頑劣，不接受他人的話，僧眾亦應為他行這樣的『呵諫白四羯磨』；從今以後，跟比丘們結戒，為了十句義……乃至使正法得以久住。想說戒者，應這樣說：

若比丘，惡性、不受人語，於戒法中諸比丘如法諫已，自身不受諫，語言：『諸大德，莫向我說若好、若惡，我亦不向諸大德說若好、若惡。諸大德且止，莫諫我』。彼比丘諫是比丘言：『大德，莫自身不受諫語；大德，自身當受諫語。大德如法諫諸比丘，諸比丘亦如法諫大德。如是佛弟子眾得增益，展轉相諫、展轉相教、展轉懺悔』。」

「是比丘如是諫時，堅持不捨，彼比丘應三諫，捨是事故……乃至三諫，捨者善；不捨者，僧伽婆尸沙。」

2. 釋義

（1）比丘：意義如上文所說。

（2）惡性不受語：不接受、不聽從他人教誨。

（3）以戒律如法教授：有七犯罪類別：波羅夷、僧伽婆尸沙、波逸提、波羅提提舍尼、偷蘭遮、突吉羅、惡說。

（4）如法：合法、合律、合佛所教導。

3. 行呵諫

（1）初勸諫

如比丘，性情頑劣，不接受他人的話，比丘們以戒律，合規範地教授，自己卻不容一起談話：「大德，你們切勿稱說我是好是壞，我亦不稱說大德們是好是壞。大德們，請住咀！毋須勸諫我。」

那些比丘勸諫這比丘說：「大德，切勿自己不容一起談話，應可以一起談話。大德如同正法勸諫比丘們，比丘們亦應如同正法勸諫大德。這樣佛一眾弟子都有增益，輾轉相教導、輾轉相勸諫、輾轉懺悔。大德，可捨棄這事，切勿被僧眾『呵諫』，再犯重罪。」

（2）告白

如聽從勸諫，很好；如不聽從勸諫，應告白。

告白後應再要求他：「大德，我已完成告白，還有三次羯磨。大德可捨棄

這事，切勿被僧眾『呵諫』，再犯重罪。」

（3）羯磨

如聽從所說，很好；如不聽從所說，行初羯磨。

行初羯磨後，應再要求：「大德！已完成告白、初羯磨，還有兩次羯磨。大德！可捨棄這事，切勿被僧眾『呵諫』，再犯重罪。」

如聽從勸諫，很好；如不聽從勸喻，為他說第二羯磨。

說了第二羯磨後，應再要求他：「大德，已完成告白、第二羯磨，還有一羯磨。大德，可捨棄這事，切勿被僧眾『呵諫』，再犯重罪。」

如聽從勸諫，很好；如不聽從勸諫，為他說第三羯磨。說了第三羯磨後，僧伽婆尸沙。

4. 違犯輕重

（1）呵諫未完成便捨棄

白二羯磨而捨棄，三偷蘭遮；白一羯磨而捨棄，二偷蘭遮；告白後捨棄，一偷蘭遮；告白未完成而捨棄，突吉羅；未告白前，性情頑劣，不接受他人的話，全突吉羅。

（2）在旁教唆

如為了性情頑劣而「呵諫」時，有其他比丘教唆說：「切勿捨棄」，這比丘偷蘭遮；如在未「呵諫」而說，突吉羅。如比丘尼教唆說：「切勿捨棄」，這比丘尼偷蘭遮；如尚未「呵諫」，突吉羅。

除比丘、比丘尼外，餘人教唆：「切勿捨棄」，「呵諫」或不「呵諫」，全突吉羅。

（三）兼制

比丘尼，僧伽婆尸沙；式叉摩那、沙彌、沙彌尼，突吉羅。這叫做犯。

（四）開緣

不犯：剛勸諫便捨棄；非法別眾、非法和合眾、法別眾、法相似別眾、法相似和合眾行「呵諫」；不合法、不合律、不合佛所教導者；或在全未「呵諫」前捨棄，不犯。

或為沒有智慧的人「呵諫」時，對他這樣說：「你和尚、阿闍梨都是這樣做，你可再學習、發問和誦經」，如事情是這樣；或戲笑說，或急速地說，或獨自說，或夢中說、想說這樣卻錯說那樣，這叫不犯。

第三篇　不　定

一、屏處不定戒

提要：迦留陀夷跟舊識女子在隱蔽處談話，為在家人揭發。

（一）制戒因緣

1. 在屏蔽處

那時，世尊在舍衛國祇樹給孤獨園。

迦留陀夷先前仍是白衣時，有親友〔註1〕婦人，名叫齋優婆私〔註2〕，容貌端正，迦留陀夷亦容貌端正；迦留陀夷掛念〔註3〕她，她亦掛念迦留陀夷。

這時，迦留陀夷在時間到了〔註4〕，穿衣持鉢，到齋優婆私家，跟她單獨一同在有屏障、有覆蓋之處坐下。

當時，迦留陀夷與齋優婆私談話。

2. 居士撞破

那時，毘舍佉母〔註5〕因小緣事前往齋優婆私的鄰舍，遠遠聽聞迦留陀夷的說話聲。

毘舍佉母有信樂之心，聽聞屋內有比丘的說話聲，這樣想念：「或許他能

〔註1〕親友：《巴利律》作 upaṭṭhākakula，信施家。
〔註2〕優婆私：「優婆夷」的異譯。《巴利律》記這女子為尊者優陀夷（或即迦留陀夷）施主之女，已許配他人。
〔註3〕掛念：〔大〕原作「繫意」。
〔註4〕在時間到了：〔大〕原作「到時」；意謂到了乞食時間。
〔註5〕毘舍佉母：《巴利律》作 Visākhā-Migāramātā，意譯「鹿母」。

說法。」便倚著牆壁傾聽，但聽聞的說話聲不合佛法，又想念說：「聽聞比丘的聲音，但所說的不合佛法，比丘不應說這樣的話。」

她便窺看他，看見迦留陀夷與齋優婆私一起坐在床上，說不合佛法的話，看見後便這樣想念：「這比丘在不合佛法之處坐下，又說不合佛法的話；如她的丈夫看見，會斥罵其妻子，生起不信佛法之心。」

3. 在家人舉報

這時，毘舍佉母便回去再離開她的房舍，迅速前往世尊之所，頭面禮足，站在一旁，把這因緣全部稟告世尊；稟告世尊後，頭面禮足，繞三圈而離去。

4. 佛斥犯者

那時，世尊召集比丘僧眾，明知故問迦留陀夷說：「你確實跟齋優婆私單獨在有屏障、有覆蓋之處坐下嗎？」

迦留陀夷答道：「確實這樣，世尊。」

世尊用無數方法怒聲斥責他：「你做錯了！不合威儀、不合沙門法、不是清淨的行為、不是隨順佛法的行為，都不應做。你現今為什麼跟齋優婆私單獨在有屏障、有覆蓋之處坐下呢？」

（二）制戒內容

1. 佛制戒

這時，世尊用無數方法怒聲斥責迦留陀夷後，告訴比丘們：「迦留陀夷，愚癡人啊！會引生多種有漏，最初犯本戒。從今以後，跟比丘們結戒，為了這十句義……乃至使正法得以久住。想說戒者，應這樣說：

若比丘，共女人獨在屏覆處、障處〔註6〕、可作婬處坐，說非法語。有住信〔註7〕優婆私，於三法中一一法說——若波羅夷、若僧伽婆尸沙、若波逸提。是坐比丘自言〔註8〕：『我犯是罪』。於三法中應一一治〔註9〕——若波羅夷、若僧伽婆尸沙、若波逸提。如住信優婆私所說，應如法治是比丘，是名不定〔註10〕法。」

〔註6〕屏覆處、障處：《巴利律》作 raho（秘密）、paṭicchanna（被覆藏的）。
〔註7〕住信：《巴利律》作 saddheyya，有信心、相信。
〔註8〕自言：《巴利律》作 paṭijānamāno，承認。
〔註9〕治：《巴利律》作 kāretabbo，處理。
〔註10〕不定：《巴利律》作 aniyata，不決定的。

2. 釋義

（1）比丘：意義如上文所說。

（2）女人：女人，有智力、並未命終。

（3）獨：一名比丘和一名女人。

（4）屏覆：有兩種：

1）見屏覆：在塵埃中、霧中，或黑暗中，不能相見。

2）聞屏覆：……乃至如常說話，而別人聽不到聲音之處。

（5）障覆：樹、牆壁、籬笆、衣，以及其他物件的遮隔。

（6）可作婬處：可以容許行婬之處。

（7）說非法語：說婬欲之事。

（8）信樂優婆私：相信佛法僧、歸依佛法僧；不殺、不盜、不邪婬、不妄語、不飲酒；善於記憶事情、不錯說話，真實而不虛妄。

3. 懲治依據

（1）依比丘之言

如比丘，自行說出所往之處、自行說出所到之處、自行說出坐下、自行說出躺臥、自行說出所作之事，便應如比丘所說的治理。

（2）依優婆夷之言

如比丘，自行說出所往之處、自行說出所到之處、自行說出坐下、自行說出躺臥，而沒自行說出所作之事，應如優婆私所說的治理。

如比丘，自行說出所往之處、自行說出所到之處、自行說出坐下，而沒自行說出躺臥、沒自行說出所作之事，應如優婆私所說的治理。

如比丘，自行說出所往之處、自行說出所到之處，而沒自行說出坐下、沒自行說出躺臥、沒自行說出所作之事，應如優婆私所說的治理。

如比丘，自行說出所往之處，而沒自行說出所到之處、沒自行說出坐下、沒自行說出躺臥、沒自行說出所作之事，應如優婆私所說的治理。

如比丘，沒自行說出所往之處、沒自行說出所到之處、沒自行說出坐下、沒自行說出躺臥、沒自行說出所作之事，應如優婆私所說的治理。

當中沒有一定的方法，所以說「不定」。

二、露處不定戒

提要：迦留陀夷跟舊識女子一起坐在露天地方談話，為在家人揭發。

（一）制戒因緣

1. 在露現處

那時，世尊在舍衛國祇樹給孤獨園。

這時，迦留陀夷先前是白衣時，有友好婦人，名叫齋優婆私，容貌端正，迦留陀夷亦容貌端正；迦留陀夷常掛念齋優婆私，齋優婆私亦掛念迦留陀夷。

這時，尊者迦留陀夷在時間到了，穿衣持鉢，前往齋優婆私的家，二人一起坐在露天可見之處，一同談話。

2. 在家人撞破

那時，毘舍佉母因小因緣前往鄰舍，遠遠聽聞迦留陀夷的說話聲，這樣想念道：「或許他能說法。」便倚著牆壁傾聽，但聽聞屋內的說話聲不合佛法，又自己想念道：「聽聞比丘的聲音，但所說的是不合佛法的話，比丘不應說這樣的話。」

她便窺看他，看見迦留陀夷與齋優婆私坐在露天可見之處，說不合佛法的話，看見後這樣想：「現今這比丘既坐在不合佛法之處，又說不合佛法的話；她丈夫看見，會斥罵其妻子，生起不信佛法之心。」

3. 在家人舉報

這時，毘舍佉母便回去再離開其家，迅速前往世尊之處，頭面禮足，站在一旁，把這因緣全部稟告世尊；稟告世尊後，頭面禮足，繞三圈而離去。

4. 佛斥犯者

那時，世尊明知故問迦留陀夷：「你確實跟齋優婆私在露天可見之處，一同坐下及說話嗎？」

迦留陀夷答道：「確實這樣，世尊。」

世尊用無數方法怒聲斥責他說：「你做錯了！不合威儀、不合沙門法、不是清淨的行為、不是隨順佛法的行為，都不應做。你今日為什麼跟齋優婆私在露天可見之處一同坐下，並說不合佛法之事呢？」

（二）制戒內容

1. 佛制戒

這時，世尊用無數方法怒聲斥責迦留陀夷後，告訴比丘們：「迦留陀夷，愚癡人啊！會引生多種有漏，最初犯本戒。從今以後，跟比丘們結戒，為了這十句義……乃至使正法得以久住。想說戒者，應這樣說：

若比丘，共女人在露現處〔註11〕、不可作婬處坐，作麁惡語。有住信優婆私於二法中一一法說——若僧伽婆尸沙、若波逸提。是坐比丘自言：『我犯是事』。於二法中應一一法治——若僧伽婆尸沙、若波逸提。如住信優婆私所說，應如法治是比丘，是名不定法。」〔註12〕

2. 釋義

（1）比丘：意義如上文。

（2）露處：沒有牆壁、樹木或籬笆遮隔，也沒有其他物件障隔。

（3）不可作婬處：不容許行婬之處。

（4）麁惡語：說有關婬欲的事，讚美大小二便道的好惡。

（5）信樂優婆私：相信佛法僧、歸依佛法僧；不殺、不盜、不婬邪、不妄語、不飲酒；善於記憶事情，沒有記錯，所說的真實而不虛妄。

3. 懲治依據

（1）依比丘之言

如比丘，自行說出所往之處、自行說出所到之處、自行說出坐下、自行說出躺臥，便應如比丘的話治理。

（2）依優婆夷之言

如比丘，自行說出所往之處、自行說出所到之處、自行說出坐下，而沒自行說出躺臥，應如優婆私所說的治理。

如比丘，自行說出所往之處、自行說出所到之處，而沒自行說出坐下、沒自行說出躺臥，應如優婆私所說的治理。

如比丘，自行說出所往之處，而沒自行說出所到之處、沒自行說出坐下、沒自行說出躺臥，應如優婆私所說的治理。

如比丘，沒自行說出所往之處、沒自行說出所到之處、沒自行說出坐下、沒自行說出躺臥，應如優婆私所說的治理。

當中沒有一定的方法，所以說「不定」。

〔註11〕露現處：《巴利律》作 na……paṭicchanna，非被覆藏的。

〔註12〕本戒所述的犯戒地點在沒有覆蓋的露天地方，在當時被視為無法行婬，因此不會犯波羅夷，故比起上一條戒，戒文刪「波羅夷」一法。

第四篇　尼薩耆波逸提

一、長衣過限戒

提要：六群比丘蓄藏過多衣物。

（一）制戒因緣

1. 多蓄衣

那時，佛在舍衛國祇樹給孤獨園。

世尊聽許比丘們擁有三衣，不可以多出。

這時，六群比丘〔註1〕收蓄多出的衣，或早起時穿的衣，或正午時穿的衣，或晡時穿的衣；他們常常打理和修飾〔註2〕這些衣，加以收藏〔註3〕。

比丘們看見後，對六群比丘說：「佛聽許擁有三衣，不可多出。這是誰的衣呢？」

六群比丘答道：「是我們多出的衣。」

比丘們聽聞，其中少欲知足、行頭陀、喜好學戒、知慚愧者，嫌惡斥責六群比丘說：「如來聽許擁有三衣，你們為什麼收蓄多出的衣：早起時穿的衣、正午時穿的衣、晡時穿的衣呢？」

〔註1〕六群比丘：《巴利律》作 chabbaggiyā bhikkhū，六群比丘。六人是聯群結黨的壞比丘，言行不檢，不少戒律因他們而起。六群比丘的名字，各律書所載不一；綜合《四分律》各戒條的記載，六人為難陀、跋難陀、迦留陀夷、闡那、阿說迦、弗那跋。

〔註2〕修飾：〔大〕原作「莊嚴」。

〔註3〕收藏：〔大〕原作「藏舉」。

比丘們便前往到世尊之所，頭面禮足，坐在一旁，把這因緣全部稟告世尊。

2. 佛斥犯者

那時，世尊藉這因緣召集比丘僧眾，用無數方法怒聲斥責六群比丘：「你們做錯了！不合威儀、不合沙門法、不是清淨的行為、不是隨順佛法的行為，都不應做。為什麼六群比丘，如來聽許擁有三衣，你們卻收蓄多出的衣呢？」

（二）制戒內容

1. 佛初制戒

世尊用無數方法怒聲斥責他們後，告訴比丘：「六群比丘，愚癡人啊！會引生多種有漏，最初犯本戒。從今以後，跟比丘們結戒，為了這十句義……乃至使正法得以久住。想說戒者，應這樣說：

若比丘，畜〔註4〕長〔註5〕衣者，尼薩耆〔註6〕波逸提。」

這樣世尊跟比丘結戒。

2. 阿難欲贈衣

那時，阿難從他人得到一貴價糞掃衣〔註7〕，想把它奉獻給大迦葉；因為大迦葉常行頭陀，穿這種衣。

迦葉不在，阿難這樣想念：「世尊跟比丘們結戒：『若比丘，畜長衣者，尼薩耆波逸提』。我現今得到這貴價糞掃衣，想把它奉獻給大迦葉；大迦葉常行頭陀，穿這種衣，但他不在，不知怎麼辦呢？」

3. 十日後返

他便前往至佛之所，頭面禮足，站在一旁，稟告佛說：「世尊跟比丘們結戒：『若比丘，畜長衣，尼薩耆波逸提』。我現今得到一件貴價糞掃衣，想把它奉獻給大迦葉；大迦葉常行頭陀，穿糞掃衣。」

佛問阿難：「迦葉應什麼時候回來呢？」

阿難稟告佛說：「之後十日應回來。」

4. 修訂前制

世尊藉這因緣召集比丘僧眾，隨順比丘們說法，用無數方法解說少欲知

〔註4〕畜：《巴利律》作 dhāreyya，能持、穿戴。
〔註5〕長：《巴利律》作 atireka，殘餘的、多餘的。
〔註6〕尼薩耆：《巴利律》作 nissaggiya，放捨、放棄。
〔註7〕貴價糞掃衣：《巴利律》作 atirekacīvara，多出的衣服。

足、行頭陀、喜好出離世間的道理後，告訴比丘們：「從今以後，聽許收蓄多出的衣達至十日。想說戒者，應這樣說：

　　若比丘！衣已竟〔註8〕，迦絺那衣〔註9〕已出〔註10〕，畜長衣經十日，不淨施〔註11〕，得畜；若過十日，尼薩耆波逸提。」

5. 釋義

　　（1）比丘：意義如上文。

　　（2）衣竟：三衣已準備好、迦絺那衣已放棄。

　　（3）衣：有十種：絁衣〔註12〕、劫貝衣、欽婆羅〔註13〕衣、芻摩衣、讖摩〔註14〕衣、扇那〔註15〕衣、麻衣、翅夷羅〔註16〕衣、鳩夷羅〔註17〕衣、讖羅半尼〔註18〕衣。

　　（4）長衣：或長如來八指、或闊四指的便是。〔註19〕

〔註 8〕 衣已竟：衣物已準備好；意謂具備了三衣或縫製它們的物料。「竟」，《巴利律》作 niṭṭhā，究竟、終結。

〔註 9〕 迦絺那衣：音譯詞。《巴利律》作 kaṭhina，字面意思是堅硬；譬喻布施衣服的功德，有如金剛石般堅固不破。這裏指僧眾安居完畢，在家眾布施的衣物。

〔註 10〕 已出：已放棄。《巴利律》作 ubbhata，撤出、去除。按僧眾安居合規範，會接受到迦絺那衣，並於緊接的五個月（7 月 16 日至 12 月 15 日），暫時不用守長衣過限、離三衣宿、展轉食、別眾食、不囑同利入聚五戒（捨墮第 1、2 戒、單墮第 32、33、42 戒）。安居不合規範者，不會接受到迦絺那衣，僅開許不守這五戒一個月（7 月 16 日至 8 月 15 日）。比丘捨棄迦絺那衣的時間，即在安居後再過五個月或一個月後；如比丘願意刻苦，可隨時放棄迦絺那衣，五戒的開許也立即取消。

〔註 11〕 淨施：《巴利律》作 vikappana，（衣的）配分、淨施。有些比丘體格較差，或氣候影響，需在三衣外再需其他衣物，便要通過「淨施」，令這些比丘雖不擁有這些衣物，但可使用，以減低對衣物的貪著。詳參看「單墮·真實淨不語取戒第 59」。

〔註 12〕 絁衣：質地稍次的絲織衣物。《中華大藏經》校勘記諸本作「憍賒耶衣」。「憍賒耶」，音譯詞，巴利語 koseyya，絹衣。

〔註 13〕 欽婆羅：音譯詞。巴利語 kambala，羊毛。

〔註 14〕 讖摩：音譯詞。巴利語或 ummā，亞麻。

〔註 15〕 扇那：音譯詞。巴利語 sāṇa，麻。

〔註 16〕 翅夷羅：音譯詞。巴利語 cīra，樹皮、纖維。

〔註 17〕 鳩夷羅：音譯詞。或「盜戒」所說的「拘遮羅」；或赤色羊毛。

〔註 18〕 讖羅半尼：或「盜戒」所說的「差羅波尼」。

〔註 19〕 「指」，古印度長度單位，24 指為 1 肘。據道宣《關中創立戒壇圖經》所記，1 肘長唐尺 1 尺 5 寸（唐 1 尺約 29.4 厘米），1 肘即約 44 厘，1 指約 1.83 厘米，而如來的量限要比人大兩至三倍，故如來八指、四指，約 36.6 厘米、18.3 厘米。

6. 違犯的不同情況

（1）蓄逾十日

如比丘，在第一日得衣收蓄、在第二日得衣⋯⋯乃至在第十日得衣收蓄；到第十一日曙光一出，皆尼薩耆。

如比丘，在第一日得衣、第二日不得衣、第三日得衣、第四日得，這樣⋯⋯乃至第十日得衣；到第十一日曙光一出，九日〔註20〕中所得衣，皆尼薩耆。

如比丘，第一日得衣、第二日得衣、第三日不得衣、第四日得衣（這樣日期逐日後移⋯⋯乃至第十日不得衣，所造句亦如上文）。〔註21〕

如比丘，第一日得衣，第二日、第三日不得衣，第四日得衣⋯⋯乃至第十日得衣；到第十一日曙光一出，八日中所得到的衣，皆尼薩耆。

如比丘，第一日得衣、第二日得衣，第三日、第四日不得衣，第五日得衣（這樣日期逐日後移⋯⋯乃至第九日、第十日不得衣，所造句亦如上文）。

如比丘，第一日得衣，第二日、第三日、第四日不得衣，第五日得衣⋯⋯乃至第十日得衣；第十一日曙光一出，七日中所得衣，皆尼薩耆。

如比丘第一日得衣、第二日得衣，第三日、第四日、第五日不得衣，六日得衣（這樣日期逐日後移⋯⋯乃至第八日、第九日、第十日不得衣，所造句亦如上文）。

如比丘，第一日得衣，第二日、第三日、第四日、第五日不得衣，六日得衣⋯⋯乃至第十日得衣；第十一日曙光一出，六日中所得衣，皆尼薩耆。

如比丘，第一日得衣、第二日得衣，第三日、第四日、第五日、第六日不得衣，七日得衣（這樣日期逐日後移⋯⋯乃至第七日、第八日、第九日、第十日不得衣，所造句亦如上文）。

如比丘，第一日得衣，第二日、第三日、第四日、第五日、第六日不得衣，第七日得衣⋯⋯乃至第十日得衣；到第十一日曙光一出，五日中所得衣，皆尼薩耆。

如比丘，第一日得衣、第二日得衣，第三日、第四日、第五日、第六日、

〔註20〕九日：十日中除去不得衣的第二日，下同；不贅述。

〔註21〕詳細來說，即第一至第三日及第五至第十日得衣，第四日不得衣；第一至第四日及第六至第十日得衣，第五日不得衣；第一至第五日及第七至第十日得衣，第六日不得衣；第一至第六日及第八至第十日得衣，第七日不得衣；第一至第七日及第九至第十日得衣，第八日不得衣；第一至第八日及第十日得衣，第九日不得衣；第一至第九日得衣，第十日不得衣。下同，不贅述。

第七日不得衣，第八日得衣（這樣日期逐日後移……乃至第六日、第七日、第八日、第九日、第十日不得衣，所造句亦如上文）。

如比丘，第一日得衣，第二日、第三日、第四日、第五日、第六日、第七日不衣，八日得衣……乃至第十日得衣；第十一日曙光一出，四日中所得衣，皆尼薩耆。

如比丘，第一日得衣、第二日得衣，第三日、第四日、第五日、第六日、第七日、第八日不得衣，第九日得衣（這樣日期逐日後移……乃至第五日、第六日、第七日、第八日、第九日、第十日不得衣，所造句亦如上文）。

如比丘，第一日得衣，第二日、第三日、第四日、第五日、第六日、第七日、第八日不得衣，第九日、第十日得衣，三日中所得衣；到第十一日曙光一出，皆尼薩耆。

如比丘，第一日得衣、第二日得衣，第三日、第四日、第五日、第六日、第七日、第八日、第九日不得衣，第十日得衣（這樣日期逐日後移……乃至第四日、第五日、第六日、第七日、第八日、第九日、第十日不得衣，所造句亦如上文）。

如比丘，第一日得衣，第二日、第三日、第四日、第五日、第六日、第七日、第八日、第九日不得衣，第十日得衣；第十一日曙光一出，兩日中所得衣，皆尼薩耆。

如比丘，第一日得衣、第二日得衣，第三日、第四日、第五日、第六日、第七日、第八日、第九日、第十日不得衣（這樣日期逐日後移……乃至第三日、第四日、第五日、第六日、第七日、第八日、第九日、第十日不得衣，所造句亦如上文）。

如比丘，第一日得衣，第二日、第三日、第四日、第五日、第六日、第七日、第八日、第九日、第十日不得衣；第十一日曙光一出，該一日所得衣，皆尼薩耆。

（2）不淨施

如比丘，第一日得衣而沒有淨施，第二日得衣而淨施，第三日得衣……乃至第十日得衣而沒有淨施；到第十一日曙光一出，九日中所得衣，皆尼薩耆。

如比丘，第一日得衣、第二日得衣，都沒有淨施，第三日得衣而淨施，第四日得衣而沒有淨施（這樣日期逐日後移……乃至第十日所得衣，淨施、不淨施，所造句亦如上文）。

（3）其他六種違犯

這樣，或把衣送給別人（句亦如上文），[註22] 或遺失衣（句亦如上文），或殘舊破爛（句亦如上文），或用作非衣 [註23]（句亦如上文），或以為是親友比丘的意思而取去（句亦如上文），或忘記了（句亦如上文），全尼薩耆。

（4）雙重違犯

如犯捨墮罪，衣不捨與人，更拿來交換其他衣，一尼薩耆波逸提、一突吉羅。

7. 淨施

（1）犯者捨衣

這捨墮衣應捨與僧眾，或眾多人，[註24] 或一人，[註25] 不可捨與別眾；如沒完成捨與，突吉羅。

捨與僧眾時，前往僧眾中，偏露右肩、脫去革屣、向上座行禮、胡跪、合掌，應這樣說：「大德僧聽，我某甲比丘故畜爾所 [註26] 長衣，過十日，犯捨墮。我今捨與僧。」

某甲捨與衣服後，應當懺悔。接受懺悔的人應先告白，然後接受懺悔，這樣告白：「大德僧聽，此某甲比丘故畜爾所長衣，犯捨墮。今捨與僧。若僧時到，僧忍聽我受某甲比丘懺悔。白如是。」

這樣告白了，然後接受懺悔，應對那人說：「自責汝心！」

他回答說：「爾 [註27]。」

（2）僧還衣 [註28]

如僧眾人數太多，難以齊集；這比丘如因事想遠行，應問他說：「你把這衣給誰呢？」隨他所說的給衣；僧眾亦應即歸還衣給這比丘，行「白二羯磨」，應這樣給與他：僧眾中應差遣能主持羯磨者……如上文所說，這樣告白：

〔註22〕所謂如上述，即如第一日得衣而沒送給別人，第二日得衣而送給別人……下同。

〔註23〕非衣：例如革屣囊、鉢囊、帽、襪等。

〔註24〕如界內僧少，開許對四、三或二僧捨衣，是為「眾多人」。

〔註25〕如界內只得一僧，開許對一僧捨衣。

〔註26〕爾所：你的。

〔註27〕爾：表示肯定。

〔註28〕一般來說，比丘捨衣後，翌日再行羯磨還衣；如有急事或其他因緣，可即行羯磨還衣。本節所述的，指後者而言。

「大德僧聽，某甲比〔註29〕丘故畜爾所長衣，犯捨墮，今捨與僧。若僧時到，僧忍聽僧持此衣與彼某甲比丘，彼某甲比丘當還此比丘。白如是。」

「大德僧聽，此某甲比丘故畜爾所長衣，犯捨墮，今捨與僧。僧持此衣與彼某甲比丘，彼某甲比丘當還此比丘。誰諸長老忍僧持此衣與彼某甲比丘、彼某甲比丘當還此比丘者，默然；誰不忍者，說。」

「僧已忍與彼某甲比丘衣竟，僧忍，默然故，是事如是持。」

（3）不還違犯

比丘在僧眾中捨與衣後，某甲沒歸還，突吉羅；如歸還時有人說：「不要歸還」，說者突吉羅；或用作淨施，或送與他人，或持有用作三衣，或用作波利迦羅〔註30〕衣，或殘舊破爛，或燒毀，或用作非衣，或常常穿著以致破爛，皆突吉羅。

（三）兼制

比丘尼，尼薩耆波逸提；式叉摩那、沙彌、沙彌尼，突吉羅。這叫做犯。

（四）開緣

不犯：十日內把多出的衣，或輾轉淨施，或送與他人；十日後或有被盜賊奪去的想法，或有遺失的想法，或有燒毀的想法，或有漂走的想法，因而不淨施，也不送與他人，不犯。

或衣被奪去、衣遺失、衣燒毀、衣漂走，而取其他衣穿，或穿其他人給的衣，或其他人給他做衣，那比丘不犯。

那接受他人託付衣的人，或命終，或遠行，或還俗〔註31〕，或被盜賊強行帶走，或被猛獸殺害，或被水漂溺，這樣衣不淨施、不送與他人，不犯。

二、離三衣宿戒

提要：六群比丘把衣服託付他人，出行而不理會。

（一）制戒因緣

1. 離衣遊行

那時，佛在舍衛國祇樹給孤獨園。

〔註29〕比：〔大〕作「此」，今依〔麗〕。
〔註30〕波利迦羅：音譯詞。巴利語 parikara，腰帶、圍裙，意譯「助身衣、雜碎衣」。
〔註31〕還俗：〔大〕原作「休道」。

這時，六群比丘把衣託付親友比丘，前往人間〔註32〕遊行。

2. 晾曬衣物

受託付的比丘得到這些衣，多次在中午時晾曬。

比丘們看見後，便問：「佛聽許比丘收蓄三衣，不得多出，這是誰人的衣呢？」

他們便答道：「這些是六群比丘的衣，是我的親友託付我，遊行人間，只因恐怕被虫蛀壞，因而晾曬罷了。」

比丘們聽聞，其中少欲知足、行頭陀、喜好學戒、知慚愧者，嫌惡斥責六群比丘：「你們為什麼把衣託付親友比丘，離開衣而遊行人間呢？」

比丘們嫌惡斥責他們後，前往世尊之所，頭面禮足，坐在一旁，把這因緣全部稟告世尊。

3. 佛斥犯者

世尊藉這因緣召集比丘僧眾，怒聲斥責六群比丘說：「你們做錯了！不合威儀、不合沙門法、不是清淨的行為、不是隨順佛法的行為，都不應做。為什麼把衣託付親友比丘，離衣而遊行人間呢？」

（二）制戒內容

1. 佛初制戒

世尊用無數方法怒聲斥責他們後，告訴比丘們：「六群比丘，愚癡人啊！會引生多種有漏，最初犯本戒。從今以後，跟比丘們結戒，為了這十句義……乃至使正法得以久住。想說戒者，應這樣說：

若比丘，衣已竟、迦絺那衣已捨，三衣中若離一一衣，異處宿，尼薩耆波逸提。」

這樣世尊跟比丘結戒。

2. 病僧不堪

那時，有一比丘患乾痟病，苦於糞掃僧伽梨太重。

這比丘有因緣事，想遊行人間，不能帶這衣遊行，自己思念道：「世尊跟比丘結戒：『不得離衣宿；離衣宿，尼薩耆波逸提』。而我現今患乾痟病，有糞掃僧伽梨極重，有因緣事想到人間遊行，不能帶衣遠行，我現今應怎麼辦呢？」

他便向同伴比丘說：「世尊跟比丘們結戒：『若比丘，三衣已竟，迦絺那衣

已出，比丘三衣中，若離一一衣宿，尼薩耆波逸提』，而我得乾痟病，這衣極重，有因緣事想遊行人間，不能帶衣遠行。我現今怎麼辦呢？請大德們為我前往稟告世尊，世尊有所教令，我當遵行。」

當時，比丘們前往世尊之所，頭面禮足，坐在一旁，把這因緣全部稟告世尊。

3. 不失衣羯磨

（1）乞求

世尊便召集比丘僧眾，宣告說：「從今以後，聽許僧眾為這病比丘行『不失衣白二羯磨』，應這樣給他：那比丘應走到僧眾中，偏露右臂、脫去革屣、向上座禮敬、胡跪、合掌，應這樣說：

大德僧聽，我某甲比丘得乾痟病，此糞掃僧伽梨重，有因緣欲人間行，不堪持行。我今從僧乞結不失衣法。」

「應這樣要求……乃至說三次。」

（2）羯磨

「僧眾中應差遣能主持羯磨者……如上文，這樣告白：

大德僧聽，某甲比丘得乾痟病，有糞掃僧伽梨衣重，有因緣事欲人間行，不堪持行，從僧乞結不失衣法。若僧時到，僧忍聽與此比丘結不失衣法。白如是。」

「大德僧聽，某甲比丘得乾痟病，有糞掃僧伽梨衣患重，有因緣事欲人間行，不堪持行，從僧乞結不失衣法。今僧與某甲比丘結不失衣法，誰諸長老忍僧與某甲比丘結不失衣法者，默然；誰不忍者，說。」

「僧已忍與某甲比丘結不失衣法竟，僧忍，默然故，是事如是持。」〔註33〕

4. 修訂前制

「從今以後，應這樣說戒：

若比丘，衣已竟，迦絺那衣已出，三衣中離一一衣，異處宿；除僧羯磨，尼薩耆波逸提。」

5. 釋義

（1）比丘：意義如上文所說。

（2）衣已竟：三衣已準備好、迦絺那衣已放棄。

〔註33〕行「不失衣白二羯磨」後，某比丘得僧眾認可，可離衣往外住宿，也不犯本戒。

（3）三衣：僧伽梨〔註34〕、欝多羅僧〔註35〕、安陀會〔註36〕。

（4）衣：有十種，如上文所說。

（5）僧：一同說戒、一同行羯磨。

6. 失衣的不同界域

（1）十界

不失衣，僧伽藍裏有一界；失衣，僧伽藍裏有若干界。〔註37〕

不失衣，樹有一界；失衣，樹有若干界。〔註38〕

不失衣，場有一界；失衣，場有若干界。〔註39〕

不失衣，車有一界；失衣，車有若干界。〔註40〕

不失衣，船有一界；失衣，船有若干界。〔註41〕

不失衣，村有一界；失衣，村有若干界。〔註42〕

不失衣，舍〔註43〕有一界；失衣，舍有若干界。

不失衣，堂有一界；失衣，堂有若干界。

不失衣，庫藏有一界；失衣，庫藏有若干界。

〔註34〕 僧伽梨：音譯詞。《巴利律》作 saṅghāṭī，大衣，托鉢外出或有高官顯達在場時穿。

〔註35〕 欝多羅僧：音譯詞。《巴利律》作 uttarāsaṅga，上衣，從左肩披覆而下披於右腰，禮拜和聽講時穿。

〔註36〕 安陀會：音譯詞。《巴利律》作 antaravāsaka，中衣或內衣，繫在腰間遮住下半身，日常和就寢時穿。

〔註37〕 「界」，意指僧眾進行各種僧事法事的界域；僧眾行事的範圍確定，僧眾的數目得以算清，僧眾如法活動，僧眾才能運作順利。「僧伽藍」原是「一界」，比丘和衣都在這「界」，比丘即「不失衣」。可是，「僧伽藍」如有女性出現、道路斷裂，或帝王巡遊的情況，該範圍會形成另一「界」（道宣分稱這三種阻礙為「染、隔、情」），故律文說有「若干界」；如比丘和衣位於不同的「界」，雖然都仍處於「僧伽藍」內，仍「失衣」。

〔註38〕 一棵樹覆蔭的地方，是為「一界」，人、衣在界內，沒有失離衣物；不相連的樹木枝葉覆蔭的地方，為其他「界」，是為「若干界」。如比丘和衣處於不同的「界」，便是失離衣物。

〔註39〕 「場」是為「一界」，當中如出現「染、隔、情」三礙，即有「若干界」；如比丘和衣處於不同的「界」，便是失離衣物。

〔註40〕 「車」在一般開行以外，停泊、掉頭、轉彎時所佔的地方，是為「一界」；當中如出現「染、隔、情」三礙，即有「若干界」。如比丘和衣處於不同的「界」，便是失離衣物。

〔註41〕 「船」的情況同「車」，不贅述。

〔註42〕 「村、舍、堂、庫藏、倉」的情況同「僧伽藍」，不贅述。

〔註43〕 舍：《巴利律》作 nivesa，住居、住所。下文釋義獨缺「舍」。

不失衣，倉有一界；失衣，倉有若干界。〔註44〕

（2）釋義

1）僧伽藍：有四種，如上文〔註45〕。

2）樹〔註46〕：與人身高相等，〔註47〕足夠覆蔭人作跏趺坐〔註48〕。

3）場〔註49〕：在其中處理五穀之處。

4）車：車輛掉頭之處。

5）船：船隻掉頭之處。

6）村：有四種，如上文。

7）堂〔註50〕：多是開敞、露天。

8）庫：儲貯和收藏各種車輛、人拉車〔註51〕、販賣之貨。

9）倉：儲貯米穀。

（3）界的範圍

僧伽藍界，即這僧伽藍界，並非那僧伽藍界；這僧伽藍界，並非那樹界……乃至庫藏界，並非那庫藏界，也是這樣。

這樹界，並非那樹界……乃至倉庫界、僧伽藍界，也是這樣。

這場界，並非那場界……乃至僧伽藍界、樹界，也是這樣。其餘所造句也如上文。〔註52〕

僧伽藍界，即在僧伽藍邊緣，中等身材的人用石塊或磚頭投擲所及之處，叫做界……乃至庫藏界，也是這樣。〔註53〕

7. 違犯輕重

（1）十界

如此比丘，放下衣在僧伽藍內，而在樹下度宿，曙光未出前，應捨與衣，或

〔註44〕最後兩段，北敦03667號倒轉，即「倉」在末二段、「庫藏」在末段；而後文有「乃至庫藏界」的表述，「庫藏」或應殿後。敦煌寫本的語序可參考。

〔註45〕「僧伽藍」四種即同「村」四種，參看「波羅夷・淫戒第1」。

〔註46〕樹：《巴利律》作 rukkhamūla，樹根、樹下。

〔註47〕這意謂人站立時，不會為樹所阻礙。

〔註48〕跏趺坐：兩足左右相交盤坐的姿勢。

〔註49〕場：《巴利律》作 dhaññakaraṇa，打穀場。

〔註50〕堂：《巴利律》作 ajjhokāsa，露地、戶外。

〔註51〕人拉車：〔大〕原作「輦輿」。

〔註52〕這意謂每一僧伽藍界，以至每一樹界、庫界、倉界等，都是獨立，不相混淆。

〔註53〕這意謂僧伽藍等界，並非僅僅是僧伽藍等本身，還包括周邊擲石所及的範圍。

手持衣，或走到擲石所及處；如沒有捨與衣、沒有手持衣服，或沒有走到擲石所及處，曙光初出，隨著離衣度宿，尼薩耆波逸提。除三衣外，如離開其他衣，突吉羅。

如比丘，留下衣，放在僧伽藍內，前往穀場之處度宿，曙光未出前，應捨與衣服，或手持衣，或走到擲石所及處；如沒有捨與衣、沒有手持衣，或沒有走到擲石所及處，曙光初出，隨著離衣度宿，尼薩耆波逸提。……乃至前往倉庫度宿，每一句都是這樣。

如比丘，在樹下留下衣，前往穀場之處度宿……乃至前往庫藏、僧伽藍之處度宿，也是這樣。

（2）阿蘭若

如阿蘭若處沒有界，〔註54〕八棵樹中間每一棵樹間隔七弓；按遮摩梨〔註55〕國的製弓規範，一弓長中等身材之人四肘。〔註56〕

如比丘，在沒有村落的阿蘭若處留下衣，放在這八棵樹之間，而到其他地方度宿，曙光未出前，沒有捨與衣，沒有手持衣，或沒有走到擲石所及處，曙光初出，尼薩耆波逸提。

（3）其他

除三衣外，離開其他雜衣〔註57〕，突吉羅。

8. 淨施

（1）犯者捨衣

這捨墮衣應捨與僧眾，或眾多人，或一人，不得捨與別眾。如沒完成捨與，突吉羅。

捨與僧眾時，應走到僧眾中，偏露右臂、脫去革屣、向上座禮敬、胡跪、合掌，這樣告白：「大德僧聽，我某甲比丘離衣宿，犯捨墮。我今捨與僧。」

他捨與後，應當懺悔。接受懺悔的人應告白，然後接受懺悔，這樣告白：「大德僧聽，此某甲比丘離衣宿，犯捨墮。今捨與僧。若僧時到，僧忍聽我受某甲比丘懺。白如是。」

〔註54〕這意謂阿蘭若空曠，不像僧伽藍等有明顯的邊界。

〔註55〕遮摩梨：音譯詞。巴利語或 camarī，犛牛。

〔註56〕「弓」一詞亦見於「捨墮·有難蘭若離衣戒第29」，相對應《巴利律》作 dhanu，長度單位。按4肘1弓，約今1.76米。樹與樹之間隔7弓即約12米。如阿蘭若是圓形，圓周12米，直徑約3.9米。

〔註57〕雜衣：針、線、囊、幞之類。

這樣告白後，然後接受懺悔，應對那人說：「自責汝心！」

他答道：「爾。」

（2）僧還衣

僧眾便應歸還這比丘衣服，行白二羯磨，應這樣給他：僧眾中應差遣能主持羯磨者……如上文，這樣告白：

「大德僧聽，某甲比丘離衣宿，犯捨墮。今捨與僧。若僧時到，僧忍聽持此衣還彼某甲比丘。白如是。」

「大德僧聽，此某甲比丘離衣宿，犯捨墮。今捨與僧。僧持此衣還彼某甲比丘。誰諸長老忍僧持此衣還彼某甲比丘者，默然；誰不忍者，說。」

「僧已忍與彼某甲比丘衣竟，僧忍，默然故，是事如是持。」

（3）不還違犯

如在僧眾中捨與衣後，某甲沒歸還，突吉羅；歸還時如有人說：「不要歸還」，說者突吉羅；或轉作淨施，或送與他人，或持有用作三衣，或用作波利迦羅衣，或殘舊破爛，或燒毀，或用作非衣，或常常穿著以致破爛，皆突吉羅。

（三）兼制

比丘尼，尼薩耆波逸提；式叉摩那、沙彌、沙彌尼，突吉羅。這叫做犯。

（四）開緣

不犯：僧眾為他作「不失衣羯磨」；曙光未出前，手持衣，或捨與衣，或走到擲石所及處；或有被奪去的想法，或有遺失的想法，或有燒毀的想法，或有漂走的想法，或有破爛的想法；或水路斷絕、道路險要難行，或有盜賊之災，或猛獸之災，或河水暴漲，或被強而有力者捉住，或被人繫縛，或性命有危險，或梵行受威脅，而不捨與衣、不手持衣、不走到擲石所及處，不犯。

三、月望衣戒

提要：佛放寬收蓄多出衣料，直至足夠製衣為止，六群比丘濫用。

（一）制戒因緣

1. 准蓄長衣

那時，佛在舍衛國祇樹給孤獨園。

這時，有比丘的僧伽梨殘舊破爛，自己想念道：「世尊跟比丘結戒：『衣已竟，迦絺那衣已出，聽十日內畜長衣；過者，犯尼薩耆波逸提』。然而，我這

僧伽梨殘舊破爛，十日之間未能修補，我現今應怎樣做呢？」

他便對同意比丘說：「好啊！大德，請為我稟告世尊，如世尊有所教令，我當遵行。」〔註58〕

這時，比丘們前往到世尊之所，頭面禮足，坐在一旁，把這因緣全部稟告世尊。

世尊藉這因緣召集比丘們，宣告說：「從今以後，『聽比丘畜長衣為……乃至滿足故〔註59〕』。」

2. 離衣遊行

那時，六群比丘聽聞世尊「聽畜長衣……為〔註60〕……乃至滿足故」；他們有糞掃衣及其他各種衣料，但同類衣料不足〔註61〕，取其中的糞掃衣洗滌、染色，在四角頭點染，遂成清淨〔註62〕，托付親友比丘後，到人間遊行。

3. 晾曬衣物

這時，受托付比丘因為六群比丘長期出遊不回，便拿出衣物來晾曬。

比丘們看見後問：「世尊制戒：『聽畜三衣，不得過』，這是誰人的衣物呢？」

親友比丘報說：「這是六群比丘的衣物。六群比丘這樣說：『世尊制戒：「聽畜長衣……乃至滿足」』。而他們有糞掃衣及其他各種衣料，但同類衣料不足；取其中的糞掃衣洗滌、染色，在四角頭點染，遂成清淨，托付給我，往人間遊行，只因我恐怕會腐爛蛀壞，所以晾曬它們罷了。」

這時，比丘們聽聞，其中少欲知足、行頭陀、喜好學戒、知慚愧者，嫌惡斥責六群比丘：「為什麼說：『世尊「聽畜長衣……乃至滿足」；而以同類衣料不足，取其中的糞掃衣洗滌、染色，在四角頭點染，遂成清淨，托付親友比丘，往人間遊行』呢？」

比丘們便前往到世尊之所，頭面禮足，坐在一旁，把這因緣全部稟告世尊。

〔註58〕這情況是指舊的僧伽梨未捨與，同時又收畜了另一些衣料，準備製衣，收畜衣料超過三衣，以致犯戒。

〔註59〕故：緣故。這表示佛聽許收畜多出衣料，原因乃在於集齊製衣的所需衣料。

〔註60〕為：意謂製衣。

〔註61〕未足夠：《巴利律》作 appahoti，不能；意謂同類衣料仍未足夠製衣，仍等候布施。

〔註62〕按律制，僧衣要染成「壞色」（青、黑、木蘭），以體現苦行精神；染過的布料，才是「清淨」的，可以縫製僧衣。六群比丘把僧衣的四角頭都染了色，算是使衣物「清淨」了。

4. 佛斥犯者

世尊藉這因緣召集比丘們，怒聲斥責六群比丘：「你們做錯了！不合威儀、不合沙門法、不是清淨的行為、不是隨順佛法的行為，都不應做。為什麼，六群比丘，世尊「聽比丘畜長衣……乃至滿足故」；而以同類衣料不足，取其中的糞掃衣，洗滌、染色，在四角頭點染，遂成清淨，托付親友比丘，往人間遊行呢？」

（二）制戒內容

1. 佛制戒

世尊用無數方法怒聲斥責他們後，告訴比丘們：「這些愚癡人啊！會引生多種有漏，最初犯本戒。從今以後，跟比丘們結戒，為了這十句義……乃至使正法得以久住。想說戒者，應這樣說：

> 若比丘，衣已竟，迦絺那衣已出；若比丘，得非時衣〔註63〕，欲須便受，受已疾疾成衣。若足者，善；若不足者，得畜一月，為滿足〔註64〕故。若過畜，尼薩耆波逸提。」

2. 釋義

（1）比丘：意義如上文。

（2）衣已竟：三衣已準備好、迦絺那衣已捨棄。

（3）時：無迦絺那衣者，自恣〔註65〕後一個月；有迦絺那衣者，自恣後五個月。

（4）非時：如過了這限期。

（5）衣：有十種衣服，如上文。

3. 放寬長衣

（1）十日

如十日中同類衣料足夠，應裁剪，或縫合〔註66〕，或縫製衣服，或淨施，或送與他人。如不裁剪和縫製衣服，或不縫合、不淨施，不送與他人；到第十一日曙光初出，隨著衣料多少，尼薩耆波逸提。

〔註63〕非時衣：《巴利律》作 akālacīvara，不適當時間得到之衣。

〔註64〕滿足：《巴利律》作 pāripūrī，完全、圓滿。

〔註65〕自恣：巴利語 pavāraṇā，意譯「隨意、滿足、喜悅」等。按在夏安居的最後一天，僧人各自坦承罪過並懺悔，祈求他人原諒，恢復清淨，令大眾喜悅，故名。

〔註66〕縫合：〔大〕原作「綻拼」，用線拼合。

（2）十一日至三十日

如同類衣料不足，到第十一日，同類衣料終於足夠，便應在第十一日裁剪和縫製衣服，或縫合；如不裁剪和縫製衣服，或不縫合，或不淨施，或不送與他人，到第十二日曙光初出，隨著衣料多少，全尼薩耆波逸提。這樣……乃至第二十九日，也是這樣。

如同類衣料不足，到第三十日，或足夠，或不足夠；或是同類衣料，或非同類衣料，應即日裁剪和縫製衣服，或縫合，或淨施，或送與他人；如不裁剪和縫製衣服，或不縫合，或不淨施，或不送與他人，到第三十一日曙光初出，尼薩耆波逸提。

4. 淨施

（1）犯者捨衣

這尼薩耆〔註67〕應捨與僧眾、眾多人，或一人，不應捨與別眾；如沒完成捨與，突吉羅。

捨與給僧眾時，當走到僧眾中，偏露右肩、脫去革屣、向上座禮敬、右膝著地、合掌，這樣告白：「大德僧聽，我某甲比丘，有爾所衣、過爾所日，犯捨墮。我今捨與僧。」

捨與衣料後，應當懺悔。接受懺悔的人，應告白：「大德僧聽，此某甲比丘，有爾所衣、過爾所日，犯捨墮。今捨與僧。若僧時到，僧忍聽我受某甲比丘懺。白如是。」

這樣告白後，然後接受懺悔，應對那人說：「自責汝心！」

他回答說：「爾。」

（2）僧還衣

僧眾便應歸還這比丘衣料，行「白二羯磨」，應這樣給他：僧眾中應差遣能主持羯磨者……如上文，應這樣告白：

「大德僧聽，此某甲比丘有爾所衣、過爾所日，犯捨墮。今捨與僧。若僧時到，僧忍聽持此衣還某甲比丘。白如是。」

「大德僧聽，此某甲比丘有爾所衣、過爾所日，犯捨墮。今捨與僧。僧今持此衣還此某甲比丘。誰諸長老忍僧持此衣還此某甲比丘者，默然；誰不忍者，說。」

「僧已忍與彼某甲比丘衣竟，僧忍，默然故，是事如是持。」

〔註67〕尼薩耆：音譯詞。《巴利律》作 nissaggiya，捨與；這意謂應捨與僧眾的物品。

（3）不還違犯

如在僧眾中捨與衣料後，某甲沒有歸還，突吉羅；歸還時如有人教唆說：「不要歸還」，突吉羅；如不歸還，轉作淨施，或送與他人，或持有用作三衣，或用作波利迦羅衣，或殘舊破爛，或燒毀，或用作非衣，或常常穿著以致損壞，皆突吉羅。

（三）兼制

比丘尼，尼薩耆波逸提；式叉摩那、沙彌、沙彌尼，突吉羅。這叫做犯。

（四）開緣

不犯：如十日內同類衣料足夠，裁剪、縫合、縫製衣；如同類衣料仍不足夠，到第十一日同類衣料才足夠，應裁剪、縫合、縫製衣，或淨施，或送與他人……乃至第二十九日也是這樣；到第三十日，或足夠或不足夠，或同類衣料或不同類衣料，應即日裁剪、縫合、縫製衣，或淨施，或送與他人，不犯。

如有被奪去的想法，或有遺失的想法、有燒毀的想法、有漂走的想法，而不裁剪、不縫合、不縫製衣、不淨施、不送與他人，不犯。

如衣料被奪去，或遺失，或燒毀，或漂走，而穿其他衣，或穿他人給之衣；或製被，不犯。

如受托付衣料的比丘命終、遠行、還俗，被盜賊或猛獸殺害，或被水漂走，而不裁剪、不縫合、不縫製衣、不送與他人，不犯。

四、取非親尼衣戒〔註68〕

提要：蓮華色尼換來舊衣，衣衫不整，上山禮佛。

（一）制戒因緣

1. 離家改嫁

那時，佛在羅閱城迦蘭陀竹園中。

這時，有女人名叫蓮華色〔註69〕，其父母把她嫁給欝禪〔註70〕國人，後來便懷孕，她臨盆時回到父母家，誕下一女，容貌端正；蓮華色跟其女兒一起在屋內。

〔註68〕《巴利律》作第 5 戒。
〔註69〕 蓮華色：《巴利律》作 Uppalavaṇṇā。相傳其身如青蓮花，故名。
〔註70〕 欝禪：音譯詞。巴利語 Ujjenī，位於今印度中央邦（Madhya Pradesh）的烏賈因（Ujjain）。

這時，蓮華色的丈夫跟蓮華色的母親通姦。

這時，蓮華色的侍婢看見，便告訴蓮華色。

蓮華色聽聞，自己內心思惟：「啊呀！為什麼女兒與母親共事一夫，還要女人身做什麼呢？」即拋棄懷中女兒，放在屋內離去，前往到波羅㮈〔註71〕城，走到城門外站立，身蒙塵土，赤腳損傷。

這時，城中有長者的妻子命終，帶同隨從，乘車離開波羅㮈城，到園林遊覽，看見蓮華色在城門外站立，容貌端正，而身蒙塵土，赤腳損傷，便掛念她，即去到她面前問道：「你屬於誰呢？」

蓮華色答道：「我無所屬。」

長者又問：「如無所屬，能否做我的妻子呢？」

蓮華色答道：「可以。」

他便叫她上車，一同乘車回去，娶為妻子。

2. 夫再娶妻

後於另一時間，蓮華色丈夫聚集許多財寶，從波羅㮈前往到欝禪國經商。

這時，正值該國的童女節會，也是遊戲玩樂之日，蓮華色所生的女兒穿漂亮的服飾，亦在其中。

這女子容貌端正，長者看見她即心懷掛念，便問傍人：「這是誰的女兒呢？」

傍人答道：「這是某甲的女兒。」

長者又問：「住在何處呢？」

傍人答道：「在某處。」

長者又問：「在什麼街巷呢？」

傍人答道：「在某街巷。」

長者又問：「其家門戶向著哪方呢？」

傍人答道：「向著某處。」

長者便前往其家，問他父親說：「這是你的女兒嗎？」

其父答道：「是我女兒。」

長者又問：「能否嫁給我呢？」

其父答道：「可以。」

〔註71〕波羅㮈：音譯詞。巴利語 Bārāṇasī，佛初轉法輪之地，位於今印度北方邦東南部、恒河左岸的瓦臘納西（Varanasi）。

長者問：「要求多少財物呢？」

其父答道：「給我百千兩金，女兒便嫁給你。」

其父親便給女兒打扮一番，他們從欝禪國回到波羅㮈。

3. 共事一夫

那時，蓮華色遠遠望見，便把她視作自己親生女兒；這女子看見蓮華色，亦把她視作母親，久之熟絡起來。

蓮華色給女兒梳頭，問：「你是哪國家的人呢？是誰家的女兒呢？」

女兒答道：「我是欝禪國人。」

蓮華色又問：「家在何處呢？在什麼里巷呢？門戶向著哪方呢？父親是誰呢？」

其女兒答道：「我家在某處、里巷在某處、門戶向著某處、父親名叫某甲。」

蓮華色又問：「你母親姓什麼呢？」

女兒答道：「我不認識母親，只聽人說過：『母親名叫蓮華色，在我小時候便拋棄我離去』。」

這時，蓮華色自己心想念道：「這即是我的女兒。」便怨忿自責：「啊呀！還要女人身做什麼呢？為什麼今日母女又共事一夫呢？」

她便拋棄這家庭出走，前往到羅閱城迦蘭陀竹園。

4. 出家證道

那時，世尊給圍繞著他的無數大眾說法，蓮華色遠遠看到世尊，容顏端正、各感官寂靜，已得到最好的調教，有如降伏龍象；亦如水澄清，毫無塵垢。

她見到滿心歡喜，到世尊之所，頭面禮足，站在一旁。

這時，世尊漸進為人說微妙佛法，說明布施、持戒、往生天界的福德，怒斥欲望和婬行，讚美出離世間，又說四聖諦——苦、集、盡、道——圓滿地條分縷析。

這時，蓮華色便於座位上得到法眼淨，猶如新淨的棉布，沒有塵垢，可以改易顏色；蓮華色得到佛法清淨，也是這樣；觀見佛法、得到佛法，得成果證，上前稟告佛說：「願世尊聽許我出家，在佛法中清淨修行。」

佛告訴阿難說：「你帶這蓮華色到摩訶波闍波提〔註72〕之所，給她化度。」

〔註72〕摩訶波闍波提：音譯詞。這詞亦見於「捨墮・使非親尼浣染毛戒第17」，相對應《巴利律》作 Mahāpajāpatī，意譯「大愛道」；釋迦牟尼的養母，是首位比丘尼。

阿難便接受佛的教令，帶她到摩訶波闍波提之所說：「世尊有教令，請你化度這位婦人。」摩訶波闍波提便化度她出家。

蓮華色於其後的時間，思惟日有進境，及至得阿羅漢，有大神力。

5. 收伏賊帥

那時，有許多比丘尼住在空閑處〔註73〕。

這時，蓮華色在另一林中〔註74〕，坐下思惟。

蓮華色的住處，有盜賊首領也經常住在其中；蓮華色舉止合威儀，禮節安詳蕭穆，那盜賊看見後，便心生善意。

後於另一時間，盜賊首領得到很多豬肉〔註75〕，把食剩的包裹好，懸掛在樹枝上，說：「這林中如有沙門、婆羅門有大神力，給他拿去。」而心裏想給的是蓮華色。

這時，蓮華色天耳聞聲、天眼清淨，即看見用棉布包裹的豬肉，懸掛在樹枝上。

黑夜過後，她對式叉摩那、沙彌尼說：「你們前往那裏某處，樹上有棉布包裹著的豬肉，取來吧！」

她們便前去取來給蓮華色。蓮華色下令煮熟；到進食的時間，親自帶往耆闍崛山上，給上座比丘們食。

6. 跟僧換衣

那時，有一比丘穿殘舊破爛、多處縫補的僧伽梨，蓮華色見到後，發慈愍心，便問比丘說：「大德，為什麼竟穿這殘舊破爛的僧伽梨呢？」

比丘答道：「大姊，只因這是會滅盡之物，所以破爛毀壞罷了。」

蓮華色身穿一昂貴的僧伽梨，對比丘說：「大德，我把這衣給大德，大德所穿的衣可否給我呢？」

比丘答道：「可以。」

他便脫下僧伽梨給比丘尼，她則取去比丘殘舊破爛的衣穿著。

7. 破衣禮佛

後於另一時間，蓮華色穿這破爛衣前往世尊之所，頭面禮足，站在一旁。

世尊明知故問說：「你所穿的衣為什麼殘舊破爛呢？」蓮華色便把那因緣

〔註73〕空閑處：村落以外，相當於阿蘭若的空曠地方。

〔註74〕《巴利律》記這林叫 Andhavana（安陀林），位於舍衛城西面。

〔註75〕豬肉：《巴利律》作 gāviṃ……maṃsaṃ，母……牛肉。

全部稟告世尊。

世尊告訴她說：「你不應這樣，蓮華色，聽許你收蓄和持有完整堅固的五衣〔註76〕，其餘衣可隨意淨施或給他人。為什麼？婦人穿上衣服尚且不宜，何況是破爛的呢？〔註77〕」

8. 佛斥犯者

世尊藉這因緣召集比丘僧眾，明知故問那比丘說：「你確實從蓮華色取去衣嗎？」

比丘答道：「確實這樣。」

世尊用無數方法怒聲斥責那比丘，說：「你做錯了！不合威儀、不合沙門法、不是清淨的行為、不是隨順佛法的行為，都不應做。為什麼從比丘尼取去衣呢？」

（二）制戒內容

1. 佛初制戒

佛怒聲斥責他後，告訴比丘們說：「這愚癡人啊！會引生多種有漏，最初犯本戒。從今以後，跟比丘們結戒，為了這十句義……乃至使正法得以久住。想說戒者，應這樣說：

　　若比丘，從比丘尼取衣者，尼薩耆波逸提。」

2. 修訂前制

世尊這樣跟比丘結戒後，比丘們都畏懼謹慎〔註78〕，不敢從親里〔註79〕比丘尼取得衣服。

佛說：「從今以後，聽許比丘們從親里比丘尼取得衣服。為什麼？如非親里，亦不作籌劃，不能知道可取不可取，或好或劣，或新或舊的緣故；如是親里作籌劃，知道有無，可取不可取，或好或劣，或新或舊的緣故。從今以後，應這樣結戒：

　　若比丘，從非親里比丘尼取衣者，尼薩耆波逸提。」

〔註76〕五衣：三衣加上覆肩衣、僧祇支（又叫掩腋衣，穿在三衣內，覆蓋兩腋、胸部及左肩，長至腰下）。

〔註77〕這意謂女人就算穿上衣服，本身已是欲望的對象，如衣不蔽體，更易引起違犯。

〔註78〕畏懼謹慎：〔大〕原作「畏慎」。《巴利律》作 kukkuccaka，謹慎小心。

〔註79〕親里：《巴利律》作 ñāti，親族。

這樣世尊跟比丘結戒。

3. 再修訂前制

那時，祇洹精舍〔註80〕中二部僧眾〔註81〕得到布施的衣服，一起分配。

這時，有比丘誤取比丘尼衣，比丘尼則誤取了比丘衣。

這時，比丘尼拿著衣服到僧伽藍中，對比丘說：「我拿這衣給大德，請大德把衣給我。」

比丘們報說：「佛不聽許我們拿取非親里比丘尼的衣。」

當時，比丘們把這因緣全部稟告世尊。

世尊告訴比丘們：「從今以後，聽許交換衣。想說戒者，應這樣說：

若比丘，從非親里比丘尼取衣，除貿易〔註82〕，尼薩耆波逸提。」

4. 釋義

（1）比丘：意義如上文。

（2）非親里：並非父母的親屬……乃至七世〔註83〕都非親里。

（3）親里：父母的親屬……乃至七世都是親里。

（4）衣：有十種，如上文。

（5）貿易：用衣交換衣，用衣交換衣以外的物品，用衣以外的物品交換衣，或以針、針筒、刀、線、小物件〔註84〕……乃至用一顆藥丸交換衣。

5. 淨施

（1）犯者捨衣

如比丘，從非親里比丘尼取衣，除交換外，尼薩耆波逸提。

這尼薩耆應捨與僧眾，或眾多人，或一人，不得捨與別眾；如捨與沒完成，突吉羅。

捨與給僧眾時，應走到僧眾中，偏露右肩、脫去革屣、向上座禮敬、胡跪、合掌，這樣告白：「大德僧聽，我某甲比丘取非親里比丘尼衣，犯捨墮。今捨與僧。」

捨與後應當懺悔，面前接受懺悔的人，應這樣告白：「大德僧聽，此某甲

〔註80〕祇洹精舍：〔大〕原作「祇洹」，音譯詞。巴利語 Jeta，舍衛城中佛的住處。

〔註81〕二部僧眾：〔大〕原作「二部僧」，即比丘僧眾和比丘尼僧眾。

〔註82〕貿易：《巴利律》作 pārivattaka，交易的、以物易物的。

〔註83〕七世：高祖、曾祖、祖父、父、自己、兒、孫。

〔註84〕小物件：〔大〕原作「小段物」。

比丘，取非親里比丘尼衣，犯捨墮。今捨與僧。若僧時到，僧忍聽我受某甲比丘懺。白如是。」

告白後應接受懺悔，應對那人說：「自責汝心！」

他回答說：「爾。」

（2）僧還衣

僧眾便應歸還這比丘衣服，行「白二羯磨」，應這樣給與他：僧眾應差遣能主持羯磨者……如上文，應這樣告白：

「大德僧聽，某甲比丘，取非親里比丘尼衣，犯捨墮。今捨與僧。若僧時到，僧忍聽還此比丘衣。白如是。」

「大德僧聽，此某甲比丘，取非親里比丘尼衣犯，捨墮。今捨與僧。僧今持此衣還此某甲比丘。誰諸長老忍僧持此衣還此某甲比丘者，默然；誰不忍者，說。」

「僧已忍與彼某甲比丘衣竟，僧忍，默然故，是事如是持。」

（3）不還違犯

如在僧眾中捨與衣服後，某甲不肯歸還，突吉羅；歸還時如有人教唆不要歸還，突吉羅；或轉作淨施，或送與他人，或自己用作三衣，或用作波利迦羅衣，或殘舊破爛，或常常穿著以致破爛，皆突吉羅。

（三）兼制

比丘尼，突吉羅；式叉摩那、沙彌、沙彌尼，突吉羅。這叫做犯。

（四）開緣

不犯：從親里比丘尼那邊取衣，或交換，為了僧眾、為了佛圖，取衣，無犯。

五、使非親尼浣故衣戒 [註85]

提要：偷羅難陀尼把迦留陀夷的精液放入下體成孕。

（一）制戒因緣

1. 比丘失精

那時，佛在舍衛國祇樹給孤獨園。

〔註85〕《巴利律》作第4戒。

這時，尊者迦留陀夷容貌端正，偷蘭難陀〔註86〕比丘尼亦容貌端正；迦留陀夷掛念偷蘭難陀，偷蘭難陀也掛念迦留陀夷。

這時，到了乞食的時間，迦留陀夷穿衣持鉢，到偷蘭難陀之所，在她面前露體坐下，比丘尼亦露體坐下，各自心存欲念相望。

不久，迦留陀夷失精，弄污了安陀會，偷蘭難陀看見後說：「大德，拿這衣服來，我想為你洗滌。」迦留陀夷便脫衣給她。

2. 尼懷孕

偷蘭難陀得到這衣後，便在屏蔽處用指甲抓〔註87〕取精液，放入口中，又將少許放入小便道中，後來便懷孕了。

比丘尼們看見後說：「你不知羞恥，竟然行婬。」

偷蘭難陀答道：「大姊，我並非不知羞恥，我沒有行婬。」

比丘尼們說：「你如沒有行婬，為什麼會懷孕呢？比丘尼們沒有行婬，為什麼又不會懷孕呢？」

這時，偷蘭難陀便全部說出事緣。

比丘尼們聽聞後，其中少欲知足、行頭陀、喜好學戒、知慚愧者，用這因緣，嫌惡斥責迦留陀夷：「為什麼尊者竟跟偷蘭難陀做這種事呢？」

當時，比丘尼告訴比丘們，比丘們前往稟告佛。

3. 佛斥犯者

那時，佛藉這因緣召集比丘們，明知故問迦留陀夷：「你確實跟偷蘭難陀做這種事嗎？」

迦留陀夷答道：「確實這樣。」

佛用無數方法怒聲斥責迦留陀夷說：「你做錯了！不合威儀、不合沙門法、不是清淨的行為、不是隨順佛法的行為，都不應做。為什麼跟偷蘭難陀做這種事呢？」

（二）制戒內容

1. 佛制戒

佛怒聲斥責他後，告訴比丘們說：「這愚癡人啊！會引生多種有漏，最初

〔註86〕偷蘭難陀：音譯詞。巴利語 Thulanandā，意譯「大喜」。相傳她解讀三藏、善於說法，是所謂「六群比丘尼」之一。《巴利律》則記與迦留陀夷相會的，是他已出家的前妻，但沒出名字。

〔註87〕抓：〔大〕〔磧〕作「扴」，今依〔麗〕。

犯本戒。從今以後，跟比丘們結戒，為了這十句義……乃至使正法得以久住。想說戒者，應這樣說：

若比丘，令比丘尼浣〔註88〕故衣，若染〔註89〕、若打〔註90〕，尼薩耆波逸提。」

2. 修訂前制

這樣世尊跟比丘結戒後，比丘們都各自畏懼謹慎，不敢叫親里比丘尼洗滌舊衣，或染色，或拍打。

佛說：「聽許比丘們令親里比丘尼洗滌舊衣，或染色，或拍打。從今以後，應這樣說戒：

若比丘，令非親里比丘尼浣故衣，若染、若打，尼薩耆波逸提。」

3. 釋義

（1）比丘：意義如上文。

（2）非親里：亦如上文所說。

（3）親里：亦如上文所說。

（4）故衣：……乃至一經身體穿上者。

（5）衣：有十種，如上文。

4. 違犯輕重

如比丘，叫非親里比丘尼洗滌舊衣，或染色，或拍打，三尼薩耆波逸提。

叫人洗滌、染色、拍打，她洗滌、染色，而不拍打，二尼薩耆波逸提、一突吉羅。

叫人洗滌、染色、拍打，她洗滌、不染色，而拍打，二尼薩耆波逸提、一突吉羅。

叫人洗滌、染色、拍打，她不洗滌，而染色、拍打，二尼薩耆波逸提、一突吉羅。

叫人洗滌、染色、拍打，她不洗滌、不染色，也不拍打，三突吉羅。

如比丘，叫非親里沙彌尼、式叉摩那洗滌、染色、拍打舊衣，突吉羅。

如叫非親里比丘尼洗滌、染色、拍打新衣，突吉羅。

〔註88〕浣：《巴利律》作 dhovāpeyya，洗滌、洗淨。

〔註89〕染：《巴利律》作 rajāpeyya，染色。

〔註90〕打：《巴利律》作 ākoṭāpeyya，打、敲、擊。洗衣程式之一，令布料更柔軟，穿起來較舒服。

5. 淨施

（1）犯者捨衣

這尼薩耆應捨與僧眾，或眾多人，或一人，不得捨與別眾；如捨與沒完成，突吉羅。

捨與僧眾時，應走到僧眾中，偏露右肩、脫去革屣、向上座禮敬、右膝著地、合掌，這樣告白：「大德僧聽，我某甲比丘，使非親里比丘尼浣、染、打故衣，犯捨墮。今捨與僧。」

捨與後應當懺悔。面前接受懺悔的人，應這樣告白：「大德僧聽，某甲比丘，使非親里比丘尼浣、染、打故衣，犯捨墮。今捨與僧。若僧時到，僧忍聽我受某甲比丘懺。白如是。」

告白後接受懺悔，應對那人說：「自責汝心！」

他報說：「爾。」

（2）僧還衣

僧眾便應歸還這比丘衣服，行「白二羯磨」，應這樣給他：僧眾應差遣能主持羯磨者……如上文，這樣告白：

「大德僧聽，此某甲比丘，使非親里比丘尼浣、染、打故衣，犯捨墮。今捨與僧。若僧時到，僧忍聽持此衣還某甲比丘。白如是。」

「大德僧聽，此某甲比丘，使非親里比丘尼浣、染、打故衣，犯捨墮。今捨與僧。僧今持此衣還此比丘。誰諸長老忍僧持此衣還此比丘者，默然；誰不忍者，說。」

「僧已忍與彼某甲比丘衣竟，僧忍，默然故，是事如是持。」

（3）不還違犯

在比丘僧眾中捨與衣物後，某甲不肯歸還，突吉羅；當歸還時有人教唆說：「不要歸還」，突吉羅；如不歸還，轉作淨施，或送與他人，或自己用作三衣，或用作波利迦羅衣，或燒毀，或殘舊破爛，或常常穿著以致破爛，皆突吉羅。

（三）兼制

比丘尼，突吉羅；式叉摩那、沙彌、沙彌尼，突吉羅。這叫做犯。

（四）開緣

不犯：舊衣交親里比丘尼洗滌、染色、拍打；如患病，把衣交非親里比丘

尼洗滌、染色、拍打；或為了僧眾、佛圖，把衣交非親里比丘尼洗滌、染色、拍打；或借他人衣，交非親里比丘尼洗滌、染色、拍打，不犯。

六、從非親俗人乞衣戒

提要：跋難陀強索長者的貴價棉衣。

（一）制戒因緣

1. 為長者說法

那時，佛在舍衛國祇樹給孤獨園。

這時，舍衛城中有長者，大清早準備車輛，帶領侍從到園林遊覽後，又掉頭來到祇洹精舍；在祇洹精舍門外停車，步行進入，看見跋難陀釋子，禮敬問訊，在他面前坐下聽法。

跋難陀有辯才和智慧，擅長說法，便為長者用各種方法說法，教化勸導，令他歡喜佛法。

他聽聞佛法後，便對跋難陀說：「想要什麼？希望告訴我。」

跋難陀報說：「沒有需要，這便是供養了。」

長者又說：「希望告訴我，如有所需要，切勿猶豫或感到為難。」

跋難陀說：「夠了！夠了！毋須再說。就算我有所需要，你也不能全部給與。」

長者又說：「只要告訴我，必隨所需的給你。」

2. 跋難陀索衣

這時，那長者身穿昂貴而闊大的棉衣，跋難陀說：「你所穿的可給我，我需要它。」

長者報說：「明日來到我家中，我當給你。」

跋難陀說：「我先前跟你說，就算有所需要，你也不能全部給我，如今果然如我所說。」

長者報說：「我會給你的，並非不給，只是要明日來。可能給你這衣，或另有更好的給你。現今我如立即脫下這衣給你，我不能沒有衣進入舍衛城呢。」

跋難陀說：「暫且停止！暫且停止！我不再要了。」

當時，長者瞋恚不悅，立即脫衣，摺疊整齊，交給跋難陀，說：「我剛才跟大德說：『明日前來，我當給你這衣，或另有更好的給你』；但你不相信，現

今令我只穿一衣進入舍衛城。」

3. 單衣入城

那時，長者便離開祇洹精舍，穿著一衣，乘車入城。

這時，城門守衛看見後，即跟長者說：「從哪裏來呢？被誰搶劫呢？」

長者報說：「剛才在祇洹精舍中，被賊人搶劫。」

這時，城門守衛即手持刀、杖，想前往祇洹精舍，長者說：「停手！停手！毋須前去。」

這時，城門守衛問：「為什麼？」

這時，長者詳說這因緣。

這時，居士們聽聞後，都譏議嫌惡說：「沙門釋子，多求不滿足、無有慚愧，向外自稱說：『我知道正法』，這樣何來有正法呢？為什麼索取長者身上的衣呢？檀越雖然樂於布施，但接受者也應知足。」

這時，比丘們聽聞，其中少欲知足、行頭陀、喜好學戒、知慚愧者，嫌惡斥責跋難陀釋子說：「你為什麼竟向長者索取他身上這樣的貴價衣呢？」

當時，比丘們拜訪世尊之所，頭面禮足，坐在一旁，把這因緣全部稟告世尊。

4. 佛斥犯者

那時，世尊召集比丘們，明知故問跋難陀：「你確實向長者索取他身上的衣服嗎？」

跋難陀答道：「確實這樣。」

世尊用無數方法怒聲斥責跋難陀，說：「你做錯了！不合威儀、不合沙門法、不是清淨的行為、不是隨順佛法的行為，都不應做。為什麼竟向長者索取他身上的衣服呢？」

（二）制戒內容

1. 佛初制戒

佛怒聲斥責他後，告訴比丘們：「跋難陀，愚癡人啊！會引生多種有漏，最初犯本戒。從今以後，跟比丘們結戒，為了這十句義……乃至使正法得以久住。想說戒者，應這樣說：

若比丘，從居士〔註91〕索衣者，尼薩耆波逸提。」

〔註91〕居士：《巴利律》作 gahapati，屋主、家主。

2. 修訂前制

這樣世尊跟比丘定結戒後，比丘們都畏懼謹慎，不敢向親里居士索取衣服。

佛說：「聽許比丘們向親里居士索取衣服，不犯。從今以後，想說戒者，應這樣說：

> 若比丘，從非親里居士索衣者，尼薩耆波逸提。」

這樣世尊跟比丘們結戒。

3. 衣鉢被搶

那時，有眾多比丘在拘薩羅〔註92〕國完成夏安居，十五日自恣後，在十六日手持衣、鉢，前往世尊之所；日間酷熱，不宜走動，便在夜間行走，迷了正途，沿歪路走。

這時，盜賊搶劫他人很多財物歸來，在歪路上相逢。

盜賊跟比丘說：「你們為尋找我而來嗎？」

比丘們答道：「我們並非為你們而來，我們在拘薩羅國完成夏安居，十五日自恣後，在十六日手持衣、鉢，想前去見世尊；只因從那裏來，日間酷熱，不宜走動，夜行迷路，因而來到這裏罷了，並非為你們而來的。」

那盜賊又說：「你們如並非尋找我們，為什麼沿這條路走呢？豈非想加害我們嗎？」他們便把比丘打到半死，奪去他們的衣、鉢。

4. 誤認為外道

比丘們赤身露體離去，到祇桓精舍，站在門外。

比丘們看見了，說：「你們是露體的尼揵子〔註93〕，不得進入祇洹精舍。」

比丘報說：「我們不是尼揵子，是沙門釋子啊！」

這時，優波離在不遠處經行，比丘們前往他之所，說：「現今有許多赤裸的人站在門外，我們說：『你們是尼揵子，切勿進入祇洹精舍』，那些人報說：『我們不是尼揵子，是沙門釋子啊』。」

這時，比丘們對優波離說：「你可前去看看是什麼人。」

這時，優波離便出門前去，問他們：「你們是什麼人呢？」

〔註92〕拘薩羅：音譯詞。巴利語 Kosala，佛世時印度十六大國之一，位於今印度北方邦 Awadh 區，領有恆河中游到喜馬拉雅山南麓一帶。

〔註93〕尼揵子：耆那教弟子。《巴利律》作 ājīvaka，邪命外道。「尼揵」，音譯詞。巴利語 nigaṇṭha，離繫。

他們報說：「我們是沙門釋子。」

優波離又問：「你們幾歲呢？」

他們報說：「我們若干歲。」

優波離又問：「你們何時受戒呢？」

他們報說：「我們某時。」

優波離又問：「你師從的和尚是誰呢？」

他們報說：「師從和尚某甲。」

優波離又問：「為什麼赤裸呢？」

比丘們便全部說明因緣。

當時，優波離回到比丘們之所說：「這些人並非尼揵子，全是沙門釋子。」

優波離對比丘們說：「你們可權宜借出衣服給他們穿著，切勿令他們露體見佛。」

5. 借衣見佛

比丘們便借出衣給他們穿，之後他們前往世尊之所，頭面禮足，坐在一旁。

這時，世尊慰問比丘們說：「你們身體安穩嗎？居住時和合安樂嗎？不為飲食所惱苦嗎？」

比丘們答道：「大德，我們身體安隱，居住時和合安樂，不為飲食所惱苦。我們在拘薩羅國完成夏安居，自恣後，手持衣、鉢，想來問訊世尊，日間酷熱，不宜走動，夜行迷路，遇上一群盜賊，被搶劫一空。」把上述因緣全部稟告世尊。

6. 借衣蔽體

那時，世尊用無數方法怒聲斥責比丘們，說：「你們做錯了！不合威儀、不合沙門法、不是清淨的行為、不是隨順佛法的行為，都不應做。為什麼，愚癡人啊！赤裸行走呢？如赤裸行走，突吉羅。」

「如有這種事情，當用軟草或樹葉遮蓋身體，應前往寺院那邊，如先前有多出之衣，應取來穿；如沒有，知友比丘們有多出之衣，應取來穿著。如知友比丘都沒有衣，應問僧眾中有什麼衣可以分配，如有餘的應給；如沒有的，應問：『有臥具嗎？』如有的應給；如不給，應自行打開倉庫查看。如有褥〔註94〕，或地敷，或氈，或被，應取出來，裁剪製衣，遮蓋身體，再出外乞求衣。」

─────────────────

〔註94〕褥：《巴利律》作 bhisicchavi，枕的表面、覆蓋褥之物。

7. 衣須歸還

那時，比丘們畏懼謹慎，不敢拿取這處的物品往另一處。

佛說：「聽許在合適的時間。」

比丘們的衣被奪去、遺失、燒毀、漂走，都畏懼謹慎，不敢穿僧衣。

佛說：「聽許穿。」

他們得衣後，僧衣沒有歸還原處。

佛說：「不應這樣，如得到衣後，應當歸還，洗滌、染色、縫合、整理好，安放原處；如不安放原處，依佛法治理。」

8. 再修訂前制

那時，有比丘衣被奪去、遺失、燒毀、漂走，都畏懼謹慎，不敢向非親里居士或居士的妻子乞求衣。

佛說：「如衣被奪去、遺失、燒毀、漂走，聽許向非親里居士或居士的妻子乞求衣。從今以後，應這樣說戒：

若比丘，從非親里居士、若居士婦乞衣，除餘時〔註95〕，尼薩耆波逸提。餘時者，若比丘，奪衣、失衣、燒衣、漂衣，是謂餘時。」

9. 釋義

（1）比丘：意義如上文所說。

（2）親里、非親里：如上文。

（3）居士、居士婦：如上文所說〔註96〕。

（4）衣：有十種，如上文。

10. 淨施

（1）犯者捨衣

如比丘，向非親里居士或居士的妻子乞求衣，除餘時外，尼薩耆波逸提。

這尼薩耆應捨與僧眾，或眾多人，或一人，不得捨與別眾；如捨與沒完成，突吉羅。

捨與僧眾時，應走到僧眾中，偏露右肩、脫去革屣、向上座行禮、右膝著地、合掌，這樣告白：「大德僧聽，我某甲比丘，從非親里居士、若居士婦乞衣，犯捨墮。今捨與僧。」

捨與後應當懺悔。面前接受懺悔的人，這樣告白：「大德僧聽，此某甲比

〔註95〕餘時：《巴利律》作 samaya，時期、適時。

〔註96〕居士、居士婦：前文未提到，需參看之後的「捨墮・過限忽切索衣價戒第10」。

丘，從非親里居士、若居士婦乞衣，犯捨墮。今捨與僧。若僧時到，僧忍聽我受此比丘懺。白如是。」

告白後接受懺悔，應對那比丘說：「自責汝心！」

他回答說：「爾。」

（2）僧還衣

僧眾便應歸還這比丘衣服，行「白二羯磨」，應這樣給他：僧眾中應當差遣能主持羯磨者……如上文，應這樣告白：

「大德僧聽，此某甲比丘，從非親里居士、若居士婦乞衣，犯捨墮。今捨與僧。若僧時到，僧忍聽持此衣還某甲比丘。白如是。」

「大德僧聽，此某甲比丘，從非親里居士、若居士婦乞衣，犯捨墮。今捨與僧。僧今持此衣還此某甲比丘。誰諸長老忍僧持此衣還此比丘者，默然；誰不忍者，說。」

「僧已忍與彼某甲比丘衣竟，僧忍，默然故，是事如是持。」

（3）不還違犯

在僧眾中捨與衣後，某甲不歸還，突吉羅；當歸還時有人教唆說：「不要歸還」，突吉羅；如不歸還，轉作淨施，或送與他人，或自己用作三衣，或用作波利迦羅衣，或殘舊破爛，或燒毀，或常常穿著以致破爛，皆突吉羅。

（三）兼制

比丘尼，尼薩耆波逸提；式叉摩那、沙彌、沙彌尼，突吉羅。這叫做犯。

（四）開緣

不犯：如衣被奪去、衣遺失、衣燒毀、衣漂走，可向非親里居士或居士的妻子乞求；或向親里居士或居士的妻子乞求，或向同出家人〔註97〕乞求，或為他人乞求，他人為自己乞求，或不求而得，不犯。

七、過分取衣戒

提要：六群比丘多取布施衣。

（一）制戒因緣

1. 供養好衣

那時，佛在舍衛國祇樹給孤獨園。

〔註97〕同出家人：一同求佛出家者，即不是外道。

這時，有眾多比丘遇上盜賊，失衣，來到祇洹精舍。

這時，有優婆塞聽聞比丘們遇上盜賊，失衣，來到祇洹精舍，拿著許多美好的衣物，來拜訪比丘們之所，問道：「先前聽聞有眾多比丘因失去衣而來，是誰呢？」

比丘們報說：「就是我們，為什麼這樣問呢？」

優婆塞答道：「我們聽聞比丘們遇上盜賊，失衣，來到祇洹精舍，所以拿來這些衣，因為各大德需要衣，可隨意取去。」

比丘們答道：「停止啊！停止啊！已得到供養了。我們自己有三衣，不需要呢。」

2. 為人取衣

六群比丘對比丘們說：「各位大德，你們已完全具足三衣，為什麼不取來給我們，或給其他人呢？」

這時，居士們因為比丘們失衣，所以給衣，而比丘們雖然完全具足三衣，仍取居士的衣，給六群比丘及其他人。

這時，比丘們聽聞，其中少欲知足、行頭陀、喜好學戒、知慚愧者，嫌惡斥責比丘們說：「舍衛城居士因為比丘們失衣，因而布施衣，而你們完全具足三衣，為什麼取去他人的衣，給六群比丘及其他人呢？」嫌惡斥責他們後，前往到世尊之所，頭面禮足，坐在一旁，把這因緣全部稟告世尊。

3. 佛斥犯者

世尊藉這因緣召集比丘們，明知故問：「你們比丘們，確實完全具足三衣，而仍取去他人的衣，給六群比丘及其他人嗎？」

比丘們答道：「確實這樣，世尊。」

世尊用無數方法怒聲斥責比丘們，說：「你們做錯了！不合威儀、不合沙門法、不是清淨的行為、不是隨順佛法的行為，都不應做。舍衛城居士因為比丘們失衣，因而布施衣，為什麼你們完全具足三衣，而仍取去他們的衣，給六群比丘及其他人呢？」

（二）制戒內容

1. 佛制戒

世尊怒聲斥責他們後，告訴比丘們：「這些愚癡人啊！會引生多種有漏，最初犯本戒。從今以後，跟比丘們結戒，為了這十句義……乃至使正法得以久

住。想說戒者，應這樣說：

若比丘，失衣、奪衣、燒衣、漂衣，若非親里居士、居士婦，自恣請〔註98〕多與衣，是比丘當知足受衣；若過者，尼薩耆波逸提。」

2. 釋義

（1）比丘：意義如上文。

（2）非親里、親里：如上文。

（3）居士、居士婦：如上文所說。

（4）衣：有十種，如上文。

3. 兩種知足

如僅失一衣，不應取布施之衣；如失兩衣，剩下的一衣，如有兩重、三重、四重，應拆出來製僧伽梨，或欝多羅僧，或安陀會；如三衣全失，那比丘接受衣時應該知足。知足有兩種：在家人知足，即接受白衣所給的所有衣；出家人知足，僅三衣。

4. 知足受衣

如居士請人隨意自取〔註99〕，給比丘許多衣料，如衣料細小，或太薄，或不牢固，應取來製兩重、三重、四重之衣，製摺邊〔註100〕，安在肩膊上，貼上和遮蓋垢膩處，安裝衣帶和衣環〔註101〕。

如衣料有殘餘，應對居士說：「這些殘餘的衣料裁剪製什麼呢？」

如檀越說：「我並非因為比丘失衣而給衣料，我們自願給大德罷了。」那比丘如想接受的便接受。

5. 淨施

（1）犯者捨衣

如比丘，接受衣超過足夠所需，尼薩耆波逸提。

這尼薩耆應捨與僧眾，或眾多人，或一人，不得捨與別眾；如沒完成捨與，突吉羅。

〔註98〕自恣請：《巴利律》作 pavāreyya，邀請、使滿足。

〔註99〕請人隨意自取：〔大〕原作「自恣請」。

〔註100〕摺邊：〔大〕原作「緣」。按僧衣邊緣容易破損，要用窄布包裹邊緣縫合。

〔註101〕衣帶、衣環：〔大〕原作「鈎、紐」。三衣原本只是長方形的布，穿著時纏繞身上，並要緊緊挽住，以免滑落。後來為了固定僧伽梨，加上衣帶和衣環（或掛扣），衣帶縫在從背後披下來的一端，衣環縫於繞在身前的另一端，兩者可扣繫一起作固定。

捨與時應走到僧眾中，偏露右肩、脫去革屣、向上座禮敬、右膝著地、合掌，這樣告白：「大德僧聽，我某甲比丘，過知足取衣，犯捨墮。今捨與僧。」

捨與後應當懺悔。面前接受懺悔者，應這樣告白：「大德僧聽，某甲比丘，過知足取衣，犯捨墮。今捨與僧。若僧時到，僧忍聽我受某甲比丘懺。白如是。」

告白後接受懺悔，應對那比丘說：「自責汝心！」

他回答說：「爾。」

（2）僧眾還衣

僧眾便應歸還這比丘衣，行「白二羯磨」，應這樣給他：僧眾中應當差遣能主持羯磨者……如上文，這樣告白：

「大德僧聽，此某甲比丘，過知足取衣，犯捨墮。今捨與僧。若僧時到，僧忍聽僧今持此衣還某甲比丘。白如是。」

「大德僧聽，此某甲比丘，過知足受衣，犯捨墮。今捨與僧。僧今持此衣還此比丘。誰諸長老忍僧持此衣還此比丘者，默然；誰不忍者，說。」

「僧已忍與某甲比丘衣竟，僧忍，默然故，是事如是持。」

（3）不還違犯

如在僧眾中捨與衣後，某甲沒有歸還，突吉羅；如歸還時有人教唆說：「不要歸還」，突吉羅；如不歸還，或轉作淨施，或送與他人，或自己用作三衣，或用作波利迦羅衣，或殘舊破爛，或燒毀，或用作非衣，或常常穿著以致破爛，皆突吉羅。

（三）兼制

比丘尼，尼薩耆波逸提；式叉摩那、沙彌、沙彌尼，突吉羅。這叫做犯。

（四）開緣

不犯：或知道足夠而取衣；〔註102〕或知道足夠而少取衣；〔註103〕居士給的衣料雖多，或細小、太薄，或不牢固，或製兩重、三重、四重之衣，製摺邊，貼上和遮蓋污垢處，安裝衣帶和衣環；或有多餘的衣料，對居士說：「製什麼呢？」如居士說：「我並非因為比丘失衣而給與衣料，我們自己想給大德」，如想接受者可接受，不犯。

〔註102〕這意謂最多拿三衣。
〔註103〕這意謂不拿足三衣。

八、勸增衣價戒

提要：跋難陀勸施主製更名貴之衣。

（一）制戒因緣

1. 居士施衣

那時，佛在舍衛國祇樹給孤獨園。

這時，有一乞食比丘，在時間到了，穿衣持鉢，進入舍衛城，到居士家中乞食，聽聞居士夫婦一同議論說：「跋難陀釋子是我的舊朋友〔註104〕，當用這些買衣的錢，買這種衣給那比丘。」

2. 讚跋難陀

比丘乞食後回到僧伽藍中，看見跋難陀釋子，說：「從未有姓瞿曇的像你這樣，是有大福德的人啊！」

跋難陀便問道：「我有什麼事，說我是有福德的人呢？」

比丘報說：「我入城乞食，聽聞居士夫婦一同討論說：『跋難陀釋子是我的舊朋友，當拿這些買衣的錢，買這種衣給他』。」

跋難陀便問道：「這是真的嗎？」

比丘報說：「這是真的。」

跋難陀又問道：「那居士家在何處呢？大門向著哪方呢？」

比丘報說：「居士家在某處、大門向著某方。」

跋難陀便對比丘說：「他是我的友好檀越，常常供養我，你所說是真的。」

3. 強索衣

明日大清早，跋難陀穿衣持鉢，進入舍衛城，到居士家中說：「確實想給我衣嗎？」

居士報說：「我只在屏蔽處這樣說罷了。」

跋難陀對居士說：「如想給我衣，應製這麼闊大、新淨美好、牢固細緻〔註105〕之衣，適合我接受和擁有；如不適合我接受和擁有，有什麼用呢？」

這時，那居士便譏議嫌惡說：「沙門釋子，無有慚愧、多求無滿足，對外自稱說：『我知道正法』，卻強行向人索取美好之衣，這樣何來有正法呢？布施者雖然樂於布施，但接受者也應知足，竟然拿出人們在屏蔽處私下說的

〔註104〕舊朋友：〔大〕原作「知舊」。

〔註105〕牢固細緻：〔大〕原作「堅緻」。

話嗎？」

這時，乞食比丘聽聞，嫌惡斥責跋難陀釋子：「為什麼這樣強行向人索取美好之衣呢？」

乞食比丘即便出城〔註106〕，離開居士家，回到僧伽藍中，把這因緣告訴比丘們，其中少欲知足、行頭陀、喜好學戒、知慚愧者，嫌惡斥責跋難陀釋子：「你為什麼這樣強行向人索取美好之衣呢？」

比丘們嫌惡斥責他後，前往世尊之所，頭面禮足，坐在一旁，把這因緣全部稟告世尊。

4. 佛斥犯者

那時，世尊藉這因緣召集比丘僧眾，怒聲斥責跋難陀：「你做錯了！不合威儀、不合沙門法、不是清淨的行為、不是隨順佛法的行為，都不應做。為什麼這樣強行向人索取美好之衣呢？」

（二）制戒內容

1. 佛初制戒

佛怒聲斥責他後，告訴比丘們：「這愚癡人啊！會引生多種有漏，最初犯本戒。從今以後，跟比丘們結戒，為了這十句義……乃至使正法得以久住。想說戒者，應這樣說：

> 若比丘，居士、居士婦，欲為比丘辦衣價〔註107〕：『持是衣價買如是衣，與某甲比丘』。是比丘便到居士家言：『買如是衣與我』，為好故。若得衣者，尼薩耆波逸提。」

這樣世尊跟比丘結戒。

2. 修訂前制

居士請比丘隨意自取，問：「大德需要什麼衣呢？」

這比丘心有疑惑，沒有回答；如居士請比丘隨意索求，應該回答。

居士想為比丘製貴價衣，而這比丘少欲知足，毋需大價衣，想要較次等者，但比丘心有疑惑，不敢隨意索求。

佛說：「聽許比丘們少欲知足者，索求較次等之衣。從今以後，應這樣說戒：

> 若比丘，居士、居士婦，為比丘辦衣價，買如是衣與某甲比丘。是比丘先

〔註106〕出城：依〔麗〕〔金〕。〔大〕作「出家」，文意亦通。
〔註107〕衣價：《巴利律》作 cīvaracetāpana，衣的等值物。

不受自恣請，到居士家作如是說：『好啊！居士，為我買如是如是衣與我』，為好故。若得衣者，尼薩耆波逸提。」

3. 釋義

（1）比丘：意義如上文。

（2）居士、居士婦：如上文。

（3）衣價：或錢〔註108〕，或金〔註109〕，或真珠，或琉璃，或貝〔註110〕，或玉石〔註111〕，或瓔珞，或生像金〔註112〕。

（4）衣：有十種，如上文。

（5）求：有兩種：

1）求價：檀越為比丘製大價衣，要求……乃至增加一錢，或十六份之一分〔註113〕。

2）求衣：對居士說：「製這樣長闊的衣……乃至增加一條線」。

4. 違犯輕重

這比丘，先前沒有接受邀請而隨意自取，而前去要求貴價闊大衣。如得衣，尼薩耆波逸提；求而不得，突吉羅。

5. 淨施

（1）犯者捨衣

這尼薩耆應捨與僧眾，或眾多人，或一人，不得捨與別眾；如沒完成捨與，突吉羅。

捨與僧眾時，應走到僧眾中，偏露右肩、脫去革屣、向上座敬禮、右膝著地、合掌，這樣告白：「大德僧聽，我某甲比丘，先不受自恣請與衣，往求取貴價衣，犯捨墮。今捨與僧。」

捨與後應當懺悔。面前接受懺悔的人，應這樣告白：「大德僧聽，此某甲比丘，先不受自恣請，與衣往求貴價衣，犯捨墮。今捨與僧。若僧時到，僧忍聽我受某甲比丘懺。白如是。」

〔註108〕錢：《巴利律》作 suvaṇṇa，黃金、金幣。
〔註109〕金：《巴利律》作 hiraññā，黃金。
〔註110〕貝：《巴利律》作 pavāla，珊瑚。
〔註111〕玉石：《巴利律》作 phalika，玻璃、水晶。
〔註112〕生像金：按「生像」即金銀，「生像金」乃梵漢並舉的譯寫。
〔註113〕十六份之一分：有說大概等於「一鉢挈」。「鉢挈」，音譯詞。巴利語 kahāpaṇa，古印度貨幣一種。

告白後接受懺悔，應對那比丘說：「自責汝心！」

那比丘答道：「爾。」

（2）僧還衣

僧眾便應歸還這比丘衣服，行「白二羯磨」，應這樣給他：僧眾中應差遣能主持羯磨者……如上文，這樣告白：

「大德僧聽，此某甲比丘先不受自恣請，與衣往求貴價衣，犯捨墮。今捨與僧。若僧時到，僧忍聽僧今還此某甲比丘衣。白如是。」

「大德僧聽，此某甲比丘，先不受自恣請與衣，往求貴價衣，犯捨墮。今捨與僧。僧今持此衣還此比丘。誰諸長老忍僧持此衣還此比丘者，默然；誰不忍者，說。」

「僧已忍與彼某甲衣竟，僧忍，默然故，是事如是持。」

（3）不還違犯

這比丘，在僧眾中捨與衣後，某甲沒有歸還，突吉羅；歸還時有人教唆說：「不要歸還」，突吉羅；如衣沒有歸還，轉作淨施，或送與他人，或自己用作三衣，或用作波利迦羅衣，或殘舊破爛，或燒毀，或常常穿著以致破爛，全突吉羅。

（三）兼制

比丘尼，尼薩耆波逸提；式叉摩那、沙彌、沙彌尼，突吉羅。這叫做犯。

（四）開緣

不犯：先接受邀請而隨意自取而前去索求，知道足夠而減少索求，向親里比丘索求，向出家人索求，或為他人索求，他人為自己索求，或不求而自得，無犯。

九、勸二家增衣價戒

提要：跋難陀叫兩家人合製更大更好之衣。

（一）制戒因緣

1. 兩家施衣

那時，佛在舍衛國祇樹給孤獨園。

這時，乞食比丘，在時間到了，穿衣持鉢，進入舍衛城乞食，順次到居士家中行乞，聽聞居士夫婦二人一同議論：「跋難陀是我們的舊朋友，應買這衣

給他。」

又聽聞另一處居士夫婦二人一同議論：「跋難陀是我們的舊朋友，應買這衣給他。」

2. 比丘讚嘆

這時，那乞食比丘乞食後，離開舍衛城，回到僧伽藍中，看見跋難陀釋子，說道：「尊者是有大福德的人啊！」

跋難陀問道：「你因為什麼事情，說我是有大福德的人呢？」

比丘報說：「我剛才進入舍衛城乞食，順次到一居士家中行乞，聽聞夫婦二人一同議論：『跋難陀釋子是我的舊朋友，應買這樣的衣給他』；又聽聞另一居士家中夫婦一同議論：『跋難陀是我的舊朋友，應買這樣的衣給他』。」

跋難陀問道：「這是確實嗎？」

比丘報說：「這是確實。」

跋難陀又問：「居士家在何處呢？門戶向著哪方呢？」

比丘報說：「在某處，門戶向著某方。」

跋難陀對那比丘說：「這些居士真的都是我的檀越，常常供養和供給我。」

3. 強迫合施

明日大清早，跋難陀穿衣持鉢，進入舍衛城，到那兩居士家中說：「你們各人真的想為我製衣嗎？」

居士報說：「在屏蔽處這樣說過。」

跋難陀說：「如想給我衣，可以共同製一衣給我，要極為闊大、牢固細緻，適合我接受和擁有的；如不適合我接受和擁有的，並非我所需的。」

居士聽聞了，便一同譏議嫌惡：「跋難陀釋子，不知滿足、無有慚愧，對外自稱說：『我知道正法』，這樣貪心索求而不知足，何來有正法呢？布施者雖然樂於布施，但接受的也應該知足，竟用人們在屏蔽處所說的話，前來有所索求！」

這時，乞食比丘聽聞，怒聲斥責跋難陀：「為什麼強行向人索取衣呢？」

這時，那乞食比丘離開舍衛城，回到僧伽藍中，把這因緣告訴比丘們。

比丘們聽聞，其中少欲知足、行頭陀、喜好學戒、知慚愧者，怒聲斥責跋難陀釋子：「你為什麼強行向人索取衣呢？」

比丘們怒斥他後，前往世尊之所，頭面禮足，全部稟告世尊。

4. 佛斥犯者

世尊藉這因緣召集比丘僧眾，怒聲斥責跋難陀釋子：「你做錯了！不合威

儀、不合沙門法、不是清淨的行為、不是隨順佛法的行為，都不應做。為什麼強行向人索取衣呢？」

（二）制戒內容

1. 佛初制戒

世尊用無數方法怒聲斥責他後，告訴比丘們：「這跋難陀，愚癡人啊！會引生多種有漏，最初犯本戒。從今以後，跟比丘們結戒，為了這十句義……乃至使正法得以久住。想說戒者，應這樣說：

若比丘，二居士、居士婦，欲與比丘辦衣價：『我曹辦如是衣價，與某甲比丘』。是比丘到二居士家，作如是言：『善哉！辦如是如是衣價與我，共作一衣』，為好故。若得衣者，尼薩耆波逸提。」

這樣世尊跟比丘結戒。

2. 修訂前制

那時，居士請比丘隨意自取，問：「想要什麼衣？」

這比丘有疑惑，沒有回答；如居士請比丘隨意自取，比丘想索取衣，應該回答。

這時，居士想為比丘製貴價衣，這比丘少欲知足，毋需貴價衣，只需較次等者，但比丘有疑惑，不敢隨意索求。

佛說：「聽許比丘們少欲知足，索求較次第之衣。從今以後，應這樣說戒：

若比丘，二居士、居士婦，與比丘辦衣價：『持如是衣價買如是衣，與某甲比丘』。是比丘，先不受居士自恣請，到二居士家，作如是言：『好啊！居士辦如是如是衣價與我，共作一衣』，為好故。若得衣者，尼薩耆波逸提。」

3. 釋義

（1）比丘：意義如上文。

（2）居士、居士婦：如上文。

（3）衣價：如上文。

（4）衣：有十種，如上文。

（5）求：有兩種索求，如上文。

4. 違犯輕重

如比丘，沒有先接受邀請而隨意自取，要求得到貴價衣、闊大衣，如得衣，

尼薩耆波逸提；如前去索求而不得，突吉羅。

5. 淨施

（1）犯者捨衣

這尼薩耆應捨與僧眾，或眾多人，或一人，不得捨與別眾；如沒完成捨與，突吉羅。

捨與時，應走到僧眾中，偏露右肩、脫去革屣、向上座敬禮、右膝著地、合掌，這樣告白：「大德僧聽，我某甲比丘，先不受自恣請，往求得貴價衣，犯捨墮。今捨與僧。」

捨與後應當懺悔。面前接受懺悔的人，應這樣告白：「大德僧聽，此某甲比丘，先不受自恣請，往求得貴價衣，犯捨墮。今捨與僧。若僧時到，僧忍聽我受某甲比丘懺。白如是。」

告白後當接受懺悔，應對那比丘說：「自責汝心！」

那比丘說：「爾。」

（2）僧還衣

僧眾便應歸還那比丘衣服，行「白二羯磨」，應這樣給他〔註114〕：僧眾中應差遣能主持羯磨者……如上文，這樣告白：「大德僧聽，此某甲比丘，先不受自恣請，往求索得貴價衣，犯捨墮。今捨與僧。若僧時到，僧忍聽僧還此比丘衣。白如是。」

「大德僧聽，此某甲比丘，先不受自恣請，往求索得貴價衣，犯捨墮。今捨與僧。僧今持此衣還此比丘。誰諸長老忍僧持此衣還此比丘者默然，誰不忍者說。」

「僧已忍與彼比丘衣竟，僧忍，默然故，是事如是持。」

（3）不還違犯

這比丘，在僧眾中捨與衣後，某甲不歸還，突吉羅；如歸還時有人教唆說：「不要歸還」，突吉羅；或轉作淨施，或送與他人，或自己用作三衣，或用作波利迦羅衣，或殘舊破爛，這樣全突吉羅。

（三）兼制

比丘尼，尼薩耆波逸提；式叉摩那、沙彌、沙彌尼，突吉羅。這叫做犯。

〔註114〕應這樣給他：〔大〕〔麗〕〔金〕作「應如是白」，疑誤。這段話是本律套語，見於多條戒，皆作「應如是與」，譯寫校改。

（四）開緣

不犯：面前的人先接受邀請而隨意自取而前去索求衣，或在貴價美好之衣中要求較次等者，向親里比丘要求，向出家人要求，或為他人要求，他人為自己要求，或不求而自得，無犯。

十、過限忽切索衣價戒

提要：跋難陀向長者索衣，阻延他赴約。

（一）制戒因緣

1. 臣施衣價

那時，佛在舍衛國祇樹給孤獨園。

這時，羅閱城中有一大臣，跟跋難陀釋子是親友，經常往來，派使者帶製衣的錢來，說：「跋難陀釋子是我的舊友，一向敬重，帶著這筆製衣的錢，買這衣給他。」

2. 使者讚嘆

這時，那使者帶著製衣的錢，來到僧伽藍中，到跋難陀之所這樣說：「好啊！你是有大福德的人啊！」

跋難陀問道：「你因為什麼事，說我是有福德的人呢？」

使者報說：「羅閱城中有一大臣，派我帶著這筆製衣的錢，來買這衣給你。」

跋難陀又問：「這是確實的嗎？」

使者報說：「確實這樣。」

跋難陀便問：「大臣家在何處呢？門戶向著哪方呢？」

使者答道：「家在某處，門戶向著某方。」

跋難陀說：「真的如你所說，這是我的舊相識檀越，常常供養和事奉我。」

3. 代管衣價

那時，舍衛城中還有一長者，跟跋難陀友好，經常來往。

這時，跋難陀釋子便帶這使者進入舍衛城，拜訪那長者家說：「羅閱城中有一大臣，派這使者帶著製衣的錢來，為我製衣，願你代為保管。」居士便代為保管。〔註115〕

大臣後來問使者說：「我先前派使者帶著製衣的錢給跋難陀，製成衣後，

〔註115〕如僧眾親身收蓄金錢，會滋生貪欲，妨礙修道，故須交在家人保管。

有沒有為我穿上呢？」

使者答道：「沒有穿。」

大臣再派使者對跋難陀說：「我先前派使者送來製衣的錢給你，你竟然不穿，我的衣有什麼用呢？現今可送回來。」

4. 促人製衣

那時，跋難陀聽聞這番話後，便匆匆到那長者家中，對他說：「我先前托付你製衣的錢，我現今需要衣了，請為我製衣。」

這時，舍衛城中長者們集會〔註116〕，先前已有規制，如不出席者要罰五百〔註117〕錢。長者報說：「這大會的做法有規制，如不出席者要罰五百錢。我現今暫且前去赴會，大德稍等一會〔註118〕，我赴會後回來，不要令我輸掉五百錢。」

跋難陀報說：「不可以這樣，先拿出製衣的錢，為我製衣。」

5. 長者受罰

這時，長者拿出製衣的錢，為他製成衣後，集會已結束了。

這時，眾人因為他缺席，便罰他五百錢。

這時，長者譏議嫌惡說：「沙門釋子令眾人罰我五百錢。」

這時，舍衛城中有些居士，不信佛法，全部一同譏議嫌惡說：「沙門釋子，不知滿足，無有慚愧，對外自稱說：『我知道正法』，這樣何來有正法呢？竟令居士無法出席集會，要輸五百錢。從今以後，不應親近、禮拜、問訊、事奉、供養他們。」

比丘們聽聞，其中少欲知足、行頭陀、喜好學戒、知慚愧者，怒聲斥責跋難陀：「為什麼你竟令眾人罰長者五百錢呢？」

他們前往世尊之所，頭面禮足，全部稟告世尊。

6. 佛斥犯者

世尊藉這因緣召集比丘僧眾，用無數方法怒聲斥責跋難陀說：「你做錯了！不合威儀、不合沙門法、不是清淨的行為、不是隨順佛法的行為，都不應做。為什麼跋難陀竟令長者被眾人罰五百錢呢？」

〔註116〕集會：《巴利律》作 negama，屬於市鎮的、鎮議會。
〔註117〕五百：《巴利律》作 paññāsa，五十。
〔註118〕一會：短時間。《巴利律》作 ajjuṇho，一夜。

（二）制戒內容

1. 佛制戒

這時，世尊用無數方法呵責跋難陀後，告訴比丘們：「這愚癡人啊！會引生多種有漏，最初犯本戒。從今以後，跟比丘們結戒，為了這十句義……乃至使正法得以久住。想說戒者，應這樣說：

若比丘，若王、若大臣、若婆羅門、若居士、居士婦，遣使為比丘送衣價：『持如是衣價與某甲比丘』。彼使人至比丘所，語比丘言：『大德，今為汝故送是衣價，受取』。是比丘應語彼使如是言：『我不應受此衣價，我若須衣，合時清淨當受』。彼使語比丘言：『大德，有執事人〔註119〕不？』須衣比丘應語言：『有。若僧伽藍民〔註120〕、若優婆塞，此是比丘執事人，常為諸比丘執事』。時彼使往至執事人所，與衣價已，還至比丘所，作如是言：『大德，所示某甲執事人，我已與衣價。大德，知時往彼當得衣』。須衣比丘當往執事人所，若二反、三反〔註121〕，為作憶念〔註122〕，應語言：『我須衣』。若二反、三反，為作憶念，若得衣者，善；若不得衣，四反、五反、六反，在前默然立。若四反、五反、六反，在前默然住，得衣者，善；若不得衣，過是求得衣者，尼薩耆波逸提。若不得衣，從所得衣價處，若自往、若遣使往語言：『汝先遣使持衣價與某甲比丘，是比丘竟不得，汝還取莫使失』。此是時〔註123〕。」

2. 釋義

（1）比丘：意義如上文。

（2）王：自由自在、無所從屬。

（3）大臣：在王的左右。

（4）婆羅門：有生而為婆羅門者。

（5）居士：除王、王大臣、婆羅門外，各種在家人都是。

（6）居士婦：在家婦人。

（7）衣價：如上文。

（8）衣：有十種，如上文。

（9）憶念：如執事人，或在家，或在市場，或在製衣處，到他那裏兩次、

〔註119〕執事人：《巴利律》作 veyyāvaccakara，隨從、僕人、管家。

〔註120〕僧伽藍民：《巴利律》作 ārāmika，僧園侍從、寺男。

〔註121〕二反、三反：《巴利律》作 dvattikkhattuṃ，二次、三次。

〔註122〕憶念：《巴利律》作 sārayamāna，記憶。

〔註123〕時：《巴利律》作 sāmīcī，如法、正直。

三次，說道：「我現今需要衣，請為我製衣」。這是為了使他憶起其事。如這樣兩次、三次，使他憶起，得到衣，很好；如不得衣，四次、五次、六次，去到他面前默站。

（10）在前立：那執事人，或在家，或在市場，或在製衣處，到他面前默站。如執事人問道：「你為什麼站在這裏呢？」比丘答道：「你自己知道」。如那人說：「我不知道」。如有餘人知道，比丘應說：「那人知道」。〔註124〕

3. 淨施

（1）犯者捨衣

如比丘，開口一次揭破，兩次默站；開口兩次揭破，四次默站；開口三次揭破，六次默站。如比丘，開口索取超過兩、三次，默站超過六次，如得衣，尼薩耆波逸提。

這尼薩耆應捨與給僧眾，或眾多人，或一人，不得捨與別眾；如沒完成捨與，突吉羅。

捨與給僧眾時，應走到僧眾中，偏露右肩、脫去革屣、向上座敬禮、右膝著地、合掌，這樣告白：「大德僧聽，我某甲比丘，過三反語索衣，過六反默然立，得衣，犯捨墮。今捨與僧。」

捨與後應當懺悔。接受懺悔者，應這樣告白：「大德僧聽，此某甲比丘，過三反語索衣，過六反默然立，得衣，犯捨墮。今捨與僧。若僧時到，僧忍聽我受此比丘懺。白如是。」

告白後當接受懺悔，應對那比丘說：「自責汝心！」

他報說：「爾。」

（2）僧還衣

僧眾便應歸還這比丘衣，行「白二羯磨」，應這樣給他：僧眾中應差遣能主持羯磨者……如上文，這樣告白：

「大德僧聽，此某甲比丘，過三反語索衣，過六反默然立，得衣，犯捨墮。今捨與僧。若僧時到，僧忍聽還此比丘衣。白如是。」

「大德僧聽，此某甲比丘，過三反語索衣，過六反默然立，得衣，犯捨墮。今捨與僧。僧今持此衣還此比丘。誰諸長老忍僧持此衣還此比丘者，默然；誰不忍者，說。」

「僧已忍與彼某甲比丘衣竟，僧忍，默然故，是事如是持。」

〔註124〕按比丘如把物件託付他人，應告知另一人，待其後索取有證，以免爭拗。

（３）不還違犯

這比丘，在僧眾中捨與衣服後，某甲不歸還，突吉羅；如歸還時有人教唆說：「不要歸還」，突吉羅；或轉作淨施，或自己用作三衣，或用作波利迦羅衣，或送與他人，或常常穿著以致破爛，皆突吉羅。

（三）兼制

比丘尼，尼薩耆波逸提；式叉摩那、沙彌、沙彌尼，突吉羅。這叫做犯。

（四）開緣

不犯：三次開口索取得衣、六次默站得衣。如不得衣，向所得製衣錢處，親自前往，或派使者前去說：「你先前派使者給某甲比丘衣，這比丘始終不得，可以去取回錢，不要遺失」；如他說：「我不需要了，即相布施」。這比丘應在合適時間，用婉轉說話設法索取衣——如為了製波利迦羅衣而給、在合適時間索取、用婉轉說話索取、設法索取，得者不犯。

十一、乞蠶綿作臥具戒

提要：六群比丘索取蠶綿製臥具，鼓吹殺生。

（一）制戒因緣

1. 求蠶繭製臥具

那時，佛在曠野國界。

這時，六群比丘用混雜野蠶綿的布料製新臥具，他們索求未成綿，或索求已成綿，或索求已染色、未染色，或索求新的，或索求舊的，到養蠶人家，對他說：「我們需要綿。」

他報說：「稍事等待，須在蠶繭成熟時前來。」〔註125〕

那六群比丘在旁邊站立等待和觀看，養蠶人曬繭時，蠶蛹發出聲音，居士們看見，全都一同譏議嫌惡說：「沙門釋子，無有慚愧，殺害眾生，向外自稱說：『我修習正法』，這樣何來有正法呢？竟然索求蠶繭製新臥具！」以上述事情怒聲斥責。

比丘們聽聞，其中少欲知足、行頭陀、喜好學戒、知慚愧者，嫌惡斥責六群比丘：「為什麼索求蠶繭製新臥具呢？」如上怒聲斥責他們後，前往世尊之

〔註125〕在印度，養蠶人等到蠶蛹自己咬破蠶繭後，才收集絲線，而不像中國人那樣，在蠶蛹破繭前殺死牠們。

所，頭面禮足，坐在一旁，把這因緣全部稟告世尊。

2. 佛斥犯者

世尊藉這因緣召集比丘們，怒聲斥責六群比丘說：「你們做錯了！不合威儀、不合沙門法、不是清淨的行為、不是隨順佛法的行為，都不應做。為什麼六群比丘索求蠶繭製新臥具呢？」

（二）制戒內容

1. 佛制戒

世尊怒聲斥責他們後，告訴比丘們：「這些愚癡人啊！會引生多種有漏，最初犯本戒。從今以後，跟比丘們結戒，為了這十句義……乃至使正法得以久住。想說戒者，應這樣說：

若比丘，雜〔註126〕野蠶綿〔註127〕作〔註128〕新臥具〔註129〕，尼薩耆波逸提。」

2. 釋義

（1）比丘：意義如上文。

（2）雜：或毳毛，或劫貝、拘遮羅、乳葉草〔註130〕，或芻摩，或麻。

3. 違犯輕重

如比丘，親自用混雜野蠶綿的布料，製新臥具完成，尼薩耆波逸提；製作不完成，突吉羅；如叫他人製成，尼薩耆波逸提；製作不完成，突吉羅；為他人製，完成或不完成，突吉羅。

4. 捨與

這些應該捨與者，是指適合於捨與者，而用斧或斤〔註131〕，細切斬剉，跟泥土混合，或塗牆壁，或塗土堆。

（三）兼制

比丘尼，突吉羅；式叉摩那、沙彌、沙彌尼，突吉羅。這叫做犯。

〔註126〕混雜：〔大〕原作「雜」。《巴利律》作 missaka，混合的、複合的。
〔註127〕野蠶綿：絲綿。《巴利律》作 kosiya，絹、絹糸、絹布。
〔註128〕作：《巴利律》作 kārāpeyya，做、製作。
〔註129〕臥具：《巴利律》作 santhata，鋪墊之物、毯子、墊子。
〔註130〕乳葉草：鼠尾草，一年生草本植物。
〔註131〕斤：與斧相似，比斧小而刃橫。

（四）開緣

不犯：如得到已製成的臥具，或用斧、斤，細切斬剁，跟泥土混合，或塗牆壁，或塗土堆，無犯。

十二、黑毛臥具戒

提要：六群比丘披黑毛氈夜行，仿似婬邪人。

（一）制戒因緣

1. 純黑羊毛製臥具

那時，佛住在毘舍離獼猴江邊的樓閣舍。

這時，毘舍離梨車〔註132〕子等人多行婬邪，他們用純黑色的羺〔註133〕羊毛製氈，披在身上夜行，令人無法看見。

這時，六群比丘看見後，便仿效，選取純黑色的羺羊毛製氈臥具。

這時，梨車們看見他們，都一同說道：「大德，我們處於愛欲、為了婬欲，因此製黑羊毛氈；你們製這純黑的羊毛氈，有什麼用呢？」

這時，比丘們聽聞，其中少欲知足、行頭陀、喜好學戒、知慚愧者，嫌惡斥責六群比丘：「為什麼仿效梨車們，製純黑色的羺羊毛氈呢？」

比丘們嫌惡斥責他們後，前往世尊之所，頭面禮足，坐在一旁，把這因緣全部稟告世尊。

2. 佛斥犯者

世尊藉這因緣召集比丘們，用無數方法怒聲斥責六群比丘：「你們做錯了！不合威儀、不合沙門法、不是清淨的行為、不是隨順佛法的行為，都不應做。為什麼六群比丘仿效梨車們，製純黑的羺羊毛氈呢？」

（二）制戒內容

1. 佛制戒

這時，世尊用無數方法怒聲斥責他們後，告訴比丘們：「這些愚癡人啊！會引生多種有漏，最初犯本戒。從今以後，跟比丘們結戒，為了這十句義……乃至使正法得以久住。想說戒者，應這樣說：

若比丘，以新純黑羺羊毛作新臥具，尼薩耆波逸提。」

〔註132〕梨車：音譯詞。巴利語 Licchavi，毘舍離城剎帝利種之名。
〔註133〕羺：胡羊。

2. 釋義

（1）比丘：意義如上文。

（2）純黑毛：天然黑或染黑。

3. 違犯輕重

如比丘，親自用純黑的羺羊毛，製新臥具完成，尼薩耆波逸提；製作不完成，突吉羅。教唆他人製成，尼薩耆波逸提；製作不完成，突吉羅。為他人製，完成或不完成，突吉羅。

4. 淨施

（1）犯者捨臥具

這尼薩耆應捨與僧眾，或眾多人，或一人，不得捨與別眾；如沒完成捨與，突吉羅。

捨與給僧眾時，走到僧眾中，偏露右肩、脫去革屣、向上座行禮、右膝著地、合掌，這樣告白：「大德僧聽，我某甲比丘，以純黑羺羊毛作臥具，犯捨墮。今捨與僧。」

捨與後應當懺悔。面前接受懺悔的人，這樣告白：「大德僧聽，此某甲比丘，以純黑羺羊毛作臥具，犯捨墮。今捨與僧。若僧時到，僧忍聽我受某甲比丘懺。白如是。」

這樣告白後接受懺悔，應對那比丘說：「自責汝心！」

他報說：「爾。」

（2）僧還臥具

僧眾便應歸還那比丘臥具，行「白二羯磨」，應這樣給他：僧眾中應差遣能主持羯磨者……如上文，這樣告白：

「大德僧聽，此某甲比丘，以純黑羺羊毛作臥具犯捨墮。今捨與僧。若僧時到，僧忍聽還彼某甲比丘臥具。白如是。」

「大德僧聽，此某甲比丘，以純黑羺羊毛作臥具，犯捨墮。今捨與僧。僧今持此臥具還此比丘。誰諸長老忍僧持此臥具還此比丘者，默然；誰不忍者，說。」

「僧已忍還此某甲比丘臥具竟，僧忍，默然故，是事如是持。」

（3）不還違犯

這比丘，在僧眾中捨與臥具後，某甲不歸還，突吉羅；歸還時有人教唆

說：「不要歸還」；或轉作淨施，或送與他人，或常常鋪墊以致破爛，皆突吉羅。

（三）兼制

比丘尼，突吉羅；式叉摩那、沙彌、沙彌尼，突吉羅。這叫做犯。

（四）開緣

不犯：如得到已製成的臥具，或割截損壞，細小而薄者或疊作兩層，〔註134〕或用來製褥，或製枕，或製方形小坐具，或製臥氈〔註135〕，或製襯鉢氈〔註136〕，或製剃刀袋，或製帽，或製襪，或製攝熱巾〔註137〕，或製裹革屣布，皆不犯。

十三、白毛臥具戒

提要：六群比丘用純白羊毛製新臥具。

（一）制戒因緣

1. 製新臥具

那時，佛在舍衛國祇樹給孤獨園。

這時，六群比丘用純白的羊毛製新臥具，居士們看見，都譏議嫌惡說：「沙門釋子，不知慚愧，沒有滿足，向外自稱說：『我修習正法』，這樣何來有正法呢？製白羊毛新臥具，好像王或王的大臣。」

這時，比丘們聽聞，其中少欲知足、行頭陀、喜好學戒、知慚愧者，嫌惡斥責六群比丘：「為什麼製這些純白的羊毛臥具呢？」嫌惡斥責他們後，前往世尊之所，頭面禮足，坐在一旁，把這因緣全部稟告世尊。

2. 佛斥犯者

世尊藉這因緣召集比丘僧眾，怒聲斥責六群比丘：「你們做錯了！不合威儀、不合沙門法、不是清淨的行為、不是隨順佛法的行為，都不應做。為什麼你們竟製這些純白色的羊毛臥具呢？」

〔註134〕這意謂後來得粗賤者重疊下去，令布料非純黑，不違犯。

〔註135〕臥氈：這詞亦見於「捨墮·白毛臥具戒第13」，相對應《巴利律》作 bhūmatthara，地氈。

〔註136〕襯鉢氈：〔大〕〔麗〕〔金〕作「攐鉢氈」，今依〔宋元明〕〔宮〕。「襯鉢」，布施得來的鉢；「氈」，放在鉢內防塵垢的毛巾。

〔註137〕攝熱巾：用來捉拿灼熱食器的毛巾。

（二）制戒內容

1. 佛制戒

這時，世尊用無數方法怒聲斥責六群比丘後，告訴比丘們：「這些愚癡人啊！會引生多種有漏，最初犯本戒。從今以後，跟比丘們結戒，為了這十句義……乃至使正法得以久住。想說戒者，應這樣說：

若比丘，作新臥具，應用二分〔註138〕純黑羊毛、三分白、四分尨〔註139〕；若比丘，不用二分黑、三分白、四分尨作新臥具者，尼薩耆波逸提。」

2. 釋義

（1）比丘：意義如上文。

（2）白：天然白或染白。

（3）尨色：頭上毛、耳毛、腳毛，或其他雜色毛。

3. 色毛分配

如比丘，想製四十鉢羅〔註140〕重的羊毛臥具，應用二十鉢羅純黑色、十鉢羅白色、十鉢羅雜色的羊毛；想製三十鉢羅重的臥具，應用十五鉢羅純黑色、十五鉢羅半白色半雜色；如想製二十鉢羅重的臥具，應用十鉢羅純黑色、五鉢羅白色、五鉢羅雜色。

4. 違犯輕重

如比丘，沒用兩分黑色、三分白色、四分雜色的羊毛，親自製新臥具，完成了，尼薩耆波逸提；不完成，突吉羅。

如叫他人製臥具，完成了，尼薩耆波逸提；不完成，突吉羅。

如為他人製，完成或不完成，全突吉羅。

5. 淨施

（1）犯者捨衣

這尼薩耆應捨與僧眾，或眾多人，或一人，不得捨與別眾；如捨與沒完成，突吉羅。

捨與給僧眾時，應走到僧眾中，偏露右肩、脫去革屣、向上座禮敬、右膝著地、合掌，這樣告白：「大德僧聽，我某甲比丘不以二分黑、三分白、四分

〔註138〕分：《巴利律》作 bhāga，部分。

〔註139〕尨：雜色。《巴利律》作 gocariya，褐色的。

〔註140〕鉢羅：音譯詞。《巴利律》作 tulā，重量單位。

尢作新臥具，犯捨墮。今捨與僧。」

捨與後應當懺悔。面前接受懺悔的人，應告白：「大德僧聽，此某甲比丘不以二分黑、三分白、四分尢作新臥具，犯捨墮。今捨與僧。若僧時到，僧忍聽我受此比丘懺。白如是。」

告白後接受懺悔，應對那人說：「自責汝心！」

比丘報說：「爾。」

（2）僧還臥具

僧眾便應歸還那比丘臥具，行「白二羯磨」，應這樣給他：僧眾中應差遣能主持羯磨者……如上文，這樣告白：「大德僧聽，此某甲比丘不以二分黑、三分白、四分尢作新臥具，犯捨墮。今捨與僧。若僧時到，僧忍聽還某甲比丘臥具。白如是。」

「大德僧聽，此某甲比丘不以二分黑、三分白、四分尢作新臥具，犯捨墮。今捨與僧。僧今持此臥具還此比丘。誰諸長老忍僧持此臥具還此比丘者，默然；誰不忍者，說。」

「僧已忍還此某甲比丘臥具竟，僧忍默然故，是事如是持。」

（3）不還違犯

這比丘，在僧眾中捨與臥具後，某甲不歸還，突吉羅；如有人教唆說：「不要歸還」；或轉作淨施，或送與他人，或常常敷墊以致破爛，全突吉羅。

（三）兼制

比丘尼，突吉羅；式叉摩那、沙彌、沙彌尼，突吉羅。這叫做犯。

（四）開緣

不犯：如用兩分黑色、三分白色、四分雜色的羊毛製新臥具；或白毛不足，用雜色毛補足者；或製只用雜色毛的臥具；得到已製成者，或割截損壞，或染上壞色〔註141〕，或用來製枕，或製褥，或製臥氈，或製方形小坐具，或製襯鉢裏氈，或製剃刀袋，或製襪，或製攝熱巾，或製裏革屣布，全不犯。

十四、減六年作臥具戒

提要：六群比丘索求新臥具，積存過多。

〔註141〕壞色：不正色，避青黃赤白黑之五正色。這詞亦見於「捨墮‧不貼坐具戒第15」，相對應《巴利律》作 dubbaṇṇa，惡色、醜的。

（一）制戒因緣

1. 多蓄臥具

那時，佛在舍衛國祇樹給孤獨園。

這時，六群比丘嫌棄臥具，或重，或輕，或嫌棄薄，或嫌棄厚，沒有丟棄舊臥具便另製新者；他們常常這樣張羅臥具，囤積了很多。

這時，比丘們聽聞，其中少欲知足、行頭陀、喜好學戒、知慚愧者，嫌惡斥責六群比丘說：「為什麼嫌棄舊臥具，或輕，或重，或薄，或厚，沒有丟棄舊的而另製新臥具，使臥具眾多呢？」

比丘們嫌惡斥責他們後，前往世尊之所，頭面禮足，坐在一旁，把這因緣全部稟告世尊。

2. 佛斥犯者

世尊藉這因緣召集比丘僧眾，用無數方法怒聲斥責六群比丘：「你們做錯了！不合威儀、不合沙門法、不是清淨的行為、不是隨順佛法的行為，都不應做。為什麼六群比丘嫌棄舊臥具，或輕，或重，或薄，或厚，製新臥具，而囤積了很多呢？」

（二）制戒內容

1. 佛初制戒

這時，世尊用無數方法怒聲斥責六群比丘後，告訴比丘們說：「這些六群比丘，愚癡人啊！會引生多種有漏，最初犯本戒。從今以後，跟比丘們結戒，為了這十句義……乃至使正法得以久住。想說戒者，應這樣說：

若比丘，作新臥具，持至六年、若減〔註142〕六年，不捨故，更作新臥具，尼薩耆波逸提。」

這樣世尊跟比丘結戒。

2. 病比丘求

那時，有比丘患乾痟病，有糞掃臥具極重，有小因緣想到人間遊行，自己內心思念：「世尊制戒：『若比丘，作新臥具，持至六年、若減六年，不捨故臥具，更作新者，尼薩耆波逸提』。我現今得乾痟病，這些臥具很重，有小因緣想到人間遊行，我應怎樣做呢？」

〔註142〕減：不足、不到。

他對比丘們說：「大德，我患了乾痟病，有糞掃臥具極重，有小因緣須到人間遊行，無法帶著它同行。請大德們為我稟告世尊，世尊如有教令，我當遵行。」

比丘們聽聞這番話後，前往世尊之所，頭面禮足，坐在一旁，把這因緣全部稟告世尊。

3. 新臥具羯磨

那時，世尊召集比丘們，告訴他們說：「從今以後，聽許僧眾跟那比丘行『白二羯磨』：這比丘應走到僧眾中，偏露右肩、脫去革屣、向上座禮敬、右膝著地、合掌，這樣告白：

大德僧聽，我某甲比丘得乾痟病，有小因緣欲至人間遊行，有糞掃臥具極重，不堪持行。我今從僧乞作新臥具羯磨。」

「這樣說三次。」

「僧眾中應差遣能主持羯磨者……如上文，這樣告白：

大德僧聽，此某甲比丘得乾痟病，欲人間遊行，有糞掃臥具重，今從僧乞作新臥具羯磨。若僧時到，僧忍聽僧與此比丘作新臥具羯磨。白如是。」

「大德僧聽，此某甲比丘得乾痟病，有糞掃臥具重，欲人間遊行，今從僧乞更作新臥具羯磨。今僧與彼某甲比丘更作新臥具羯磨。誰諸長老忍僧與彼某甲比丘更作新臥具者，默然；誰不忍者，說。」

「僧已忍與某甲比丘更作新臥具羯磨竟，僧忍，默然故，是事如是持。」

4. 修訂前制

「從今以後，應這樣說戒：

若比丘，作新臥具，持至六年、若減六年，不捨故，更作新者，除僧羯磨，尼薩耆波逸提。」

5. 釋義

（1）比丘：意義如上文。

6. 違犯輕重

如比丘，未夠六年，沒有丟棄舊臥具便另製新者，尼薩耆波逸提；製作不完成，突吉羅。

如叫他人製成臥具，尼薩耆波逸提；沒完成，突吉羅；為他人製臥具，完成或不完成，突吉羅。

7. 淨施

（1）犯者捨衣

這尼薩耆應捨與給僧眾，或眾多人，或一人，不應捨與別眾；如沒完成捨與，突吉羅。

捨與給僧眾時，應走到僧眾中，偏露右肩、脫去革屣、向上座禮敬、右膝著地、合掌，這樣告白：「大德僧聽，我某甲比丘減六年，不捨故臥具，更作新臥具，犯捨墮。今捨與僧。」

捨與後應當懺悔。面前接受懺悔的人，應告白：「大德僧聽，此某甲比丘減六年，不捨故臥具，更作新臥具，犯捨墮。今捨與僧。若僧時到，僧忍聽我受此比丘懺。白如是。」

這樣告白後接受懺悔，應對那比丘說：「自責汝心！」

比丘報說：「爾。」

（2）僧還臥具

僧眾便應歸還那比丘臥具，行「白二羯磨」，應這樣給他：僧眾中應差遣能主持羯磨者⋯⋯如上文，這樣告白：

「大德僧聽，此某甲比丘減六年，不捨故臥具，更作新者，犯捨墮。今捨與僧。若僧時到，僧忍聽還此比丘臥具。白如是。」

「大德僧聽，此某甲比丘減六年，不捨故臥具更作新者，犯捨墮。今捨與僧。僧今持此臥具還此比丘。誰諸長老忍僧持此臥具還此比丘者，默然；誰不忍者，說。」

「僧已忍還彼比丘臥具竟，僧忍，默然故，是事如是持。」

（3）不還違犯

這比丘，在僧眾中捨與臥具後，某甲不歸還，突吉羅；如有人教唆：「不要歸還」，突吉羅；或轉作淨施，或送與他人，或常常敷墊以致破爛，或用作非臥具，全突吉羅。

（三）兼制

比丘尼，突吉羅；式叉摩那、沙彌、沙彌尼，突吉羅。這叫做犯。

（四）開緣

僧眾聽許已滿六年、未夠六年而丟棄舊臥具而另製新者，或無臥具而另親製者，或他人所製而給者，或得已製成者，無犯。